이기는 스토리

이기는 스토리

초판 1쇄 인쇄 2025년 2월 5일
초판 1쇄 발행 2025년 2월 17일

지은이 캐런 에버
옮긴이 윤효원
펴낸이 유정연

이사 김귀분
책임편집 정유진 **기획편집** 신성식 조현주 유리슬아 서옥수 황서연 **디자인** 안수진 기경란
마케팅 반지영 박중혁 하유정 **제작** 임정호 **경영지원** 박소영

펴낸곳 흐름출판(주) **출판등록** 제313-2003-199호(2003년 5월 28일)
주소 서울시 마포구 월드컵북로5길 48-9(서교동)
전화 (02)325-4944 **팩스** (02)325-4945 **이메일** book@hbooks.co.kr
홈페이지 http://www.hbooks.co.kr **블로그** blog.naver.com/nextwave7
출력·인쇄·제본 (주)삼광프린팅 **용지** 월드페이퍼(주) **후가공** (주)이지앤비(특허 제10-1081185호)

ISBN 978-89-6596-694-4 03320

이기는 스토리

잘 팔리는 콘텐츠에 숨은
4가지 스토리텔링 법칙

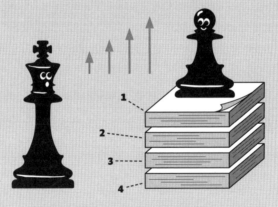

캐런 에버 지음 | 윤효원 옮김

THE ★ PERFECT ★ STORY

흐름출판

사람들은 모두 훌륭한 이야기를 좋아한다. 하지만 정작 그런 이야기를 할 수 있는 사람은 드물다. 캐런 에버는 스토리텔링을 통해 콘텐츠 전쟁에서 이기는 방법을 알고 있는 몇 안 되는 사람 중 하나다. 이 책에는 많은 사람이 원하지만 정작 알지는 못하는 '스토리의 비밀'이 들어 있다. 당신의 말하기, 글쓰기, 리더십을 완전히 변화시킬 혁신적인 책이다.

— 애덤 그랜트, 『히든 포텐셜』 저자

스토리텔링의 이론과 실전을 결합한 이 책은 당신이 언제 어디서든 사용할 수 있는 최고의 도구 상자이다. 더 의도적이고 효과적으로 소통하고 싶은 사람이라면, 이 책을 읽어야 한다.

— 다니엘 핑크, 『DRIVE 드라이브』 저자

『이기는 스토리』는 스토리텔링 기술을 마스터하고 싶은 리더들이 반드시 읽어야 하는 책이다. 회사의 비전과 사명에 영감을 주고, 사람들 앞에서 자신의 의견을 효과적으로 전달하고, 인상에 남는 연설을 하도록 만들며, 사람들에게 사랑받는 브랜드를 구축하는 방법을 제공한다. 스토리텔링의 기술을 배우고, 리더십과 비즈니스 역량을 한 단계 더 발전시키는 스토리텔링의 정석이다.

— 마셜 골드스미스, 『트리거』 저자

기업의 CEO, 팀 리더, 마케터 혹은 단순히 친구와 어울리기를 좋아하는 사람이라면 누구나 더 좋은 스토리텔러가 될 수 있다. 이 유익하고도 유쾌한 책은 스토리텔링을 통해 대화의 주도권을 잡는 방법을 완벽하게 설명한다. 연구 결과를 바탕으로 근거를 더하고, 매력적인 이야기로 가득한 『이기는 스토리』는 올해 읽어야 하는 책 목록에 올려야 한다.

— 에이미 에드먼드슨, 『두려움 없는 조직』 저자

스토리텔링은 모든 기업과 프로젝트, 그리고 의미 있는 관계의 핵심이다. 훌륭한 이야기는 사람들을 결속하고, 영감을 주며, 사고를 확장시킨다. 캐런 에버는 완벽한 이야기를 구축하는 구체적인 방법을 공유한다. 『이기는 스토리』는 이야기에 대한 당신의 사고방식을 바꾸는 동시에, 당신이 자주 찾는 신뢰할 만한 자료가 될 것이다.

— 랜디 저커버그, 『픽 쓰리』 저자

스토리텔링의 힘을 키워야 하는 초보 스토리텔러와 노련한 스토리텔러 모두에게 완벽한 책이다. 최신 과학, 구체적 예시, 체크리스트를 활용해, 사람들에게 영향을 미칠 수 있는 당신의 스토리텔링 능력을 즉각적으로 일깨워준다.

— 폴 잭, 『트러스트 팩터』 저자

훌륭한 이야기와 원활한 소통의 핵심은 목적과 정확성이다. 이 책은 사람들에게 몰입감 높은 이야기를 개발하는 방법을 알려준다. 캐런 에버는 이야기를 능숙하게 엮어내는 실용적인 단계와 도구를 제공해 독자를 끌어당긴다. 더 인상적이고 효과적으로 의견을 전달하고, 성과를 내고 싶은 사람에게 필요한 책이다.

— 도리 클라크, 『롱 게임』 저자

『이기는 스토리』는 실용적인 단계와 실제 사례를 통해 사람들을 설득시킬 수 있는 이야기를 개발하고, 듣는 사람에 따라 이야기를 맞춤형으로 사용하고, 진정성과 영향력을 담아 전달하는 방법을 알려준다. 팀에 영감을 주고 싶거나, 개인 사고의 폭을 넓히고 싶거나, 관계에서 공감과 신뢰를 쌓고 싶다면, 이 책은 당신을 멋진 여정으로 이끌 것이다.

— 프랜시스 프라이, 『임파워먼트 리더십』 저자

크레용을 먹지 마세요

　내 눈의 한쪽은 갈색, 다른 한쪽은 초록색이다. 파란색이었던 눈은 다섯 살이 되던 해, 갈색과 초록색으로 변하기 시작했다. 의학 용어로는 이 증상을 이색성부동착색heterochromia이라고 부르는데, 빛을 받으면 두 눈의 색이 극명한 차이를 보였다. 내 양쪽 눈의 색이 다르다는 사실을 알아차린 사람들은 종종 내 눈을 가만히 쳐다보았다. 그들은 지금 자신이 무엇을 보고 있는지 판단하려고 했다. 나는 가끔 내 눈을 쳐다보면서 입을 떡하니 벌린 채 얼어붙은 사람의 얼굴을 마주하기도 했다.

　나는 늘 내 눈을 사랑했다. 눈이 나를 특별한 사람으로 만들었고, '눈 색깔이 다른 여자아이'로 불리게 했다. 사람들은 내 이름보다 내 눈을 먼저 기억했다. 눈이 눈에 띄어서 스파이는 못 하겠다고 말한 사람도 있었다. 눈 때문에 사람들 속에 섞여 평범하게 살 수는 없게 됐지만, 나는 내 눈이 사람들의 눈에 띄는 게 좋았다.

　초등학생 때는 매년 자화상 그리기로 학년을 시작했다. 처음 몇

해 동안은 어느 쪽 눈이 어느 색깔인지 기억하지 못했다. 그래서 옆에 앉은 친구에게 갈색 눈이 어느 쪽인지 물어보곤 했다. 그러고 나서 불편한 자세로 얼굴을 종이에 대고, 종이 뒤쪽으로 손을 뻗어 갈색 눈이 있는 쪽에 정확히 갈색을 칠했다. 내가 그린 자화상이 피카소의 그림처럼 비현실적이더라도 내 자화상은 항상 명확했다. 수많은 자화상 사이에서 부모님이 내가 그린 그림을 정확히 찾아낼 수 있다는 사실이 나를 뿌듯하게 만들었다.

나이가 들면서 사람들이 내 눈에 어떻게 반응해야 할지 모른다는 사실을 알게 됐다. 놀라는 사람부터 꼬치꼬치 캐묻는 사람까지 반응도 각양각색이었다. 한 번은 안과의사가 이렇게 물었다. "컬러 렌즈를 껴서 눈 색깔을 맞추고 싶으신가요?" 나는 그의 질문에 굉장히 기분이 상해서 의사를 쏘아보며 되물었다. "왜 그렇게 생각하시는 거죠? 만나는 모든 환자에게 컬러 렌즈를 껴서 눈 색깔을 맞추고 싶냐고 질문하시나요?" 내 정체성의 핵심인 눈 색깔을 내가 대체 왜 바꾸고 싶어 하겠는가?

10대가 되었을 때는 사람들이 내 독특한 눈을 언제 알아차리는지 알 수 있었다. 상대방의 말이 느려지다가 대화가 중간에 끊기는 순간이다. 사람들은 내 왼쪽 눈과 오른쪽 눈을 여러 번 번갈아 봤다. 그럴 때면 나는 다음에 올 질문을 기다렸다.

"혹시 네 눈 색깔이 다른 거 알고 있었어?"

가끔은 재미로 가슴에 손을 얹은 채 "뭐라고? 정말?"이라고 놀라는 척했다. 그러면 보통 이런 대답이 돌아왔다. "완전히 달라!" 그다음엔 이런 대화가 오갔다. "데이비드 보위도 양쪽 눈 색깔이 달랐어.” “아니야. 같은 색깔이었어. 사고 때문에 한쪽 동공이 다른 쪽보다 커졌던 거야.” 상황이 이쯤 되면 상대방은 보통 다른 사람을 불렀다. “이리 좀 와봐! 얘 눈 좀 봐!” 그리고 바로 이렇게 물었다. “어쩌다가 이렇게 된 거야?”

이때부터 모든 것이 불편해지기 시작했다. 테니스 경기 중에 공을 따라 눈이 돌아가듯이 모두가 조용히 앉아서 내 두 눈을 빠르게 번갈아 가며 확인했다. 나는 마치 서커스 공연의 주인공처럼 묘기라도 부려야 할 것 같은 기분에 사로잡혔다. 사람들은 나를 특별하다기보다는 이상하고 생경하다는 듯 바라봤다. 그리고 거침없이 질문을 쏟아냈다. “부모님 눈 색깔은 어떠셔?” “눈 색깔이 달라도 보이는 색은 같아?” “특별한 능력이 있는 건 아니야?”

이런 순간들이 너무 싫었다. 나는 내 눈을 사랑했지만 구경거리가 되는 것은 부담스럽고 싫었다. 이런 대화가 이어지는 내내 자신감이 떨어졌고 작아지는 듯한 느낌이 들었다. 내 눈을 고치고 눈 색깔을 바꿔주고 싶다던 안과의사가 그랬듯, 내가 사랑하는 바로 그 특징 때문에 생경하고 이상하다는 취급을 받았다. 나는 점차 이러한 방식의 소통이 두려워졌고, 사람들이 나를 바라보는 시선에 부끄러움을 느끼기 시작했다. ‘사람’이 아닌 ‘구경거리’가 돼버렸기 때문이다.

계속해서 눈에 관한 질문 공세를 받고 좌절하던 나는, ‘에너지’를 바꾸기 위해 이렇게 이야기했다.

저는 갈색 눈을 갖고 태어났어요. 네 살 무렵이었죠. 어느 날 저녁에 방에서 색칠놀이를 하고 있었어요. 저녁 식사까지 몇 시간이 남아 있었는데 배가 고팠어요. 그래서 오래된 상자 안에서 초록색 크레용을 하나 꺼냈어요. 크레용을 한 입 깨물어 먹고 맛있어서 깜짝 놀랐어요. 그래서 상자 속 초록색 크레용이 다 사라질 때까지 계속 먹었어요. 그다음 날 아침, 일어나보니 왼쪽 눈 색이 초록색으로 변했더라고요.

이렇게 말하고 나서는 입을 다물었다. 아이들도 어른들도 잠시 놀라 할 말을 잃은 채 내가 한 이야기가 사실인지 파악하려 했다. 침묵이 끝나면 사람들은 눈썹을 치켜올리고 곁눈질하면서 의심스러운 목소리로 "정말?"이라고 물었다. 그러면 나는 "아니, 당연히 크레용은 안 먹었지."라고 말하며 그들의 당혹감을 해소해 줬다. 모두가 웃음을 터뜨렸고, 어떤 사람은 믿어야 할지 말아야 할지 고민했다고 털어 놓았다.

처음 이 이야기를 하고 나서 색다른 경험을 하게 됐다. 사람들의 관심이 나에게서 이야기로 옮겨가면서 불편한 감정이 줄어들었고, 무기력한 기분도 들지 않았다. 더는 서커스에서 묘기를 보여야 할 것 같은 기분을 느끼지 않았다. 문제를 더 가볍게 만드는 에너지가 생겼다. 이 이야기를 통해서 나는 내 눈이 나를 특별한 사람으로 만들어준다는 생각을 다시 할 수 있게 됐다.

무엇보다 사람들의 반응이 변했다는 점이 신기했다. 나를 연구할 대상으로 여기는 대신, 나를 향해 웃고 미소 지었다. 내 이야기를 들은 후 사람들은 대체로 자기가 얼마나 어리석은 질문을 했는지 깨달고 사과했다. 대화는 관계를 유의미하게 만들었는데, 이야기가 없었다면 불가능한 일이었다. 이야기는 그로부터 수십 년이 지난 지금까지도 사람들이 나를 알고, 기억하게 만드는 요소로 작용했다. 그들은 지금도 크레용을 보면 내 생각이 난다고 말한다.

실제로 내 눈은 내게 특별한 능력을 줬다. 바로 스토리텔링이라는 능력이다. 나는 눈을 주제로 한 이야기를 사용해 사람들을 즐겁게 하고, 소통하며, 정보를 주고, 관심을 다른 곳으로 돌리는 방법까지 배웠다. 이야기는 사람들의 행동에 영향과 영감을 주었고, 때로는 사람들을 변화시켰다.

우리는 어린 시절 잠들기 직전이나 캠프파이어에 둘러앉은 채로 이야기를 듣는다. 친구들과 모였을 때도 이야기를 나누고, 회의가 시작되기 전 여가 시간에도 이야기를 나눈다. 회사에서 승진할 때, 팀을 이끌 때, 축배를 들 때, 프레젠테이션을 할 때, 소셜 미디어에 게시물을 올릴 때, 물건이나 서비스를 판매할 때도 사용되는 기술이 바로 스토리텔링이다. 그렇기에 스토리텔링은 누구나 배울 수 있고 배워야만 하는 기술이기도 하다. 스토리텔링은 청중과의 신뢰를 쌓고, 기억에 남는 사람이 되고, 새로운 생각을 하고, 의사 결정에 영향을 미치는 데에도 도움을 준다. 그렇기에 스토리텔링은 경력을 개발하고 성공하는 데 반드시 필요한 기술이다. 아무리 AI가 발달하고 데이터가 중시되는 시대일지라도 이야기를 통해 관계를 형성하고 경험을 공유하는 능력을 갖추는 것이 핵심이다.

스토리텔링은 내가 직장생활을 하는 동안 꾸준히 사용해 온 도구다. 나는 사업을 시작하기 전에 제너럴일렉트릭General Electric과 딜

로이트Deloitte 등의 기업에서 리더십 개발 및 문화 담당 책임자였고, 교육 담당 최고 책임자의 직무도 수행했다. 이 역할에서 나는 직원들을 위한 긍정적인 일상 문화를 조성할 리더를 육성하는 일을 담당했는데, 리더십 개발 프로그램과 기술 투자를 위한 승인을 받아야 하는 상황이 종종 생겼다. 당시, 나의 요청을 승인해 줄 수 있는 사람은 소수였지만, 반대 의견을 낼 수 있는 사람은 많았다. 하지만 스토리텔링은 사람들과 소통하게 할 뿐만 아니라 반대를 재고하게 하고, 심지어 그들로 하여금 승인 권한이 있는 사람들을 설득하도록 만드는 방법이었다.

150개국 9만여 명의 직원이 있는 제너럴 일렉트릭의 문화 담당 책임자로 일하면서 나는 각 직원들과 소통하기 위해 스토리텔링을 활용했다. 이야기는 확장성이 있는 독창적인 기술로, 한 번에 수많은 사람에게 깊은 감동을 줄 수 있었다. 내가 이야기에서 설명하는 내용을 직원들이 경험해 본 적이 없다고 해도, '이 이야기가 어떤 의미일까?'를 고민하고 자신이 비슷한 상황에 놓였을 때 어떻게 행동할지를 생각해 보게 했다.

이야기는 파급 효과를 일으키기도 한다. 한 번은 파리에서 주최된 회의에 들어갔는데, 한 번도 만나본 적 없는 사람이 내가 했던 이야기를 다른 참석자들과 나누는 모습을 보았다. 또 한 번은 내가 한 말인지도 모르고 그 이야기를 내게 전한 사람도 있었다. 제너럴 일렉트릭을 떠난 지 오래지만, 여전히 그곳의 직원들에게서 내 이야기가 그들의 생각을 어떻게 바꾸어 놓았는지에 대한 이메일을 받는다.

우리 회사에서는 『포춘Fortune』 선정 500대 기업에 속한 기업들의 최고경영진 및 리더십 팀을 대상으로, 기조연설, 리더십 프로그램, 팀 워크숍을 제공해 그들의 리더십, 팀, 기업 문화를 구축하도록 돕는다. 스토리텔링은 이 모든 과정의 핵심이다. 리더십 팀의 역할은 기업 내의 신뢰를 강화하고 갈등을 해결하도록 돕고, 기업 간의 합병 후 문화를 통합하고, 최고경영진에게 매력적이고 기억에 남는 커뮤니케이터communicator가 될 수 있도록 조언하거나, 공감하는 리더가 될 수 있게 관리자를 교육하는 일이다. 이때 이야기는 방어적인 태도를 줄이고, 사고의 폭을 넓히고, 관계를 형성하는 효과를 가져온다. 의사소통과 스토리텔링은 조직원들에게 영감을 주고 영향력을 미치는 리더십의 핵심이다.

스토리텔링 알레르기가 있는 리더들이 있다. 이들은 회의를 준비할 때 완벽한 자료를 만들기 위해 많은 시간을 할애하지만, 무슨 말을 할지에 관해서는 5분 이상 생각하지 않는다. 그들은 청중과 소통을 하려는 게 아니라 청중에게 말을 할 준비를 한다. 그리고 이러한 리더 중 상당수가 "TED 같은 강연에 나가고 싶다."고 말한다. 이 말의 의미는 15분간 방해받지 않고 이야기하고, 다른 사람에게 영감도 주고 싶다는 뜻이다. 하지만 그들은 정작 TED 강연의 핵심인 '영감을 불러일으키고 참여를 끌어내는 이야기'를 하려고 하지 않는다.

스토리텔링은 업무 안팎으로 중요하다. 나는 여러 해에 걸쳐, 겁에 질려 어쩔 줄 모르는 사람들에게서 많은 전화를 받았다. 구직 면접에서 자기 이야기를 어떻게 구성해야 할지 모르는 사람, 추도사나 결혼식 축사에서 가슴 따뜻한 이야기를 해야 하는데 이에 부담을 느끼는 친구, 제품을 팔고 싶어 하는 지인, 회사에서 프레젠테이션을 준비하는 직원 등 모두가 이야기를 잘 쓰고 싶어 하지만 어디부터 어떻게 시작해야 할지 모른다.

홀륭한 이야기는 타고난 재능의 결과물처럼 듣는 사람에게 자연스럽게 전달된다. 하지만 많은 사람이 마치 스토리텔러로서의 유전자를 잃어버린 듯이 말한다.

사람들과 함께 스토리텔링 작업을 할 때 나는 모든 사람에게 이렇게 말한다.

1. 스토리텔링은 모두를 위한 것이다. 당신은 이미 당신의 이야기를 가지고 있다.
2. 스토리텔러로서 배우고 성장하기 위한 핵심은 연습이다. 연습을 통해 조금씩 더 능숙하고 편안하게 이야기를 전할 수 있게 된다.
3. 홀륭한 스토리텔링은 청중이 듣고 싶어 하는 내용을 포함한다. 예를 들어 청중이 알고, 생각하고, 느끼고, 달리 행동하기를 바라는 부분 등이 있다. 아이디어를 도구화하면 그때그때 청중에게 적합한 이야기를 골라, 당신이 원하는 성과를 달성할 수 있다.
4. 평범한 스토리텔링과 홀륭한 스토리텔링은 다르다.
5. 완벽한 이야기가 나타나기만을 기다리는 것은 부질없는 일이다. 스토리텔링 방법을 배우면 가지고 있는 이야기를 완벽하게 만들 수 있다.

내 목표는 스토리텔링에 대한 독자들의 이해도를 높이는 것이다. 스토리텔링 기술을 과학적으로 파헤치면 다른 사람에게 홀륭한 이야기를 전달하는 방법을 배울 수 있다.

몇 년 전, '뇌가 이야기에 반응하는 방식과 이야기가 리더에게 중요한 이유'라는 주제로 TED 강연을 진행했다. 나는 데이터를 발표해야 하는 리더에게 스토리텔링이 특히 중요한 의사소통 도구라는 점을 강조했다. 이 강연의 핵심은 누구나 훌륭한 스토리텔러가 될 수 있다는 것이었다. 나는 이야기를 사용해 신경과학을 묘사하고, 무엇이 훌륭한 이야기를 만드는지, 스토리텔링과 데이터를 기술적으로 결합하는 방법이 무엇인지를 설명했다. 강연은 마리아와 월터의 이야기로 문을 열었다.

마리아는 한 손에는 휴대폰을, 다른 한 손에는 서류철 더미를 들고 회사 엘리베이터를 탔다. 엘리베이터 버튼을 누르려는 순간, 휴대폰이 손에서 미끄러졌다. 휴대폰은 바닥에 부딪친 뒤 튀어 올라 엘리베이터 문 사이 좁은 틈으로 쉭 하고 미끄러져 들어갔다.

휴대폰은 엘리베이터 아래 바닥으로 둔탁한 소리를 내며 떨어졌다. 떨어진 건 휴대폰만이 아니었으므로 마리아는 얼굴을 감싸고 괴로운 신음을 뱉었다. 지갑형 휴대폰 케이스에는 운전면허증, 신용카드, 출입증도 들어 있었다. 그녀가 엘리베이터 문턱에 서서 스마트워치로 휴대폰 위치를 확인하려 애쓰는 동안 문은 계속 열렸다 닫혔다. 휴대폰이 여전히 작동하는 것을 확인한 마리아는 안내 데스크로 가서 경비원 레이에게 상황을 이야기하기로 했다. 그가 휴대폰을 되찾을 수 있는 간단한 해결책을 알고 있기를 바라며.

레이는 자신에게 다가온 마리아를 보고 활짝 웃었다. 매일 아침 그가 있는 안내 데스크 앞을 스쳐 지나가는 사람 대부분은 가벼운

묵례만 건넸지만, 마리아는 늘 레이 앞에 멈춰 서서 말을 건넸다. 그녀는 지인들의 생일과 그들이 가장 좋아하는 식당, 지난 휴가, 커피 취향, 마지막으로 본 영화를 기억하는 사람이었다. 오지랖이 넓어서가 아니라 진심으로 다른 사람에게 마음을 쓰기 때문이었다. 마리아는 한 사람 한 사람에게 관심을 주고 소중하게 여기는 것을 중요하게 생각했다.

마리아가 무슨 일이 있었는지 설명하자 레이의 얼굴이 사뭇 진지해졌다. "비용이 많이 들겠어요. 건물 내 엘리베이터를 모두 멈추고 통로 아래로 내려가서 휴대폰을 꺼내야 하거든요. 비용이 얼마나 들지 모르겠지만, 500달러 정도는 될 것 같아요."

마리아는 깊은 한숨을 내쉬며 어깨를 축 늘어뜨렸다. "한 번 알아봐 주시겠어요? 250달러 이하면 해주세요."

그때 마침 나는 로비를 지나던 중이었고, 출입증을 이용해서 마리아가 사무실에 들어가도록 도와주었다. 운전면허증, 신용카드, 출입증, 휴대폰을 전부 교체해야 한다는 생각에 마리아는 머리가 아팠다. 그녀는 의자에 깊숙이 앉아 책상 위에 엎드렸다.

10분 후, 마리아는 레이에게서 걸려온 전화를 받았다. "좋은 소식이 있어요! 엘리베이터 점검 증명서를 살펴봤는데, 다음 달까지 연례 점검을 받아야 하더라고요. 오늘 전화해서 점검 신청할게요. 점검하다 보면 휴대폰을 찾을 수 있을 거고, 그러면 비용이 들지 않을 거예요."

"정말요?"

"정말이에요. 도울 수 있어서 다행이에요."

몇 주 후에 나는 「뉴욕 타임스」에서 찰스 슈왑Charles Schwab의 CEO인 월터 베팅거Walt Bettinger에 관한 기사를 읽었다. 월터는 대학 기말고사 때 자기 경력에 있어 가장 큰 교훈을 얻었다고 고백했다. 평균 4.0으로 완벽한 학점을 유지하던 월터는 마지막 시험으로 비즈니스 과목을 보게 됐다. 그는 며칠 동안 시험 준비를 철저히 했고 필요한 모든 공식을 암기했다. 시험 날, 교수는 종이를 한 장씩 나눠주고 종이를 뒤집으라고 했다. 종이는 양면 모두 백지였다. 교수는 이렇게 말했다. "지난 10주 동안 여러분에게 비즈니스에 관한 모든 것을 가르쳤습니다. 하지만 가장 중요한 내용은 이것입니다. 이 건물을 청소하시는 아주머니의 성함은 무엇인가요?"

　　월터의 심장이 '쿵' 하고 내려앉았다. 청소 아주머니를 본 적은 있지만 이름을 여쭤본 적은 없었다. 결국 그는 그 시험에서 낙제했다. "그 일이 제게 엄청난 영향을 끼쳤어요. 제가 낙제했던 유일한 시험이었고, 마땅히 받아야 할 B학점을 받았죠. 청소 아주머니 성함은 도티였고, 저는 그녀를 알지 못했습니다. 그날 이후 저는 함께 일한 모든 도티를 알기 위해 노력했어요."

　　월터와 마리아는 사람들에게 관심을 주고 다른 사람들이 스스로 소중하다는 느낌을 받길 원한다. 주위 사람에게 시간을 할애해 관심을 주는 것은 리더가 할 수 있는 가장 강력한 일이다. 리더는 매일 처리해야 할 일들에 사로잡힌 나머지 자신이 직접적으로 도움을 줄 수 있다고 생각하는 사람에게만 시간을 할애하기 쉽다. 하지만 최고의 리더는 모든 사람이 중요하다는 사실을 알고 있다.

　　당신은 당신 인생의 도티를 알고 있는가?

이 이야기는 눈에 보이듯 선명하면서도 예상치 못한 방향으로 전개된다. 당신은 엘리베이터에 탄 채로 휴대폰이 엘리베이터 틈새로 떨어진다는 생각에 가슴이 철렁 내려앉는 간접 경험을 하게 된다. 다음에 무슨 일이 일어날지 궁금해지면서 긴장감이 고조된다. 이 이야기에서 우리는 마리아와 월터가 된다. '나라면 어떻게 했을까? 레이가 나를 도와줬을까? 나는 도티를 알고 있었을까? 내가 이름을 기억해야 할 도티는 누구일까?'

이야기는 관계를 형성하기도 한다. 나는 이 TED 강연 후 전 세계 사람들에게서 메시지를 받았다. 그들은 13분 남짓의 동영상을 보고 낯선 사람에게 다가가고 싶어졌다고 했다. 하지만 그들에게 나는 낯선 사람이 아니다. 그들은 마치 나와 아는 사이인 것처럼 다가와 이렇게 말한다. "제 도티는 앤드류예요. 저에게 우편을 배달해 주죠." "저도 제 인생의 도티를 찾아봐야겠다는 생각이 들었어요. 감사합니다."

월터와 마리아 이야기는 스토리텔링 구조를 설명하기 위해 이 책 전반에서 다뤄진다. 작은 아이디어에서 시작해 여러 번의 단계를 거쳐 TED에서 강연할 만한 이야기로 발전시키는 과정을 따라가 보자. 이 이야기가 처음부터 훌륭했던 것은 아니다. 마리아와 월터의 이야기는 각각 그 자체로 흥미롭지만, 서로 어울릴지는 미지수였다. 나는 이 책에서 설명하는 것과 똑같은 단계를 거쳐 이야기를 발전시켰다. 영화에 대한 감독의 해설처럼, 이 책에는 내가 스토리텔링을 하는 과정과 그 뒷이야기가 나온다. 이야기 구성을 어떻게 짜는지뿐 아니라, 글로 쓴 이야기와 말로 들려주는 이야기가 어떻게 다르게 준비되는지를 비교할 수도 있다.

훌륭한 스토리텔러가 되는 가장 좋은 방법 중 하나는 다른 사람을 관찰하고 배우는 것이다. 이 책에는 하나의 주제가 끝날 때마다 다양한 스토리텔러를 대상으로 진행한 짧은 인터뷰가 수록돼 있다. 인터뷰 대상으로는 〈더 모스The Moth〉의 총괄 프로듀서, 선댄스 재단Sundance Institute의 설립자, 광고 책임자, 전 픽사 크리에이티브Pixar Creative 디렉터, TV 특파원, CEO, 의사, 즉흥연기 코미디언, 박물관장, 뉴스 기자, TED 라디오 아워 팟캐스트 진행자, 신경과학자, 비디오 게임 작가, 데이터 분석가 등이 있다.

그들이 스토리에 접근하는 방식과 스타일은 저마다 달랐지만, 모두가 훌륭한 스토리텔러가 되는 방법을 알고 있었다. 인터뷰에는 저녁을 먹으며 다른 사람들과 나눌만 한 이야기가 포함돼 있다. 인터뷰이들 대부분이 직업을 통해 배운 점을 설명하는데, 그 또한 이야기로 전달하는 사람도 있다. 그중 몇몇 이야기는 공감을 끌어내기도 한다. 각 스토리텔러의 입장이 돼 자기에게 의미 있다고 느껴지는 이야기를 떠올려 보자. 신경과학에 관한 글이나 비디오 게임용 이야기를 쓸 일이 절대 없을 수도 있지만, 다양한 스토리텔러의 이야기를 들어보는 것은 스토리텔링에 대한 당신의 접근 방식에 도움이 된다.

차례 Contents

법칙 3
성과

리더십과 조직의 역량을 강화하는 공식

법칙 4
핵심 메시지

유일한 브랜드를 구축하는 법

위기에 빠진
스토리를 구하라

1장

· · · ·

왜 지금 스토리를 말하는가?

직장생활 초기에 처음으로 비즈니스 저녁 식사 자리에 참석한 적이 있다. 그 자리에는 협력사를 찾기 위해 서로 다른 회사에서 모인 여덟 명이 앉아 있었다. 공교롭게도 내가 앉은 테이블의 참석자들은 모두 내성적이었고 식사 자리는 지독하리만큼 고요했다. 사업 이야기를 하기 위해 모인 자리라는 생각에 사로잡힌 탓인지 어색한 대화만이 오갔다.

　대화를 이어가려는 시도는 있었다. 하지만 그때마다 공기가 빠져 서서히 바닥으로 내려앉는 헬륨 풍선처럼 아무런 호응을 얻지 못했다. 우리는 활발하게 토론이 이어지고 웃음이 끊이지 않는 다른 테이블을 부러운 눈길로 바라보았다. 술을 한 모금 마시고 애피타이저를 먹는 동안에도 어색한 침묵이 맴돌았다. 서로 눈을 맞추기보다는 각자 음식을 먹는 데만 집중했다. 대화보다 음식에 집중하는 편이 훨씬 쉬웠다. 어색한 비즈니스 식사를 묘사한 포스터가 있다면 이 테이블 광경이 등장했을 것이다.

무슨 말을 해야 할지 고민하는 동안 내 머릿속에는 이런 생각으로 가득했다. '이런 식사 자리가 정말 싫어. 어색하고 부자연스럽잖아. 이럴 거면 집에서 책을 읽든지, 양말이나 색깔별로 정리하는 게 낫겠어.'

불편한 분위기를 해소하기 위해 내가 먼저 이야기를 꺼냈다고 할 수 있다면 좋겠지만, 당시만 해도 나는 직장에서 이야기가 필요하다는 생각 자체를 못 했다. 업무 환경 내에서 이야기가 만들 수 있는 인간적 유대감이나 공감대를 몰랐기 때문이다. 무슨 이야기라도 해보려고 머리를 쥐어짰지만, 아무 생각도 떠오르지 않았다. 괜히 애꿎은 물컵만 일곱 번쯤 만지작대며 냅킨만 쳐다보고 있었다.

긴장감이 더 이상 참을 수 없는 수준에 다다랐을 때, 같은 테이블에 앉아있던 아론이 목을 가다듬고 입을 뗐다. "요즘 집 뒷마당에 테라스를 만들고 있어요."

모두가 그를 향해 몸을 기울이며 안도의 한숨을 내쉬었다. 드디어 누군가 침묵을 깼다! 비즈니스 식사 자리에서 나올 법한 주제는 아니었지만, 우리 모두는 내심 이야기를 꺼내준 그에게 고마워했다. 처방전에 적힌 부작용 내역이라도 줄줄이 읊는 편이 침묵보다 나았을 것이다.

"테라스의 틀을 만들기 전에 마당에 쌓여 있던 통나무들을 옮겨야 했어요. 통나무들을 하나씩 손수레에 쌓아 마당 가장자리로 밀어 놓고, 다시 빈 수레를 끌고 와서 통나무들을 쌓아 옮기기를 반복했죠. 세 번째로 수레를 옮기고 통나무를 내려놓던 차에 그 사이에 있던 너구리와 눈이 마주쳤어요. 너구리도, 나도 놀랐죠. 제가 너구리를 더 무서워했는지, 너구리가 저를 더 무서워했는지 모르겠어요. 저는 그 자리에서 얼어붙어서는 너구리가 어떻게 행동할지, 혹시 저에게 달려들지는 않을지 걱정했죠."

아론은 자리에서 일어서서 마치 체포된 것처럼 팔을 들어 올리고, 눈을 크게 뜨고, 입을 딱 벌린 채 너구리와 자기가 놀라서 취했던 자세를 흉내 냈다. 그는 너구리 눈 주위의 검은 무늬 때문에 당시 상황이 더 아이러니했다는 농담을 던졌다. 아론은 둘 다 겁에 질려서 그 상태로 1분 넘게 대치했다고 했다. 먼저 양보하기로 한 아론이 천천히 뒷걸음질하며 통나무더미에서 물러섰고, 그가 멀어지자 너구리도 반대 방향으로 급하게 도망쳤다.

아론이 이야기를 꺼냄으로써 테이블에 활기가 돌기 시작했다. 긴장감 대신에 웃음이 가득 찼고, 침묵 대신 에너지가 흘러넘쳤다. 다른 테이블에 앉은 사람들도 우리를 쳐다봤다. 우리는 아론에게 여러 질문을 던졌다. 또 다른 참석자도 자기 집에 예상치 못하게 나타났던 동물에 관해 이야기하기 시작했다. 아론의 이야기를 통해 변화가 일었고 공감대가 형성됐다. 모두가 만약 자신이 너구리와 대치하게 되면 어떻게 행동해야 할지를 머릿속에 그려볼 수 있었다. 이야기 덕분에 자리가 즐거워졌고 아론이 더 친근하게 느껴졌다.

원래대로라면 그 자리에서는 아론의 회사가 우리 회사의 잠재적인 거래처가 될 가능성을 이야기해야 했다. 나는 그에게 사업을 권유하고 로비하기 위한 준비를 잔뜩한 상태였다. 그런데 그 대신, 나는 '소통'의 목적으로 기꺼이 용기를 낸 사람을 만났다. 아론은 어색한 상황에서 나를 구해준 영웅이었다.

그날 저녁 식사 이후, 그와 통화하고 그와 소통하기 위해 시간을 냈다. 아론이 너구리 이야기를 하지 않았다면 일어나지 않았을 일이었다. 이야기를 통해 그의 인간적인 모습을 보았고, 나는 마음을 열고 아론에게 업무에 관해 이야기할 수 있었다. 개인적인 이야기를 나눈 것을 계기로 그는 내 신뢰를 얻었다. 아론은 다가가기 쉬운 사람이 됐고, 함께 일할 수 있을 만한 사람으로 보였다. 그와 대화할 때마다 마치 친구와 대화하는 것처럼 편안해졌다.

그날 저녁 식사 자리를 떠올릴 때마다 이런 궁금증이 생겼다. '아론은 그 이야기를 미리 준비해 왔을까? 침묵을 깨려고 즉석에서 말했던 걸까?' 어쩌면 아론은 다른 저녁 식사 자리에서도 분위기가 어색해지면 너구리 이야기를 꺼냈을지도 모른다. 그렇다 해도 나는 그가 공감대를 만들고 분위기를 활기차게 바꾸기 위해 위험을 감수해줘서 고마웠다. 만약 그가 사업을 주제로 이야기를 시작했더라면, 나는 최대한 빨리 식사 자리를 파하려고 했을 것이다. 하지만 아론의 이야기 덕분에 우리 모두 긴장을 풀고 함께하는 시간을 즐길 수 있었다.

그 사건을 계기로 나는 스토리텔링이 직장에서 얼마나 효과적일 수 있는지 깨달았다. 스토리텔링을 통해 공감대를 형성하고 유대감을 만들 수 있다. 그날 저녁 스토리텔링은 지극히 인위적인 환경 속에서도 낯선 사람들 사이를 이어줬다. 게다가 꼭 업무에 관한 이야기가 아니어도 긍정적인 영향을 미칠 수 있었다. 멋진 이야기는 언제나 지루한 업무 토론보다 낫다. 견디기 힘든 저녁 식사 자리도 즐거워지게 만들 수 있다면, 회의나 소통에서 발휘할 수 있는 스토리텔링의 잠재력은 더욱 무한하다. 이야기를 하려면 위험을 감수해야한다. 하지만 성과는 엄청나다. 아론은 그 자리의 책임자가 아니었지만, 그 순간 우리를 새로운 소통과 대화로 이끌었고 우리도 기꺼이 그를 따랐다. 이야기는 예상 밖의 장소에서 리더를 만들어낸다. 아론이 모두가 공감할 수 있는 이야기를 해준 덕분에 그로부터 20년이 지난 지금까지도 나는 통나무 사이에서 나타난 너구리에 관한 이야기를 기억한다. 비록 실제로 너구리를 마주친 적은 없더라도 말이다.

스토리텔링의 예술 그리고 과학

이야기는 다른 사람에게 영향을 미치는 효과적인 수단이다. 스토리텔링에는 예술과 과학이 있으며, 이야기를 하는 사람과 듣는 사람 모두에게 성과를 만든다.

1. 스토리텔링은 아이디어를 만들고 공감대와 유대감을 형성한다.

나와 협업 중이던 한 회사의 최고경영진 팀은 경영적인 악순환에 갇혀 있었다. 그들은 매달 재무 상황을 살펴보다가 같은 문제가 반복되는 것을 발견했다. 품질 문제로 그들은 월마다 1억 달러 이상의 비용을 들였다. 어떤 정책을 실행하고, 어떤 절차를 세워야 하는지를 계속해서 논의했다. 하지만 그들의 대화는 늘 문제의 원인이 아닌 해결책에 초점이 맞춰져 있었다.

근본적인 원인은 운영상의 문제가 아니라 신뢰와 소통의 부재였다. 조직 내 구성원들은 품질 문제가 있다는 사실을 알고 있었지만, 선뜻 입 밖으로 꺼내지 못했다. 직원들은 자기가 비난받을 거라고 걱정하거나 상사가 먼저 용기를 내 이야기해 줄 거라고 기대했다. 더 많은 정책을 도입하는 것으로는 문제를 해결할 수 없었다. 문제를 발견하는 즉시 제기할 수 있는 안전한 환경의 조성과 개개인의 사고방식의 전환이 필요했다.

나는 팀 회의에 참석해서 나사NASA의 이야기를 들려줬다. 나는 우주 비행사들이 희생된 아폴로 1호, 챌린저호, 컬럼비아호 참사를 설명했다. 나사는 사후 검토 과정에서 문제를 알았음에도 그 사실을 알리기 두려워한 직원들이 있었다는 사실을 알게 됐다. 설령 문제가 제기됐을 때도 그 문제를 대수롭지 않게 여기거나 무시했다. 문제를 제기할 수 있는 안전한 문화를 만들기 위해 나사는 누구든 보복을 당할 우려 없이 우주왕복선의 발사를 중단할 수 있는 분위기부터 형성해야 했다.

내가 들려준 나사 이야기를 들은 그 회사의 최고경영진 팀은 방어적인 자세를 내려놓았다. 다른 기업들에게도 비슷한 문제가 있다는 사실을 알게 되자 책임자로서 수치심이 사라진 것이다. 그들은 더 열린 자세로 소통 문제가 발생한 이유를 찾기 시작했다. 평소에 해왔던 형식적인 토론 대신, 직원들과 서로의 이야기를 경청하며 새로운 방법을 논의했다.

홀륭한 스토리는 길잡이 역할을 해 듣는 사람에게 정보를 주고 아이디어와 감정을 만들어내서 행동을 취하도록 유도한다. 또한 열린 문 역할을 해 사람들이 들어올 수 있게 한다. 이야기는 어떠한 대상을 인식시키고, 공감시키는 동시에, 그에 대한 강화된 개념을 구축해 청중의 이해를 끌어낸다.

홀륭한 이야기는 듣는 사람이 알고, 생각하고, 행동하고, 느끼기를 바라는 성과를 포함한다. 때로는 이야기의 주장에 동의하지 않을 수도 있지만, 상대방의 상황을 상상하게끔 해 공통의 이해를 끌어낸다. 스토리텔링은 우리를 갈라놓는 것들을 초월하게 만들어주는, 궁극적인 통합 장치이자 연결 장치다.

2. 이야기가 우리를 변화시킨다.

세바스찬은 나와 교류가 많지 않은 동료였다. 특별히 서로를 피하게 된 계기나 사건은 없었다. 그러나 일에 관한 철학과 가치관이 달라서 의견이 대립하는 경우가 많았다. 서로 다른 지역에 살면서 일하다 보니 굳이 대화를 하지 않아도 됐다. 회식 자리에서 빈자리가 세바스찬의 바로 옆자리밖에 없을 때까지만 해도 그랬다.

처음 몇 분 동안은 프로젝트, 예정된 출장, 휴가 계획에 관해 비즈니스 자리에서 오갈만 한 대화를 정중하게 나눴다. 나는 그에게 어떻게 리더십 개발 분야를 직업으로 택하게 됐는지 물었다. 세바스찬은 해고와 투병 등 자기가 그동안 극복해 온 장애물을 설명하며 직업을 선택하게 된 여정을 이야기했다. 그의 이야기를 들을수록 나는 우리 사이의 유사점이 보였다. 그에게 가지고 있던 방어벽이 하나씩 허물어지기 시작했다. 나는 세바스찬에게 공감했다. 공감이 커질수록 호기심도 생겼다. 회식이 끝날 무렵에 우리는 함께 프로젝트를 진행할 계획을 세우고 있었다. 지금까지도 나는 그의 의견이나 조언을 구한다. 이 모든 변화가 회식 자리에서 들려준 세바스찬의 이야기에서 시작됐다.

영화를 보다가 눈물이 차오르거나 목이 멘 적이 있는가? 귀가 축 늘어진 유기견을 구하는 동물 구조 단체 이야기를 듣고 더 많은 구조 활동을 위해 돈을 기부하고 싶다고 생각하진 않았는가? 혹은 동료의 이야기를 듣고 친밀감을 느낀 적은 없는가? 이러한 경험은 이야기가 당신의 신경 화학물질과 감정에 영향을 미친 결과다.

뇌의 화학 반응은 이야기를 들을 때 변한다. 2장에서는 훌륭한 이야기를 들은 전후로, 유대감 형성에 도움을 주는 호르몬인 옥시토신의 수치에 어떤 변화가 생겼는지를 살펴볼 것이다. 훌륭한 이야기는 스토리텔러에 대한 신뢰와 공감을 높이고, 청중의 생각과 감정, 행동에 영향을 미친다.

3. 이야기는 기억에 남는다.

초등학교 시절, 직업 학습 수업 날이었다. 한 범죄학자가 우리 반에 강연하러 온 적이 있었다. 나는 뺑소니 사고 차량이 남긴 페인트 자국으로 범죄를 해결했다는 이야기를 흥미롭게 들었다. 그는 페인트 자국을 통해 현장을 떠난 차량의 제조사, 모델, 연식을 알아냈고, 결국 경찰은 범죄 차량과 운전자를 정확히 찾아냈다.

그는 종종 범죄학자로서 법정에서 증언해야 하는 경우도 있다고 말했다. 나는 올곧은 자세로 앉아 이렇게 질문했다. "질문에 대한 답이 생각나지 않을 때는 어떻게 하시나요?" 규칙을 잘 지키는 내성적인 학생이었던 나는, 그가 법정에서 질문에 답하지 못하면 법정 관리원이 그를 체포하기라도 할까 봐 염려됐다.

그는 미소를 지으며 대답이 떠오르지 않았던 상황을 설명했다. "물을 마시며 시간을 끌죠. 생각할 시간이 필요할 때를 대비해서 단상 위에 늘 물을 준비해 두거든요."

이 이야기는 그로부터 25년이 넘게 흐른 지금까지도 내 뇌리에 남아 있다. 그날 나는 그의 경력이 매력적이라고 생각했을 뿐만 아니라 간단하고 새로운 전략도 배웠다. 나는 어려운 대화를 해야 할 때면 늘 물을 가까이에 둔다. 심지어 친구들에게도 면접이 있으면 물을 가져가라고 권한다. 그의 이야기는 내가 느끼는 불편함을 안도감으로 바꿨고, 나는 대화에 대한 새로운 아이디어와 기억을 만들었다.

우리는 우리가 느낀 대로 기억한다. 이야기는 뇌의 신경 세포에 불을 밝혀 감각을 역동적으로 활성화한다. 감각과 감정이 더 많이 활성화될수록 우리는 더 많은 것을 기억과 연관시켜 저장한다. 우리는 그 당시에 느낀 감각과 감정을 기억한다. 심리학자 제롬 브루너Jerome Bruner는 저서 『교육 이론의 새로운 지평Actual Minds, Possible Worlds』에서 이야기 안에 감각적인 사실을 포함하면 이야기를 기억할 가능성이 22% 증가한다고 주장했다.

4. 이야기는 가치관을 강화한다.

성공적인 글로벌 기업의 CEO인 제이크는 모든 직원에게 2주에 한 번씩 이메일을 보내어, 그들의 행동이 어떻게 바뀌는지 알아보는 실험을 하기로 결정했다. 이메일에는 그가 최근에 고객과 나눈 대화와 소통에 관한 짧은 이야기가 담겨 있었다. 이 이야기들은 몇 줄밖에 안 되는 짧은 글이어서 최소한의 스크롤만으로 읽을 수 있었다. 각 이야기에는 제이크가 처했던 상황, 당면한 과제와 그 결과 또는 깨달음이 담겨 있었다.

이 이야기는 최고의 리더십 수업이었다. 제이크는 자신의 실수와 깨달은 점을 공유했다. 그렇게 그는 고객과의 소통 과정에 호기심을 갖는 모습을 보여줬고, 직원들의 지지와 인정을 받게 됐다. 이메일에는 그가 리더로서 중요하게 여기는 가치가 무엇인지를 보여줬다. 이 내용들은 단순히 회사 웹사이트에서나 볼 수 있는 공식적인 기업 가치는 아니었다. 그 대신 반성, 지속적 학습, 포용과 같은 일상 속 리더십 행동에 대한 것들이었다.

회사의 직원들은 자발적으로 회의에서 이 이야기를 논의하고 앞으로 나아갈 방향을 모색하기 시작했다. 제이크는 스토리텔링 문화를 만들었다. 제이크가 본인이 겪었던 문제에 관한 이야기를 공유했기 때문에, 회사의 다른 리더들도 똑같이 각자의 이야기를 공유하기 시작했다. 직원들은 실수와 교훈을 더 편안하게 토론할 수 있게 됐다. 직원들에게 처음 몇 번의 이메일을 보낸 후, 제이크는 이메일의 파급 효과를 깨달았다. 이후 그는 5년 동안 몇 주에 한 번씩 꾸준히 이메일을 보냈다.

이야기는 권장하는 것 또는 지양하는 것을 설명해 우리가 중요하게 생각하는 가치를 보여준다. 이야기는 리더가 아이디어를 공유하고 사람들이 그 생각에 공감하게 만드는 강력한 무기이다.

5. 이야기는 양방향으로 작용한다.

TED 강연을 한 지 2주 후에 한 청중에게서 이메일을 받았다. "마리아가 엘리베이터 사이로 휴대폰을 떨어뜨리는 장면을 설명했을 때, 저도 긴장돼서 주머니에 손을 넣어 휴대폰을 만져봤어요. 제가 가만히 앉아 있었지만, 그 이야기 때문에 휴대폰을 잃어버렸을지도 모른다는 두려움이 생겼죠."

모든 이야기에는 두 개의 버전이 있다. 첫 번째 버전은 스토리텔러가 들려주는 이야기다. 두 번째 버전은 청중이 자기 경험과 이해를 통해 필터링해서 해석한 이야기다. 훌륭한 이야기는 사실을 알려주는 대신 아이디어를 보여준다. 그리하여 청중이 그 이야기를 자기만의 방식으로 경험하게 한다. 친구와 이야기를 나눌 때 친구가 비슷한 경험을 했다고 대답한 적은 없는가? 우리는 모든 이야기를 자기 경험을 통해 듣고, 그로 인해 다른 이야기와 기억을 떠올린다.

대부분은 훌륭한 스토리텔러로 태어나지 않는다. 나도 마찬가지다. 하지만 스토리텔링은 배울 수 있는 기술이다. 방법만 알면 누구든 자신의 주장을 쉽게 전달할 수 있는 아이디어 도구 상자를 갖출 수 있다. 인식을 재고시키고, 행동에 영향을 미치고, 데이터 기반 결정을 설득하는 훌륭한 이야기의 이면에는 프로세스와 과학이 있다.

스토리텔링 모델

훌륭한 이야기는 여러 부분으로 구성된다. 이야기의 구조를 짠 다음 의미 있는 디테일을 겹겹이 쌓아 올리는 체계적인 과정을 거친다. 각 단계에서 해야 할 일을 명확히 인식하면, 다음 단계로 넘어가기 전에 이야기의 해당 부분을 만드는 데 집중할 수 있다. 아래 그림은 훌륭한 이야기를 구축하기 위한 스토리텔링 모델이다.

　우리는 모델 중앙부터 시작한다. '잠재적 이야기 아이디어 수집 및 선택'은 스토리텔링 과정에서 지속해서 진행되는 부분이다. 이야기를 해야 하는 상황이 생기면 '청중의 성격 규정 및 결과 정의' 단계부터 시작한다. 그에 맞춰 다시 모델의 중앙인 '잠재적 이야기 아

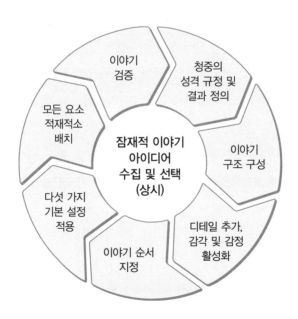

이디어 수집 및 선택'으로 돌아간다. 이야기할 아이디어를 선택했으면 프레임워크에 맞춰 '이야기 구조 구성'을 한다. 그다음 '디테일 추가, 감각 및 감정 활성화' 단계로 가서 이야기에 디테일을 추가한다. '이야기 순서 지정' 단계에서는 이야기가 전개되는 순서를 다양하게 실험해 볼 수 있다. 다음으로 2장에서 소개될 '다섯 가지 기본 설정 적용'을 통해 청중을 효과적으로 사로잡았는지 확인할 수 있다. '모든 요소 적재적소 배치'를 통해 두서없는 이야기를 피할 수 있고, '이야기 검증'을 통해 필요한 수정 사항을 확인할 수 있다.

팬케이크를 만들다가 실패해서 처음 만든 몇 개를 버렸던 적 있는가? 하지만 세 번째나 네 번째 팬케이크쯤 되면 대개 완벽해진다. 이야기도 마찬가지다. 이 모델은 의도적인 순환 구조다. 과정을 여러 번 반복하거나, 한두 단계 뒤로 이동해 이야기를 수정할 수도 있다. 어떤 아이디어는 바라던 성과를 내지 못해서 다른 아이디어를 가지고 이 과정을 처음부터 다시 시작해야 할 수도 있다.

스토리텔링은 예술이지만, 과학을 기반으로 하고 있기도 하다. 뇌는 정보보다 스토리텔링에 조금 더 역동적으로 반응한다. 지난 20년간 신경과학 연구는 우리가 정보를 이해하고 저장하며, 결정을 내리는 방법에 대한 훌륭한 통찰력을 제시했다. 다음 장에서는 이 연구를 살펴보고 뇌를 활용해 청중의 관심을 사로잡는 방법을 배울 것이다.

왜 지금 스토리를 말하는가?

- 스토리텔링은 아이디어를 구축하고 공감대와 유대감을 형성한다. 이야기는 청중을 원하는 성과로 안내하는 지침서다.

- 이야기가 우리를 변화시킨다. 훌륭한 이야기는 신경 화학물질을 배출해 청중과 스토리텔러 사이에 공감과 신뢰를 형성한다.

- 이야기는 기억에 남는다. 우리는 감각과 감정을 사용해 이야기를 저장한다.

- 이야기는 가치관을 강화한다. 이야기는 권장하는 것 또는 지양하는 것을 보여주고, 청자가 받아들이게 한다.

- 이야기는 양방향으로 작용한다. 청중은 자기 경험과 기억을 바탕으로 이야기를 해석한다.

- 훌륭한 이야기는 아이디어 파편에서 시작한다. 아이디어 파편에서 체계적인 과정을 통해 이야기를 발전시킨다.

- 스토리텔링 방법론에는 다음과 같은 조언이 포함된다.

  ○ 잠재적 이야기 아이디어 수집 및 선택(상시)

  ○ 청중의 성격 규정 및 결과 정의

  ○ 이야기 구조 구성

  ○ 디테일 추가, 감각 및 감정 활성화

  ○ 이야기 순서 지정

  ○ 다섯 가지 기본 설정 적용

  ○ 모든 요소 적재적소 배치

  ○ 이야기 검증

사라 오스틴 제니스Sarah Ausin Jenness

〈더 모스The Moth〉 책임 프로듀서, 베스트셀러 작가

경청을 장려한다는 〈더 모스〉 이야기는 무엇인가요?

〈더 모스〉(스토리텔링 팟캐스트 – 옮긴이)의 사명은 스토리텔링이라는
예술을 장려하고 인간 경험의 다양성과 공통점을 존중하는 것입니다.
25년째 운영 중인 〈더 모스〉는 스토리텔링 단체처럼 보이지만 실제로
는 경청이라는 예술을 장려하고 활성화하는 데 전념하는 예술 단체입
니다.

　이야기는 무엇이 가능한지, 인생이 어떻게 흘러가는지, 세상이 어
떻게 돌아가는지에 대한 우리의 생각을 확장시켜 줍니다. 이야기는
선입견을 깨고 사람들을 덜 외롭게 합니다. 커뮤니티에서 이야기를
들으면 다른 방법으로는 할 수 없었던 대화의 문을 여는 데 도움이 됩
니다. 타인의 개인적인 이야기는 내가 할 수 있는 일에 관한 아이디어
를 활짝 열어줍니다.

　하지만 이런 일이 〈더 모스〉 무대에서만 일어나는 건 아닙니다. 저
녁 식사 자리, 전화 통화, 버스 등 전 세계 어느 곳에서든 스토리텔링
이 나타납니다. 이야기를 하는 사람과 듣는 사람 모두에게 항상 영향

을 미칩니다. 누가 내 이야기를 듣게 될지, 어떤 심리 상태에서 듣게 될지는 알 수 없습니다. 분명한 것은 스토리텔링과 이야기를 듣는 행위가 엄청난 변화를 불러온다는 겁니다.

당신은 스토리텔러들에게 어떤 도움을 주나요?

저는 이야기 조산사라고 할 수 있습니다. 자기 이야기라 해도 어떻게 이야기를 구성해야 할지 잘 모르는 경우가 많습니다. 당신이 특정 시각에서만 자신의 이야기를 바라볼 때, 저는 그 이야기가 낯선 사람에게도 공감을 불러일으키도록 구체화할 수 있게 돕습니다. 예를 들어 이 이야기가 당신 자신과의 싸움에 관한 이야기인가? 당신과 자매와의 관계에 중점을 둔 이야기인가? 이야기는 어떻게 진행되는가? 아니면 당신과 종교에 관한 이야기인가? 이 이야기의 핵심은 무엇인가? 등으로 구체화합니다.

똑같은 경험이라도 50가지 다른 방식으로 표현될 수 있습니다. 저는 새로운 스토리텔러와 작업을 시작할 때 모든 아이디어 조각을 발굴하도록 돕습니다. "이전에 엄마와 관계는 어땠나요? 엄마가 평생 잊지 못할 말을 해줬을 때를 떠올려 보세요. 당신은 무엇을 보고, 생각하고, 냄새를 맡고, 느끼나요?"라는 식의 질문을 합니다. 저는 이야기를 발굴하기 위해 정보를 캐냅니다.

아이디어 조각을 발굴한 다음이 더 흥미롭고 도전적인 부분입니다. 이야기화된 경험은 더 이상 단순한 일련의 사건이 아니게 됩니다. 우리는 그 이야기들을 통해 당신의 경험을 함께한 것 같은 느낌을 받게 됩니다. 바로 이 부분에서 스토리텔러와 청중에게 변화가 일어나죠.

이야기는 지문과 같습니다. 왜 당신만이 이 이야기를 할 수 있을까요? 저에겐 이것이 가장 흥미로운 질문입니다. 이 세상 그 누구도 흉내 낼 수 없는, 당신만 할 수 있는 이야기의 구체적인 사건, 요소, 시각은 무엇일까요?

스토리텔러가 개인의 취약점을 극복하는 데 어떻게 도움을 줍니까?
스토리텔링은 당신이 청중에게 주는 선물입니다. 이야기는 당신을 인간적이게 만들고 사람들이 당신을 이해하고 기억하게 도와요. 이야기는 사람들이 당신과 당신의 마음이 무엇을 중요하게 여기는지 엿볼 수 있게 도와줍니다. 개인적인 이야기에는 생명력이 있고, 말할 때마다 조금씩 새로워지죠.

스토리텔링을 효과적으로 하려면 자신에 관한 이야기를 할 수밖에 없는데요. '자신에 관한 이야기'가 바로 취약점입니다. 처음부터 자신을 너무 드러내는 이야기를 하는 건 위험할 수 있어요. 자기가 가장 드러나지 않는 이야기부터 시작한 후에 계속 노력해 보세요. 청중은 관심과 친절로 당신에게 보답하고 더 많은 이야기를 듣고 싶어 할 것입니다.

2장

. . .

스토리텔링의 과학

나는 매번 올림픽을 기다린다. 동계 올림픽이든 하계 올림픽이든 상관없다. 개회식이나 메달 개수, 각 종목에서 가장 인기 있는 선수를 기대하는 것이 아니다. 주최 도시를 집중 조명한 이야기를 기대하지도 않는다. 내가 가장 좋아하는 것은 올림픽 속 약자들의 이야기다. 특히 바이애슬론이나 7인제 럭비처럼, 보기 전까지 거의 알지 못했던 종목의 선수들 이야기를 뉴스를 통해 알게 되는 것을 좋아한다.

스포츠 뉴스는 선수들이 올림픽을 향한 여정에서 직면한 어려움을 집중 조명하는데, 나도 모르게 그 이야기에 빠져든다. 나는 뉴스를 보면서 그들이 어떻게 학교를 중퇴하고 여러 가지 일을 했는지 알게 된다. 코치가 바뀌고, 대출을 받고, 사랑하는 사람이 세상을 떠나고, 부상을 극복하는 등 경기 출전이라는 꿈을 이루기 위해 그들이 거친 과정에 안타까움을 느낀다. 인터뷰에서 선수 가족들이 눈물을 닦으며 그들을 자랑스러워하는 모습을 보면 내 눈에도 눈물이 고인다.

방송이 끝날 무렵에 나는 그 선수의 이름이 새겨진 유니폼을 사고, 방금 알게 된 스포츠의 공식적인 팬이 될 준비를 마친다. 그들의 행사도 절대 놓치지 않는다. 나는 이제 그들의 응원단이 되어 매 순간을 함께한다. 그들의 성공에 주먹을 불끈 쥐고 기뻐하고, 그들이 실패하면 낙담한다.

경기가 끝날 때쯤에는 이런 생각이 든다. '어떻게 이야기가 또 다시 내게 감동을 줬을까? 어떻게 이야기 때문에 내가 알지도 못하는 사람과 스포츠를 좋아하게 됐을까? 왜 5분짜리 이야기 때문에 그들의 경기가 보고 싶어졌을까?' 그 이유는 이야기 하나하나가 내 생각을 사로잡고, 흥미를 유발하고, 공감을 얻었다는 데 있다.

뇌의 다섯 가지 기본 설정

나는 늘 스토리텔링이라는 예술을 좋아해 왔지만, 과학의 매력에도 빠져 있다. 노스이스턴 대학교의 리사 펠드먼 배럿Lisa Feldman Barrett 박사, 서던캘리포니아 대학교의 안토니오 다마지오Antonio Damasio박사, 클레어몬트 대학원의 폴 자크Paul Zak 박사 등 신경과학자들의 연구를 여러 해 동안 공부했다. 이들의 연구를 통해 나는 우리의 뇌가 정보와 상호작용하고 정보를 처리하는 근본적인 방식을 알게 됐다. 뇌는 우리의 생존, 이해, 소통, 의사 결정에 중요한 역할을 한다. 결과적으로 우리가 이야기를 듣고 소통하는 방식에도 영향을 미친다. 나는 소통 방식에 영향을 미치는 뇌의 작동 방식을 '뇌의 다섯 가지 기본 설정'이라고 부른다. 각 설정은 스토리텔링 방법론 전반에 걸쳐, 뇌의 관심을 끄는 훌륭한 스토리를 개발하는 데 영향을 미친다.

1. 게으른 뇌: 뇌의 관심을 끌고 집중시키기

뇌의 목표는 단 하나다. 하루를 무사히 보내는 것. 하루를 무사히 보내고 나면 뇌는 당신에게 축하를 건네며 "훌륭해. 내일도 똑같은 방식으로 똑같이 일하면 돼."라고 말한다. 새로운 기술을 익히거나 새로운 기술을 배우는 등 새롭고 낯선 일을 할 때마다 뇌는 칼로리를 소비한다. 오른손잡이가 왼손으로 서명하기를 연습하는 것처럼 간단한 일에도 주의와 집중이 필요하다. 폴 자크 박사는 2015년 발표한 논문 「감동적인 이야기가 우리를 반응하게 하는 이유: 서사의 신경과학Why Inspiring Stories Make Us React: The Neuroscience of Narrative」에서 처음으로 우리의 뇌를 게으르다고 묘사했다.

뇌는 가장 인색한 은행원과 같아서 칼로리가 고갈되는 위험을 감수하고 싶어 하지 않는다. 또한 뇌는 미래학자이기도 해서 앞으로 일어날 일을 예측해 그에 따라 대응할 수 있게 한다. 위험에 직면했을 때만 예측하는 것이 아니다. 계단을 내려갈 때 발을 어떻게 디딜지 등 움직임과 몸짓도 예측한다. 계단에서 발을 잘못 내디디면, 뇌는 미래 예측에 대한 계산 방식을 즉시 수정한다. 아이가 처음 계단을 내려갈 때는 몇 분간 시행착오가 있게 마련이다. 하지만 나중에는 계단을 내려갈 때 발을 어떻게 움직일지를 의식하지 않고도 움직인다. 이러한 신경 경로는 수년에 걸쳐 해당 움직임에 관한 예측이 축적된 결과다. 예측 능력이 뛰어날수록, 뇌는 새롭거나 위험하다고 인식되는 경험에 사용하는 칼로리를 절약하고 저장한다.

사람은 전체 칼로리 중 약 20%를 뇌에서 소비하며, 이는 모든 장기 중 가장 큰 비중을 차지한다. 이 칼로리의 60~80%는 무언가를 예측하고 그에 맞춰 신체를 준비시키는 데 사용된다. 예를 들어, 다른 사람에게 일어난 예상치 못한 사건을 보고 아드레날린이 폭발하다가 어느 순간에 그것이 나에게도 일어날 수 있는 일이라는 사실을 깨달은 적이 있는가? 이 현상은 뇌가 위험한 상황에서 벗어날 준비를 하기 위해 심박수를 높이고 코르티솔(급성 스트레스에 반응해 분비되는 물질-옮긴이)과 아드레날린을 신체에 분비해 나타나는 현상이다.

뇌는 수영장에서 분홍색 수박 튜브를 타고 피나 콜라다를 마시는 것처럼 게을러지고 싶어 한다. 그리고 반복을 좋아한다. 이전에 본 적이 있는 TV 프로그램이나 영화를 다시 몰아보는 이유도 바로 여기에 있다. 특히 스트레스를 받을 때 당신의 뇌는 익숙함, 편안함, 칼로리를 비축할 기회를 찾는다. 새로운 것을 볼 때 뇌는 줄거리를 이해하고 예측하려 하지만, 이전에 본 적 있는 영상을 보면 뇌는 어떤 내용이 펼쳐질지 이미 알고 있다. 게으른 뇌는 흥미를 끌지 못하는 것에 집중하지 않는다.

힘 있는 이야기만이 뇌가 피나 콜라다를 내려놓고 게으름 상태에서 벗어날 수 있게 한다. 높아진 위험성, 긴장감, 뜻밖의 요소가 포함된 이야기는 뇌가 주의를 기울이고 칼로리를 소비하게 만든다. 캐릭터가 마주한 것을 청중이 보고, 듣고, 느끼고, 냄새 맡고, 맛보고, 경험하도록 도와주면 뇌는 역동적으로 움직이면서 이야기를 더 기억에 남게 한다.

2. 가정을 통해 틈새를 메우는 성향: 가정을 깨뜨려 긴장감 높이기

영화를 보거나 책을 읽다가 결말을 예상한 적이 몇 번이나 있는가? 혹은 회의에 참석했는데 발언자가 무슨 말을 할지 이미 알고 있어서 관심을 거둔 적이 있는가? 뇌는 불안정한 것을 싫어하므로 가정을 통해 틈새를 메운다. 인간의 진화와 생존은 잠재적 재난을 피하고, 뇌를 게으름 상태로 전환하는 선택을 하는 우리의 예측과 가정 능력에 의존해 왔다.

내가 마리아의 휴대폰이 엘리베이터 틈새로 떨어지는 장면을 묘사했을 때, 당신의 머릿속엔 '마리아가 휴대폰을 되찾았을까? 나라면 어떻게 했을까?'라는 생각이 자동으로 떠올랐을 수 있다. 의식적으로 생각하지 않아도 당신의 뇌는 무슨 일이 일어난 건지, 그 상황에서 어떻게 행동할지 알아내려고 노력했을 것이다.

우리는 그것이 정확하든 아니든, 자기 지식과 경험을 바탕으로 한 가정을 통해 무언가를 이해한다. 심각한 표정을 한 친구를 보고 당신은 친구가 당신에게 화가 났다고 생각했을 수도 있지만, 알고 보면 자동차 창문을 닫았는지 기억해 내려고 애쓰는 중이었을지도 모른다.

훌륭한 이야기는 청중을 스토리텔러가 원하는 성과와 연결해 생각하고 행동하도록 만든다. 또한 청중의 가정 속도를 늦추거나 그들이 가정하는 능력을 활용하게 한다. 예상 밖의 플롯 포인트plot point를 통해 청중이 "이렇게 될 줄 몰랐어!"라고 깨닫는 순간은 두뇌를 게으름 상태에서 벗어나게 해준다. 긴장감을 조성하고 이야기에서 중요한 것이 무엇인지 강조할 때도 마찬가지다.

3. 파일 라이브러리: 정보 처리와 분류 방식 제안하기

뇌에는 감각을 통해 감지된 정보를 처리하는 데 도움을 주는 거대한 신경 세포 네트워크가 있다. 우리는 이러한 신경 세포가 구체적인 역할(시각, 미각, 청각 등)을 한다고 생각했으나, 사실 감각 사이에는 경계가 없다. 대부분의 신경 세포는 신경 경로를 따라 여러 감각에 대한 정보를 전달할 수 있다. 이러한 신경 세포는 뇌가 예측할 때 끊임없이 작동한다.

감각이 입력됐다고 감지되면, 처리를 위해 각각의 감각을 담당하는 뇌 영역으로 전달된다. 잠재적 위협이 감지되면 신체는 아드레날린과 코르티솔을 분비해 집중력을 높이고 위험에서 탈출할 준비를 한다.

감각적 경험은 감성으로 각인돼 기억이 된다. 마치 휴대폰 카메라에 저장된 사진에 카메라 설정, 날짜, 시간, 위치를 태그하는 것과 같다. 경험은 장기 기억으로 정리돼 저장된다. 뇌는 기억, 경험, 감정을 참조해 미래에 어떻게 대응할지를 추론했고, 이는 인류의 진화와 생존에 중추적 역할을 해왔다.

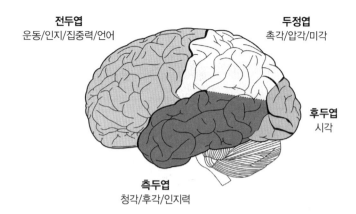

전두엽
운동/인지/집중력/언어

두정엽
촉각/압각/미각

후두엽
시각

측두엽
청각/후각/인지력

　우리의 감각은 정보를 경험하고, 식별하고, 보관하고, 기억해 내는 방식에 필수적인 역할을 담당한다. 갓 베어낸 잔디 냄새를 맡으면 어릴 적 맨발로 뛰어놀던 기억이 떠오르는 이유다. 후각은 기억과 가장 밀접한 관계를 맺고 있다. 우리 몸에는 4개의 촉각 수용체, 3개의 시각 수용체가 있는데, 후각 수용체 수는 1,000개가 넘는다.

　감각은 감정과 기억을 연결한다. 내 친구인 캐서린은 어릴 적 교통사고를 당했을 당시, 테이크아웃 음식이 차 안과 그녀가 입고 있던 옷에 범벅이 된 기억이 있다. 20년이 흘러 또 다른 교통사고가 났을 때, 그녀는 차 안에 아무런 음식이 없었는데도 곧장 콜슬로 냄새를 맡았다. 감각은 경험, 지식, 기억, 감정을 저장한 뇌의 파일 라이브러리에 활발하게 관여한다.

　사람의 뇌는 매일 감각을 통해 34GB가 넘는 정보를 처리하며, 이중 대부분은 무의식적으로 처리한다. 이 정보는 이미 알고 있고 이해하고 있는 정보와 비교된다. 뇌에서는 '이전에 경험한 내용인가? 새로운 정보인가? 이전의 경험과 관련이 있는가?'라고 질문하고, 그 답에 따라 새로운 정보를 다른 메모리 '파일'에 저장한다.

사람들은 각자의 지식과 경험을 바탕으로 정보를 처리, 이해하고 저장한다. 그렇기 때문에 이해하는 내용과 가정하는 방식도 달라진다. 따라서 같은 데이터나 정보를 보고도 사람마다 완전히 다른 해석을 내놓을 수 있다.

이야기는 우리의 뇌에 정보를 저장하는 방식을 제안하기도 한다. 훌륭한 이야기는 이미 알고 있거나 경험한 것들과 연결된다. 또한 우리의 감각과 감정과도 활발히 연결된다. 그렇게 이야기는 기억에 남는다. 우리는 마리아가 엘리베이터 틈새로 휴대폰을 떨어뜨렸을 때 마리아가 느낀 좌절감을 함께 느낀다. 다음번에 엘리베이터를 타게 되면 마리아와 같은 일이 생길까 봐 휴대폰을 더 꽉 쥐게 될지도 모른다. 어떤 이야기나 정보에 모든 사람이 동의하지 않을 수도 있지만, 적어도 이해와 토론의 시작점은 제공할 수 있다.

4. 집단에 소속되려는 성향: 관계와 공감 형성하기

뇌는 하루를 생존하는 것을 최우선으로 하기 때문에, 이 목표를 달성하도록 도움을 줄 수 있는 사람들에 둘러싸여 있기를 원한다. 한 집단을 이룬 사람들은 예리하게 위험을 감지하고, 서로를 보호하며, 더 짧은 시간에 더 많은 것을 성취할 수 있다. 이러한 '내집단in-groups'이 바로 인류가 생존하고 진화해 온 방식이다.

우리는 유사성을 갖고, 연결되며, 감정을 공유하는 사람들과 자연스럽게 내집단을 형성한다. 내집단은 소속감을 만든다. 외집단outgroups은 우리를 서로 다른 사람이라고 느끼거나 외부인으로 인식하게 한다. 같은 회사에서 근무하는 사람들은 기본적으로 내집단의 일부다. 하지만 회사 내에서도 인사 부서와 엔지니어링 부서에서 일하는 사람들은 업무 차이로 인해 외집단으로 분류될 수 있다. 우리는 집단에 속해 있는지 아닌지에 따라 다른 가정을 하고 정보를 다르게 처리한다. 상대방의 자기 신념, 경험 또는 열망을 공유하는 이야기를 들을 때 내집단에 속해 있다고 느낀다. 공감과 연결을 경험하면 옥시토신이 분비되고 신뢰가 증가하기 때문이다. 이러한 소속감은 편안함과 안락함, 흥분을 느끼게 돕는다. 이야기는 '나도 저걸 원해!'라는 청중의 감정과 연결될 때 내집단을 형성한다.

외집단을 형성하는 이야기는 대조적인 경험이나 관점을 깨닫게 한다. 우리는 집단 바깥에 있다고 느끼면, 종종 과장된 인식과 불편함을 경험하고 남들과 다르다는 느낌을 받는다. 한 자선단체는 깨끗한 물을 사용할 수 없는 에티오피아 사람들의 이야기를 통해 실내 배관이 그들의 삶을 얼마나 변화시키는지 청중들이 깨닫게 했다. 이러한 이야기는 나와 그들의 상황을 자연스럽게 비교해 차이점과 새로운 아이디어를 인식하도록 영향을 미친다. 내집단과 마찬가지로 외집단도 이야기를 통해 차이점을 인식함으로써, 공감과 지지를 높여 특정 행동으로 이끌 수 있다. 합병을 진행 중이거나 새로운 전략을 수용하는 회사는 이야기를 통해 새로운 방향을 제시하고, 회사가 현재 상황을 유지할 수 없는 이유를 설명하기도 한다.

훌륭한 이야기는 청중이 내집단 또는 외집단, 때로는 두 집단 모두에 속한다는 느낌을 받도록 의도한다. 엘리베이터 틈새로 휴대폰을 떨어뜨린 경험이 없어도 그 일이 얼마나 쉽게 일어날 수 있는 일인지 알게 된다. 내집단과 외집단은 청중을 원하는 결과로 인도하고, 메시지에 공감할 수 있도록 도와준다.

5. 즐거움 추구와 고통 회피: 신경 화학물질로 경험 증폭시키기

뇌의 신경 화학물질은 우리가 즐거움을 추구하거나 고통과 위험을 회피하도록 몰아간다.

도파민, 엔도르핀, 세로토닌은 연결감이나 매혹감을 느끼는 순간에 분비된다. 옥시토신은 상대방에게 유대감이나 신뢰감을 느낄 때 분비된다. 각각의 호르몬은 기분을 좋게 만들고 쾌락을 강력히 추구하게 만든다. 코르티솔과 아드레날린은 주의력이나 집중력을 높인다. 그래서 위협이 감지됐을 때 그로부터 벗어날 수 있도록 우리를 준비시켜, 고통이나 불편함에 처하지 않게 한다.

불편함이 꼭 위험한 것, 부정적인 것을 의미하지는 않는다. 롤러코스터를 타거나, 공포 영화를 보거나, 프레젠테이션하거나, 언어를 배우거나, 번지점프를 하는 것도 자극이 될 수 있다. 안전지대를 벗어나는 순간 우리 몸은 경계한다. 이렇듯 경험은 신경 화학물질의 혼합과 다양한 감정으로 인해 증폭된다.

훌륭한 이야기는 의도적으로 청중을 즐거움 또는 불편함으로 인도한다. 우리는 도티의 이름을 기억하지 못한 월터의 불편함을 함께 느낀다. 또한 휴대폰을 공짜로 찾을 수 있다는 사실을 알게 된 마리아의 놀라움도 느낀다. 청중을 즐거움 또는 불편함의 순간에 연결하면 청중은 이야기에 집중하고 특정 행동에 영향을 미치는 감정을 간접적으로 경험하게 된다.

스토리텔링은 신경 화학물질의 지휘자다. 훌륭한 이야기는 쾌감 신경 화학물질을 최고조로 높일 수 있다. 또한 불편한 감정을 증폭시키거나 감소시키고, 잠잠하게 만들어 고통을 예방하게 한다. 이는 우리가 정보를 처리하고 결정을 내리는 방식에 직접적인 영향을 미친다. 불편한 순간이 포함된 이야기는 그 순간을 해결하거나 피하려면 무엇을 할 수 있는지 생각하는 데 도움을 준다. 즐거움과 따뜻함, 감동의 물결에 빠지게 하는 이야기는 선택과 행동을 유도하고 가치관을 강화시킨다.

뇌가 정보와 이야기를 처리하는 방식

카페에 앉아 있으면 접시와 잔이 쨍그랑 부딪히는 소리가 들린다. 어깨 너머로 다른 손님들이 웅성거리며 대화하는 소리도 들린다. 크루아상을 한 입 베어 물 때마다 바삭바삭한 층 사이로 기분 좋은 소리가 들린다. 당신이 그 소리를 인지하지 못해도, 당신의 뇌는 무의식적으로 이를 인식하고 처리한다.

카페의 소리가 카페에서 나오는 음악으로 바뀌면, 그 음악은 뇌와 역동적으로 상호작용하고 기억하는 단계로 옮겨간다. 모차르트 소나타를 듣든, 존 레넌John Lennon의 'Imagine'을 듣든, 뇌는 단순히 소리를 처리할 때보다 음악을 처리할 때 더 많은 신경 활동을 벌인다. 멜로디나 화음을 인지하고, 발가락으로 박자를 맞추고, 하루 종일 흥얼거릴지도 모른다. 뇌가 소리와 음악을 처리하는 방식의 차이는 뇌가 정보와 이야기를 처리할 때의 차이와 유사하다.

베르니케 영역Wernicke's area은 언어 이해와 정보를 처리하는 호두 크기만 한 뇌의 부위이다. 이 영역에서는 단어를 의미로 해독해서 이해력을 만들어낸다. 우리는 단어를 읽거나 들으면서 그 단어를 우리 머릿속에 있는 사전과 비교해 이해한다. 베르니케 영역은 책을 읽거나, 강의를 듣거나, 회의에서 데이터나 디테일을 들을 때 활성화된다. 이때 다른 뇌 부위도 활성화되지만, 단어를 처리하고 이해하는 데에는 이 작은 뇌의 부위만 관여한다. 심리학자 헤르만 에빙하우스Hermann Ebbinghaus는 뇌의 기존 정보와 상호작용하지 않으면, 거의 50%의 새로운 정보가 한 시간 내에 잊힌다는 사실을 밝혔다.

이야기를 들으면 뇌가 역동적으로 활성화된다. 앞서 카페에서 들리는 소리에 관해 설명할 때, 당신은 에스프레소 기계에서 나는 쉭쉭 소리를 실제로 들은 것처럼 측두엽 근처의 뉴런이 활성화되기 시작했다. 더 나아가 내가 나무 의자, 밝은 노란색 머그잔이 진열된 벽, 바리스타가 입고 있는 홀치기염색이 된 앞치마를 묘사하면, 당신의 뇌에서 이러한 사물이 시각화되면서 후두엽 뉴런이 활성화된다. 페이스트리와 커피의 진한 향기를 상상하면, 측두엽이 활성화된다. 커피 맛과 손에 든 머그잔의 촉감과 무게를 상상하면, 두정엽이 활성화된다. 커피를 따르면서 제자리에서 몸을 흔드는 바리스타의 모습을 묘사할 때는 전두엽이 활성화된다.

이야기는 각 감각을 의미 있게 자극해 뇌 전반의 활동을 끌어낸다. 시각, 청각, 후각, 촉각, 미각, 감정은 각 뇌엽의 신경 활동을 이끈다. 세 번째 기본 설정인 파일 라이브러리를 설명할 때, 이 감각들은 종종 기억과 감정으로 각인돼 저장된다고 설명한 바 있다. 특히 어떤 향수 냄새는 할머니와 함께했던 특별한 오후의 순간으로 쉽게 되돌아가게 한다.

나는 W 호텔 로비에 들어설 때마다 네 살 무렵 부엌 싱크대에서 머리를 감았던 기억을 떠올린다. W 호텔이 로비에 어떤 향을 사용했는지는 모르겠지만 오래전 샴푸 향이 떠오르면서 멋진 추억이 떠오른다. 감각을 자극하는 이야기는 뇌에서 더 많은 공간을 차지하고 우리가 그 순간을 직접 경험하는 것처럼 우리를 이야기 속으로 끌어들인다.

완전히 다른 경험을 만드는 스토리텔링

바다에서 수영하던 중 상어의 공격을 받았다. 수면을 따라 헤엄치고 있는데, 갑자기 아래에서 무언가 나를 쿡 찔렀다. 처음 찔렸을 때는 소스라치게 놀라 심장이 벌렁거렸다. 두 번째 찔렸을 때는 훨씬 더 거칠게 느껴졌고, 내가 상어의 먹잇감이 됐다고 생각했다. 나는 필사적으로 안전하게 해변으로 돌아가기 위해 허우적대기 시작했다.

물론 실제로 내가 상어의 공격을 받은 건 아니었다. 하지만 영화 〈죠스Jaws〉를 보고 있던 내 뇌는 다르게 판단했다. 마치 내가 영화 속 주인공이라도 된 듯 뇌의 모든 부분이 활성화됐고, 아드레날린이 솟구쳤다. 내 뇌는 수영하는 주인공을 보면서 "헤엄쳐!"라고 외쳤다. 상어가 만들어낸 소용돌이치는 해류에 휩쓸려 물속에서 숨이 깔딱거리는 듯한 느낌이 들었다. 심지어 상어가 카펫에서 튀어나와서 내 발을 물어뜯을 것 같아서 발을 들어 올렸다.

바다에서 상어의 공격을 받아본 적은 없지만, 영화를 보면서 나는 그것이 어떤 느낌인지 상상할 수 있었다. 소파에 차분히 앉아 있는 동안 내 뇌는 활성화됐고 심장은 빠르게 뛰었다. 감각이 활성화되면 실제로 겪어본 적 없는 경험을 상상할 수 있다. 내가 바다에서 수영하든 수영장에서 수영하든 "상어를 조심해!"라고 뇌에서 경고를 보낼 정도로. 이야기는 뇌에 인위적인 현실 경험을 만들어낸다.

프린스턴 대학교의 신경과학자 우리 하슨Uri Hasson 박사는 전달하는 사람과 듣는 사람 사이의 신경 활동의 유사점과 차이점에 대한 실험을 진행했다. 실험에서 참가자들은 BBC의 TV 시리즈를 시청했고, 연구진은 기능적 자기공명영상fMRI(뇌 활동을 시각화하는 기술)으로 그들의 뇌 활동을 측정했다. 참가자들은 에피소드 시청을 완료한 뒤, fMRI 측정 상태를 유지한 채로 기억에 남는 에피소드를 설명했고, 이 내용은 녹음됐다. 이후 연구진은 참가자들이 이 녹음 내용을 들을 때의 뇌 활동을 측정했다.

하슨 박사는 실험을 통해 비슷한 뇌 활동을 발견했다. 이야기하는 사람과 듣는 사람의 뇌 활동이 일치한다는 것이다. 누가 에피소드를 듣는지 또는 설명하는지는 중요하지 않았다. 박사는 이 연구를 다른 쇼와 영화를 사용해 재현했지만, 결과는 매번 같았다.

이러한 신경 결합neural coupling은 스토리텔링의 강력한 속성 중 하나다. 이야기를 듣는 동안 청중의 뇌는 활성화되고 스토리텔러의 뇌와 같은 패턴을 보인다. 특히 이야기가 감각과 감정을 자극할 때 더욱 그렇다. 슬픈 영화를 보다 보면 목이 메는 순간이 있다. 신경 결합은 공감대를 만드는 가장 위대한 방법의 하나인 독창적인 가상 현실을 선사한다. 듣는 사람의 감각과 감정이 더 많이 자극될수록 경험도 강력해진다.

사람들이 한 번도 경험하지 못한 것을 경험하도록 돕고 싶은가? 그러면 이야기하자. 사람들의 뇌는 마치 주인공이 된 것처럼 몰입할 것이다. 프랑스의 파리 뇌 연구소Paris Brain Institute는 이야기를 듣는 동안 참가자들의 심박수를 조사했다. 그 결과 참가자들의 심박수는 스토리텔러의 심박수와 동기화된다는 사실이 밝혀졌다. 청중이 이야기에 더 몰입할수록 심박수가 동기화될 가능성이 더 높아졌다. 참가자가 스토리텔러에게서 다른 도시 또는 다른 시대의 이야기를 들어도 결과는 같았다. 그들의 뇌가 이야기에 몰입할수록 심박수도 동기화됐다.

뇌의 다섯 가지 기본 설정은 스토리텔링이 매력적인 이유를 설명할 뿐만 아니라 훌륭한 이야기를 만드는 방법도 알려준다. 이야기에서 이 설정들을 어떻게 활용했는지는 청중의 경험과 관심에 직접적인 영향을 미친다. 모든 이야기에서 다섯 가지 설정을 전부 고려할 수는 없지만, 일부를 고려하는 것만으로도 훌륭한 이야기를 만드는 데 도움이 된다.

우리는 원하는 성과를 얻기 위해 이야기한다. 이야기가 전달되는 방식은 청중의 경험과 결과에 영향을 미친다. 스토리텔링의 예술을 완전히 익히려면 의사 결정 방식의 과학을 이해해야 한다. 다음 장에서는 이를 정확히 이해하는 방식을 살펴보려 한다.

스토리텔링의 과학

- 뇌에는 우리가 정보, 특히 이야기에 몰두하고 해석하는 방식에 영향을 주는 다섯 가지 기본 설정이 있다.

  - 게으른 뇌: 뇌는 게을러서 하루하루 생존하기 위해 칼로리를 절약하려고 한다. 훌륭한 이야기는 감각을 자극하고 긴장감을 조성하여 칼로리를 소비하게 한다.

  - 가정을 통해 틈새를 메우는 성향: 뇌는 과거 경험을 바탕으로 끊임없이 예측과 가정을 한다. 훌륭한 이야기는 갈등과 예상 밖의 사건을 통해 가정의 속도를 늦추거나 활용한다.

  - 파일 라이브러리: 우리는 매일 34GB의 정보를 처리해 예측을 위해 필요한 경험, 기억, 감정을 파일 라이브러리로 전환한다. 훌륭한 이야기는 구체적인 디테일과 은유를 통해 우리가 이미 알고 있는 내용과 연결된다.

  - 집단에 소속되려는 성향: 이야기는 우리가 내집단 또는 외집단에 속해 있다고 느끼게 해준다. 내집단은 익숙함, 편안함, 소속감을 조성한다. 외집단은 개인이나 경험의 처리를 설명하는 데 도움을 준다.

  - 즐거움 추구와 고통 회피: 신경 화학물질은 우리가 즐거움을 추구하거나 불편함을 피하는 데 도움을 준다. 스토리텔링에서 이 작용은 듣는 이의 기분을 좋게 하거나 불편한 이야기에 몰입하게 한다.

- 이야기를 들을 때 우리 뇌는 스토리텔러와 같은 패턴으로 활성화된다. 이 신경 결합은 우리가 이야기 속 주인공이 된 것처럼 느끼게 해 가상 현실을 경험하게 한다.

미셸 새터Michelle Satter

선댄스 재단Sundance Institute 아티스트 프로그램
창립 선임 디렉터

이야기에서 무엇을 찾으시나요?

저는 이야기를 전달하는 방식에서 작가의 진실, 즉 지극히 개인적인
관점과 고유한 목소리를 찾습니다. 또한 작가가 구체적이고 자세하게
자기 세계와 일관된 톤을 만드는 방식을 받아들입니다. 저는 진실을
바탕으로 말하고, 행동하고, 복합적이고 분명한 목적과 필요를 가지
고 감정적인 여정을 걷는 캐릭터에게 집중하고 싶습니다.

저는 마음과 생각이 열리고, 이야기, 약점, 독특한 관점을 공유하
는 작가와 함께 있다는 느낌을 받는 순간을 발견하고 싶습니다. 이것
이 제가 책이나 대본을 펼칠 때 바라는 것입니다.

작가들이 자기 목소리를 찾도록 어떻게 격려하나요?

저는 모든 사람에게 자기 신념 체계가 정의하는 현실에 대한 목소리,
관점, 경험이 있다고 생각합니다. 우리는 청중이 몰입하고, 깨어있고,
캐릭터와 다음에 일어날 사건에 집중하기를 원합니다. '시장은 무엇
을 원하는가?' 또는 '사람들이 내게 무엇을 원할까?'를 생각하지 말

고, '내가 세상에 무엇을 줄 수 있을까? 나만이 전달할 수 있는 이야기가 무엇일까? 내가 청중과 나누고 의사소통할 수 있는 내용이 무엇일까? 어떻게 청중이 공감하고 놀라게 할 수 있을까?'를 생각해야 합니다.

캐릭터는 이야기를 발전시킵니다. 위기가 커지는 감정적 여정과 모든 장면에서, 이야기가 진행되거나 캐릭터에 관한 새로운 사실이 드러나는 구조로 캐릭터를 설정하길 바랍니다.

작가에게 어떻게 피드백을 하나요?

저는 우선 이야기를 듣고 질문해서 의도를 파악하려고 합니다. 중요한 질문으로는 "이 이야기가 말하고자 하는 바가 무엇인가?"가 있습니다. 어떤 작가들은 작품을 완성하고 되돌아볼 때까지 이야기의 주제를 모르기도 합니다.

다른 질문으로는 "이 이야기와 개인적으로 어떤 관련이 있는가? 어떻게 캐릭터에게 몰입하는가? 당신이 만들려는 세계는 무엇인가? 그 세계에는 어떤 이미지와 소리가 있는가?" 등이 있습니다.

작가의 입장에서는 피드백을 경청하되 개인적으로 받아들이지 않는 것이 중요합니다. 혼란스러워도 유의미한 발견을 할 수 있는 절차의 일부로 받아들이세요. 올바른 질문은 가장 창의적이고 놀라운 해결책으로 이어질 수 있습니다.

이야기를 전달하는 평범한 사람들에게 어떤 조언을 해주고 싶은가요?

스토리텔링은 우리 모두가 할 수 있는 필수적인 의사소통 수단입니다. 스토리텔링은 우리가 하는 모든 일에 영향을 미칩니다. 일기 쓰기와 관찰하기부터 시작하세요. 매일 글을 쓰세요. 주변 세계와 사람들의 행동, 인간성에 관해 관심과 호기심을 가지세요. 대본을 읽고, 영화를 보고, 작가들이 창작 과정에 관해 어떻게 이야기하는지 들어보세요. 관계를 맺으세요. 저는 모든 사람에게서 배웠습니다. 저는 인생이 주고 받고, 배우는 여정이라고 생각합니다.

정말 하고 싶은 이야기를 찾아보세요. 글쓰기에는 시간이 걸립니다. 그리고 진정한 글쓰기는 다시 쓰기에 있습니다. 한 번에 성공할 수는 없습니다. 글쓰기는 이야기의 핵심, 주제, 청중이 이야기에서 얻었으면 하는 내용에 대해 확신을 가지고, 열심히 연구하고, 탐색하고, 새로운 아이디어를 시도하려는 과정입니다. 저는 스토리텔링에 세상을 바꾸는 힘이 있다고 믿습니다.

자기 작품을 믿으세요. 자기 목소리에 확신을 가지세요. 우리 모두에게는 우리 자신과 서로를, 그리고 우리 세상을 바라보는 방식을 바꿀 수 있는 유의미한 이야기가 있습니다.

3장

. . .

사람들의 호감을 사도 질 수 있다

강아지 한 마리가 흙길을 따라 길게 이어진 흰색 나무 울타리 아래를 파고 있다. 강아지는 울타리 아래를 꿈틀거리며 통과한 후, 들판을 가로질러 빨간 헛간으로 재빨리 뛰어간다. 강아지는 헛간 문 앞에 갑자기 멈춰 서서 귀를 쫑긋 세운다.

키가 크고 이마에 흰 반점이 있는 갈색 말 한 마리가 몸을 굽힌다. 두 친구는 서로 코를 비빈다. 헛간 건너편에서 문이 '쿵' 하고 열린다. 농장 주인은 웃으며 강아지를 안고 '강아지 입양'이라는 표지판이 달린 옆집으로 데리고 간다. 강아지를 입양 보내는 일을 하는 옆집 주인에게 건네주며 두 사람은 고개를 절레절레 흔든다. 이런 일이 이번이 처음이 아니기 때문이다.

강아지는 다시 울타리 밑을 파서 비집고 들어간다. 친구를 만나 놀기 위해 진흙을 헤치고 빗속을 달리고 잔디밭을 뒹군다. 농장 주인은 매번 익숙한 길로 강아지를 안고 걸어가 집으로 돌려보낸다.

어느 날 이 강아지는 한 가족에게 입양돼 자동차 뒷좌석에 태워진다. 강아지는 뒷유리창으로 기어올라 낑낑거리며 발로 창문을 긁는다. 말은 땅을 구르고 울면서 차를 향해 질주해서 울타리를 뛰어넘는다. 다른 말들도 천둥 같은 소리를 내며 추격전에 합류한다. 결국 말무리는 차를 둘러싸서 강제로 멈춰 세운다.

자동차에서 나온 강아지는 말들을 이끌고 흙길을 따라 농장으로 돌아간다. 다시 만난 친구인 강아지와 말은 들판에서 함께 논다. 화면이 검게 바뀌면서 '#BestBuds'라는 문구와 함께 버드와이저 Budweiser 맥주 로고가 나타난다.

'퍼피 러브Puppy Love'라 불리는 이 광고는 2014년 슈퍼볼Super Bowl (미국 미식축구 리그 NFL의 결승전 – 옮긴이)에서 처음 소개됐으며 빠른 속도로 팬들에게서 인기를 얻었다. 슈퍼볼 광고의 인기도를 평가하는 USA Today's Ad Meter에서 인기와 영향력을 인정받아 상을 받기도 했으며, 심지어 에미상Emmy Awards 후보로도 두 번 선정됐다. 이 광고는 사람들의 기억에 남았고, 마음을 따뜻하게 했으며, 온라인에서 수백만 명이 시청했다. 하지만 '퍼피 러브'는 실패작이었다. 매출로 이어지는 시청자의 뇌를 자극하지 못했기 때문이다.

강아지가 말을 향해 뛰어가는 순간, 뇌에서는 세 가지 기본 설정이 결합해 작동한다. 뇌에서는 '무슨 이야기를 하려는지 알겠어. 강아지랑 말이 친구구나. 둘이 헤어졌다가 다시 만날 방법을 찾겠지.'

라는 가정이 떠오른다. 이 가정은 뇌 안의 파일 라이브러리에 저장된 기존 지식과 감정을 기반으로 만들어진다. 뇌는 이 가정을 바탕으로 칼로리를 아끼기 위해 몇 초 안에 게으름 상태로 빠져든다.

이 광고는 기억에 남고 감성을 자극하는 요소를 담고 있다. 강아지나 말을 좋아하지 않는 사람이 어디 있겠는가? 두 동물 친구가 즐겁게 뛰어노는 모습을 보고 있으면 도파민이 분비되고 기분이 좋아진다. 우리가 두 동물에게 느끼는 감정 때문에 광고는 친숙하고 기억에도 잘 남는다. 하지만 예측할 수 있는 내용이어서 충분한 긴장감을 느낄 수 없고, 새로운 아이디어를 떠올리게 한다거나 색다른 생각을 하는 데에는 도움이 되지 않는다. 이 광고는 뇌가 긴장감을 느끼게 만들지 못하므로, 영화 예고편을 보고 흥미를 느껴 영화를 관람하게 되는 것과 같은 구체적인 행동을 끌어내지 못한다. 선택이나 행동을 유도하지 못하고, 심지어 제품이 등장하지도 않는다. 아이들이 잠자리에 들 때 들려줄 이야기로는 훌륭할지도 모른다.

광고 중반부에 강아지를 차에 태우는 장면이 돼서야 이전에 경험하지 못했던 갈등 상황이 인식돼 위기의식과 긴장감이 조성된다. 말이 자동차를 뒤쫓는 장면에서 광고를 시작해서 그들의 우정을 플래시백으로 보여줬더라면, 시청자가 곧바로 스토리에 몰입할 수 있었을 것이다. 아니면 강아지가 차에 실려 갔다가 나중에 예상 밖의 방식으로 말과 재회하는 장면을 보여줄 수도 있었을 것이다. 이 이야기는 내용을 예측할 수 있었기에 성과를 얻지 못했다. 분명 인기를 끌고 상도 받았지만, 값비싼 슈퍼볼 광고가 원하는 성과인 매출로 이어지지는 않았다. 버드와이저는 광고가 매출로 이어지지 않는다는 사실을 깨닫고 광고를 중단했다.

　이야기를 전달하는 것만으로는 충분하지 않다. 이야기를 전달하는 방식에 따라 사람들이 이야기에 공감하고 소통하는 방법도 달라진다. 우리에겐 우리가 이야기를 전달할 때 사람들이 알고, 생각하고, 느끼고, 다르게 행동하기를 바라는 부분이 존재한다. 친구와 이야기를 나눌 때도 친구를 즐겁게 하거나 웃게 하고 싶어 한다. 버드와이저 광고는 우리가 좋아한다고 생각하는 것과 우리의 뇌가 결정을 내릴 때 진심으로 공감하는 것 사이에는 괴리가 있음을 보여주는 좋은 예시다.

공감과 신뢰를 구축하는 스토리텔링

회의나 워크숍, 대화에 참여하면서 한 사람 또는 팀 전체와 가까워졌다고 느낀 적이 있는가? 커피를 마시거나 식사를 하면서 취미, 주말 여행, 인생 경험, 휴가 등에 관한 이야기를 나눈 적이 있을 것이다. 이런 대화를 통하면 상대방이 어떤 사람인지 다방면으로 이해하게 되고, 상호 작용을 통해 서로에 대한 신뢰와 공감이 높아지면서 긍정적인 감정으로 바뀐다.

　이것은 우연한 행운이 아니다. 흥미롭게도 이야기를 듣다가 스토리텔러의 약점을 감지할 때 우리는 스토리텔러에게 더 깊이 공감하게 된다. 공감이 증가하면 신뢰도 증가한다. 뇌에서는 더 많은 옥시토신이 분비된다. '사랑 호르몬' 또는 '신뢰 호르몬'이라고도 불리는 옥시토신은 엄마와 아기의 유대감 형성에서 사회적 상호작용에 이르기까지 다양한 영향을 미친다. 옥시토신은 어떤 사람과 함께할 때 안전한지, 어떤 사람을 피해야 하는지를 우리 뇌에 알려준다. 옥시토신은 우리가 어떤 대상에게 연관성과 소속감을 느껴 '내집단'의 일원이라고 생각하도록 돕는다.

옥시토신은 이야기와 같은 자극에 반응할 때 분비된다. 옥시토신 분비는 명령하거나, 의지력을 발휘하거나, 통제할 수 없다. 스트레스는 옥시토신 생성을 억제하여 관계, 신뢰, 공감의 발달을 늦춘다.

이야기는 공감, 옥시토신, 신뢰를 결합시켜, 비즈니스뿐만 아니라 리더에게도 중요한 도구가 된다. 훌륭한 이야기를 전달하는 행위 자체가 청중의 공감과 신뢰를 높일 수 있다. 스토리텔링은 스트레스와 소음을 뚫고 정신적, 육체적, 정서적 변화를 불러온다. 더불어 이야기는 의사 결정 방식에도 영향을 미친다.

데이터가 아닌, 감정이 행동을 변화시킨다.

가장 좋아하는 사실이나 가치관이 있는가? 만약 한 가지를 떠올릴 수 있다면, 그 대상은 이야기로 포장돼 있을 것이다. "프레젠테이션에 데이터, 도표, 수치가 더 많았으면 좋겠어요."라고 말하는 사람은 아무도 없다. 그런데도 우리는 데이터가 우리 행동을 변화시킨다고 믿는다. 그 믿음이 사실이라면 우리는 모두 매일 8시간씩 자고, 물을 8잔씩 마시고, 운동하고, 치실을 게을리하지 않을 것이다.

데이터를 소비할 때 우리는 데이터의 신뢰성에 의문을 품는다. 누군가 데이터를 제시할 때 청중은 '내가 이 데이터를 신뢰하는가?

내가 발표자를 신뢰하는가?'라고 생각한다. 정치처럼 깊은 신념이 있는 논쟁적인 주제를 떠올려 보자. 반대되는 신념을 가진 사람이 통계를 공유할 때는 그 통계나 통계를 공유하는 사람을 믿지 않는다. 그리고 그 서사를 뒷받침하기 위해 데이터가 조작됐을 수도 있다고 가정한다. 의사 결정의 핵심은 논리가 아니라 감정에 있다.

의사 결정의 숨은 작동 원리

우리는 데이터와 논리에 근거해 의사 결정을 내린다고 생각한다. 하지만 일련의 신경과학 연구는 우리가 움직임을 통해 결정을 한다고 밝혔다. 신경과 전문의 안토니오 다마지오 박사는 뇌의 전전두엽 피질이 손상된 환자를 연구했다. 결과적으로 전전두엽 피질이 손상된 환자들은 그들에게 고립된 뇌 손상이 있다는 사실을 전혀 알아차리지 못할 정도로 평범해 보였다. 그들은 걷고, 말하고, 먹고, 생각하고, 전문적인 직업을 유지했다. 그들은 한때 활기 넘치고 감정 표현이 풍부한 사람들이었다. 하지만 전전두엽 피질이 손상되자 감정적으로 무뎌졌다. 사고, 부상, 화재 등 충격적인 이미지를 보여줘도 아무것도 느끼지 못했고 신경학적 반응을 보이지 않았다.

감정을 느끼지 못하는 상태는 간단한 의사 결정 능력에도 영향을 미쳤다. 컴퓨터 파일을 날짜별로 정리할지 이름별로 정리할지를 결정하는 데는 2초면 되지만, 그들은 간단한 문제에도 이러지도 저러지도 못한 채 결정을 내릴 수 없었다.

다마지오 박사와 그의 동료들은 의사 결정과 감정의 관계를 더 잘 이해하기 위해 아이오와 도박 과제Iowa Gambling Task 실험을 진행했다. 이 실험에서는 참가자들에게 A, B, C, D로 표시된 네 벌의 카드를 보여줬다. 참가자들은 돈을 따거나 잃을 수 있는 카드를 한 번에 한 장씩 선택했다. 그들의 목표는 가능한 한 많은 돈을 따는 것이었다. 참가자들은 두 벌의 카드는 '나쁜' 패여서 손실을 입고, 나머지 두 벌의 '좋은' 패는 보상을 받을 수 있다는 사실을 몰랐다. 연구진은 참가자들의 뇌가 '나쁜' 패를 알아채는 순간 나타나는 스트레스 반응(땀, 심박수 변화 등)을 포착하기 위해 원격 측정 기기를 연결해 놓고 있었다.

뇌 손상이 없는 참가자들은 총 40~50번 정도 카드를 고른 후 '좋은' 패를 인식하고 그 패를 지켰다. 원격 측정 기기에 따르면 이들은 10번째 카드를 선택할 때쯤 뇌에서 '나쁜' 패를 인식하고 스트레스 반응을 보였는데, 무의식적으로 무언가 잘못됐다고 느낄 때였다. 반면에 전전두엽 피질이 손상된 참가자들은 30~40번 정도 만에 '나쁜' 패를 인식할 수 있었다.

뇌 손상을 입은 참가자들은 의식적으로 또는 무의식적으로도 '나쁜' 패를 찾아낼 수 없었다. 그들의 원격 측정 기기에는 신체적 반응 또는 스트레스 반응이 기록되지 않았다. 즉 감정을 경험할 수 없는 상태는 그들의 의사 결정에 직접적으로 영향을 미친 것이다.

다마지오는 저서 『데카르트의 오류』에서 "감정과 느낌은 사치가 아니라, 우리의 마음 상태를 다른 사람에게 전달하는 수단이다. 또한 자신의 판단과 결정을 인도하는 방법이기도 하다. 감정은 신체를 이성의 고리 안으로 끌어들인다."라고 말했다.

다마지오는 1994년 자신이 발견한 이 신체 반응 또는 스트레스 반응을 '신체표지가설Somatic Marker Hypothesis'이라고 명명했다. 이 가설은 감정이 생체 표지를 생성해 의사 결정에 영향을 미칠 수 있다고 주장한다. 메스꺼움, 불안, 발한, 빠른 심박수, 심지어 직감 같은 것들은 보통 감정과 기억의 신호다. 결정을 내릴 때 우리는 자주 무의식적으로 이전의 경험과 감정에 이끌린다. 감정을 경험하는 능력이 없으면 가장 기본적인 결정을 내리는 능력이 사라진다.

베를린 샤리테 대학병원의 존 딜런 헤인즈John Dylan Haynes 교수가 이끄는 연구팀은 우리 뇌가 결정을 의식하는 순간을 확인하기 위해 비슷한 실험을 진행했다. 실험의 참가자들은 fMRI 기계 안에서 양손에 서로 다른 버튼을 하나씩 잡고 누웠다. 참가자들은 두 버튼 중 하나를 눌러 자기 결정을 표시하고 결정을 내린 순간을 말로 표현해 달라고 요청받았다. 연구진들은 참가자들의 신경 세포가 그들의 결정을 표현하거나 버튼을 누르기 7초 전부터 선택한 방향으로 이동하는 것을 볼 수 있었다. 선택은 참가자들이 인식하기도 전에 무의식적으로 이루어졌다.

우리의 선택은 무의식의 수준에서 먼저 이뤄진다. 그리고 선택을 자각하는 순간, 합리화와 논리를 적용하게 된다. 마치 색상이 마음에 들어서 자동차를 구매하면서 연비 때문에 사는 거라고 정당화하는 것과 같다. 우리는 이미 무의식에서 내린 결정이라는 사실을 깨닫지 못하고, 합리적인 결정이라고 생각한다.

자신이 논리적인 결정을 내리고 있다고 생각할 때도 의사 결정의 핵심은 감정이다. 감정적인 결정은 나쁘고 이성적인 결정은 좋다는 편견을 가질 수도 있다. 하지만 이 둘은 분리돼 있지 않다. 감정과 이성은 서로 얽혀 있다. 이야기는 감정을 활용해 의사 결정에 도움을 준다.

이야기를 전달하는 방식의 중요성

신경과학자 폴 자크 박사는 이머전 뉴로사이언스Immersion Neuroscience의 창립자이자, 클레어몬트 대학원의 교수다. 자크 박사가 이끄는 연구실은 신경과학을 심리학 및 경제학과 결합해, 사람들이 돈과 관련된 정보를 처리하고 결정하는 방법을 이해하려 했다. 내가 생각하기에 자크 박사의 연구는 스토리텔링의 미래를 바꿨다. 자크 박사의 연구실은 사람들이 다른 사람에게 느끼는 신뢰감에 반응해 옥시토신을 분비한다는 사실을 처음으로 발견했다. 그들은 이야기가 옥시토신 수치에 미치는 영향을 측정했다. 그리고 이 연구를 바탕으로 무엇이 공감되고 몰입도 높은 이야기를 만드는지를 실시간으로 측정했다.

자크 박사는 전 세계를 여행하며 공감을 바탕으로 한 옥시토신의 변화를 연구했다. 그는 결혼식, 예식 같은 감정적 사건 전후에 참가자들의 혈액을 채취해 옥시토신 수치의 변화를 찾아볼 수 있었다. 자크 박사는 심지어 파푸아뉴기니에 가서 원주민을 상대로도 연구를 진행했는데, 이 내용은 2011년 TED 강연에서 이야기한 바 있다.

공감, 신뢰, 옥시토신 사이의 관계를 파악하면서, 자크 박사와 그의 연구실은 이야기가 옥시토신 반응에 영향을 미치는지 알아보기 위한 실험을 진행했다. 연구팀은 이야기를 듣기 전후에 참가자들의 혈액을 채취해 다양한 실험을 했다. 실험에서는 이야기의 디테일과 긴장감에도 여러 변화를 줬다. 각 실험의 목적과 주안점은 달랐지만 결과는 일관됐다.

한 참가자 그룹은 어린 소년 벤이 노는 영상을 시청했다. 벤의 아버지는 벤이 두 살이고 뇌종양으로 죽어가고 있다고 카메라를 향해 말했다. 아버지는 아들과의 시간을 즐기고 행복해지고 싶은 마음과 아들이 곧 죽을 거라는 사실 사이에서 갈등하는 모습을 보여준다. 참가자들은 이 영상을 보면서 소년과 아버지에게 공감을 형성했다. 참가자들의 옥시토신 수치가 급상승했고, 이야기가 진행되는 동안 높은 집중력이 지속됐다. 심지어 대다수가 소득의 일부를 자발적으로 소아암 자선단체에 기부하기도 했다.

다른 참가자 그룹은 벤과 아버지가 나오는 다른 영상을 시청했다. 이 영상에서는 벤이 암으로 죽어간다는 언급이 없었다. 벤의 아버지는 그를 '기적의 소년'이라고 불렀다. 그들은 동물원에서 동물을 보면서 하루를 보냈다. 영상의 내용은 의도적으로 밋밋하게 만들었으며, 이 부자의 이야기를 왜 봐야 하는지 그 이유를 정확히 드러내지 않았다. 참가자는 캐릭터에 공감하지 못했고, 중간에 집중력이 흐트러졌다. 참가자들의 흥미를 유발할 긴장감이나 감정적 포인트는 없었다. 그 결과 옥시토신 수치가 높아지지도 않았고, 자발적인 자선단체 기부도 없었다.

20년간의 연구 끝에 자크 박사와 그의 팀은 개인의 뇌 반응을 측정해 행동을 예측하는 방법을 알아냈다. 연구팀은 이머전Immersion이라는 소프트웨어를 개발해 누구나 피를 뽑지 않고도 실시간으로 이야기에 대한 신경학적 몰입도를 측정할 수 있게 했다. 이머전은 도파민으로 인한 집중력 반응과 옥시토신 분비로 인한 감정적 연결을 포착한다. 이머전 플랫폼은 스마트워치나 피트니스 트래커fitness tracker에서 가져온 데이터에 알고리즘을 적용해 뇌가 이야기, 정보 또는 음악에 얼마나 몰입하고 공감하는지 초 단위로 측정한다. 이 소프트웨어는 모든 심박수의 미묘한 변화를 포착해서 뇌 활동을 유추한다. 따라서 몰입도가 하락하는 특정 순간을 정확히 찾아낼 수 있다. 이러한 측정을 통해 청중의 행동 반응도 정확히 예측한다.

이머전 소프트웨어는 광고, 영화 예고편, 마케팅 자료, 의사소통, 교육, 연설, 고객 경험은 물론이고 이야기에 대한 시청자의 공감도를 측정하는 데에도 사용됐다. 이 소프트웨어는 사람들의 반응을 80% 이상의 정확도로 예측했다. 광고가 예상되는 매출로 이어질지를 예측하기 위해 실험해 볼 수 있다는 의미다.

자크 박사의 연구팀이 버드와이저의 '퍼피 러브' 광고를 시청한 자원봉사자들을 대상으로 최초로 독립적인 실험을 진행했을 때 바로 이런 일이 일어났다. 팔에 웨어러블 기기를 단 참가자들은 '퍼피 러브' 광고가 마음에 들었다고 했지만, 측정 결과 그들의 뇌는 감동받지 못했다고 나타났다. 자크 박사의 연구팀이 이날 참가자들을 대상으로 실험한 모든 슈퍼볼 광고 중에서도 '퍼피 러브'는 매출로 이어질 가능성이 현저히 낮았다. 이야기가 너무 뻔했기 때문이다. 참가자들은 게으른 뇌를 경험한 것이다. 자크 박사와 그의 팀은 그 광고가 효과적이지 않다는 결론을 내리고, 버드와이저가 캠페인을 중단하기 전부터 광고가 매출로 이어지지 않을 것을 예상했다.

이머전 소프트웨어는 우리가 느낀다고 생각하는 것과 실제 경험 사이의 괴리를 없애준다. 옥시토신은 자극에 반응할 때만 분비되기 때문에 조작할 수 없다. 그래서 사람이 어떻게 행동할지 예측할 수 있고, 광고에서 가장 공감도가 높거나 공감도가 낮은 부분을 마케터가 식별할 수 있다. 이것은 스토리텔링의 예술에 대한 과학적 관점으로, 우리 뇌가 가장 가치 있다고 생각하는 것이 무엇인지 보여준다.

나는 내 TED 강연을 이머전 소프트웨어에 넣어 실험했다. 시작 부분과 마지막 부분의 이야기에서 가장 많은 공감을 얻고 옥시토신이 급증할 거라고 예상했다. 하지만 결과는 내 예상과는 달랐다. 한 지점에서 시청자의 몰입도가 전반적으로 일관되게 급증했는데, 바로 뇌 손상을 입어 의사 결정을 내릴 수 없는 환자들을 대상으로 한 안토니오 다마지오의 연구를 설명할 때였다. 나는 신경과학을 이야기 형식으로 설명했다. 이야기, 예상 밖의 요소, 의사 결정의 위험을 결합하자 몰입도가 급상승했다. 새롭고 예상치 못한 정보 덕분에 청중의 반응이 내 예상과는 다르다는 사실을 알게 됐다.

이야기를 전달하는 것만으로는 충분하지 않다. 뇌의 집중력과 몰입을 극대화한 이야기의 구성은, 청중의 반응과 원하는 성과를 달성할 가능성에 직접적인 영향을 미친다. 청중이 알고, 생각하고, 행동하고, 느끼기를 바라고, 원하는 것을 얻으려면, 감정과 연결되는 이야기를 전달해야 한다. 신경과학 연구를 통해 우리는 단순히 이야기를 전달하는 것과 훌륭한 이야기를 전달하는 것 사이에는 차이가 있다는 사실을 알게 됐다.

무엇이 훌륭한 이야기를 만드는가?

훌륭한 이야기에는 세 가지 중요 요소가 있다. 바로 캐릭터, 갈등, 연결이다. 훌륭한 이야기는 그 이야기로 인해 청중이 알고, 느끼고, 생각하고, 다르게 행동하게 한다. 각각의 멋진 이야기에는 뇌의 다섯 가지 기본 설정의 개념이 의도적으로 적용돼 청중의 몰입과 참여를 높이고 있다.

캐릭터

캐릭터에는 두 가지 요소가 필요하다. 공감과 갈등이다. 청중은 캐릭터를 좋아하거나 공감하지 않더라도, 그들이 누구인지 왜 그런 행동을 하는지 이해하고 싶어 한다. 우리는 다른 사람의 실수나 실패를 통해 많은 것을 배운다. 반드시 영웅이 존재할 필요는 없다. 하지만 청중이 받아들일 수 있는 캐릭터가 필요하다.

훌륭한 스토리텔러는 이야기의 '진실'을 묘사한다. 그들은 '청중이 이야기와 어떻게 연결되는가? 그들이 알고 있는 정보에 기반해 현실적이고 진실하다고 느껴지는 사건과 행동이 있는가?'라는 질문에 답한다. 캐릭터는 행동을 통해 이러한 진실을 설명한다.

캐릭터는 이야기를 진행하며, 종종 다른 인물이나 자신과의 갈등을 벌이기도 한다. 이때 긴장감과 해결해야 할 문제가 생긴다.

이야기 속에서 캐릭터가 배우고, 성장하고, 변해가는 과정을 묘사해 보자. 이 과정은 캐릭터가 이야기 속에서 어떤 결정을 내리고, 그들이 무엇을 가치 있게 생각하는지를 보여준다. 구체적인 디테일, 은유, 예시를 사용하면 캐릭터의 행동에 공감하게 만들 수 있다. 자기만의 이야기를 만들 때, 캐릭터는 청중이 '내집단' 또는 '외집단'의 일부로 느낄 만한 대상이 된다.

갈등

모든 이야기의 중심에는 모든 것을 변화시키는 무언가가 있다. 이것이 이야기의 핵심이고, 이야기를 구성하는 원동력이다. 갈등이 부족하면 이야깃거리도 부족해진다. 갈등에는 긴장이 내재한다. 예상치 못한 방식으로 갈등을 조성하고, 가정의 속도를 늦추고, 뇌가 칼로리를 소비하게 만드는 편이 좋다. 갈등은 이야기 내에서 놀라운 플롯 포인트, 디테일, 결과 또는 예상하지 못한 은유를 통해 이루어진다.

캐릭터는 흔히 자기 자신 또는 다른 사람과 갈등을 겪는다. 그들에게 어떤 위험이 있고 해결해야 할 문제가 무엇인지 설명해 보자. 갈등 전후로 캐릭터의 기승전결을 보여주는 것이다. 캐릭터의 행동이 엘리베이터 틈새로 휴대폰을 떨어뜨리는 것처럼 청중에게 즐거움을 주는지 불편함을 주는지도 생각해 보면 좋다.

연결

훌륭한 이야기는 청중의 감각을 사로잡는다. 우리는 캐릭터와 같은 것을 보고, 듣고, 느끼고, 맛보고, 경험해야 한다. 청중이 알고 있는 내용을 기반으로 청중이 어떤 기억을 떠올릴 수 있도록 구체적인 디테일을 포함하자. 캐릭터와 캐릭터의 도전 과제와 선택에 대한 설명으로 공감과 호기심을 불러일으키자. 청중의 감정을 유도해 그들의 의사 결정에 도움을 주고 원하는 성과를 끌어내라. 훌륭한 스토리텔러는 청중이 슬픔, 행복, 기쁨, 두려움, 좌절, 분노, 놀라움, 혐오감을 느끼길 원한다.

정점

각 이야기에는 원하는 성과가 있다. 그 성과는 새로운 아이디어나 느낌, 인식 상승일 수 있다. 우리는 청중이 행동하거나 결정하기를 원한다. 광고는 제품 또는 서비스를 구매하게 만들고, 영화 예고편은 영화를 보게 만든다. 자선 단체는 자선 사업에 대한 인식을 높이고, 행동 유도와 기부 모금을 목표로 한다. 훌륭한 이야기는 캐릭터, 연결, 갈등을 통해 청중을 원하는 성과로 이끈다.

스토리텔링의 과학은 이야기를 만들 때 무엇이 뇌를 사로잡는지 알려준다. 다섯 가지 기본 설정을 신중하게 활용하면 청중을 원하는 성과로 이끄는 스토리텔링의 기술을 파헤칠 수 있다.

사람들의 호감을 사도 질 수 있다

- 이야기를 전달하는 방식은 경험과 공감에 차이를 만든다.

- 이야기는 공감과 신뢰를 만든다. 이야기를 들으면서 우리는 공감하게 되고, 옥시토신이 눈에 띄게 증가한다. 옥시토신이 더 많이 분비될수록 스토리텔러에 대한 청중의 신뢰가 높아진다.

- 데이터가 아니라 감정이 행동을 변화시킨다.

- 감각적 경험은 감성으로 각인된다. 이러한 경험은 비슷한 상황이 발생할 때를 대비하기 위해 뇌에 저장된다.

- 대부분의 의사 결정은 무의식적으로 일어난다. 결정을 인지하는 순간, 우리는 논리를 적용해 우리가 이성적인 결정을 선택했다고 생각하게 만든다.

- 긴장감을 조성하고 해소하지 않는 이야기, 기승전결을 만들지 않는 이야기, 뻔한 이야기는 청중의 마음을 사로잡지 못한다.

- 훌륭한 이야기에는 다음과 같은 특징이 있다.

  ○ 공감할 수 있는 캐릭터: 우리는 캐릭터에 동의하거나 좋아하지 않더라도, 그들이 왜 그런 행동을 하는지 이해하길 원한다.

  ○ 갈등과 긴장감 조성 및 이해관계 증대

  ○ 감각과 감정의 자극을 통한 청중의 몰입

  ○ 익숙한 내용을 바탕으로 하되, 은유를 사용하여 이해도를 높임

  ○ 예상하지 못한 플롯 포인트, 디테일, 결과

  ○ 청중이 자신을 이야기 속의 내집단 또는 외집단으로 식별

폴 자크 박사Dr. Paul Zak

신경과학자, 이머전 뉴로사이언스의 창립자,
클레어몬트 대학원 교수

스토리텔링 과정은 어디서 시작하나요?

저는 제목에서 시작합니다. 왜 사람들은 이야기에 관심을 가지고 이
야기에 시간을 낼까요? 청중은 관심 없는 이야기를 들을 바에는 고양
이 동영상을 볼 겁니다. 그렇다면 어떻게 이야기에 가치를 부여하고,
청중의 관심을 유지하고, 더 가치 있게 만들 수 있을까요?

글쓰기를 하면 작품의 핵심 아이디어를 이해할 수 있습니다. 작품
을 꺼내서 분석하고 다듬음으로써 아름답게 만들 수 있습니다. 그 과
정에서 작은 보석이 탄생합니다. 독자가 계속 글을 읽도록 유혹해야
합니다. 저는 이상한 구두점, 기호와 부호, 키워드를 사용해 청중의 머
릿속에 특정한 이미지를 만듭니다.

예를 들어, 저는 사이콜로지 투데이Psychology Today라는 블로그를
운영한 적 있습니다. '사기 치는 방법'에 관한 게시물을 쓴 적 있는데,
과거에 제가 일했던 주유소 현금 서랍에서 돈을 훔치는 방법에 관한
내용이었죠. 당연히 "나는 멋진 사람이다."라는 내용의 게시물은 아니
었습니다. 그보다는 겸손한 글이었죠. "나는 멍청한 아이였습니다. 이

경험이 보여주는 신경과학을 살펴보시죠." 제 취약점을 드러낸 이 글은 25만 조회 수를 기록했습니다.

언제 이야기를 검증하나요?

저는 이야기를 세 번 정도 수정한 뒤, 5분 분량의 녹음본을 이머전 소프트웨어에 보냅니다. 이 이야기를 들은 패널에게 일어나는 뇌 반응을 이머전 소프트웨어가 측정합니다. 이 측정값을 통하면 이야기의 어떤 부분에 반응하는지를 정확히 파악할 수 있습니다. 사람들은 대부분 친절해서 솔직한 감상을 물어봐도 유용한 피드백을 제공하지 않습니다. 저는 그 아쉬움을 이머전 소프트웨어로 해결했습니다.

편집할 때 무엇을 고려하나요?

한 편집자가 저에게 "독자가 알아야 할 정보가 아니라 써야 할 것을 표현해야 한다."라고 말한 적 있습니다. 그러나 작가의 마음에 들어도 독자가 이해하지 못하면 이야기는 호응을 얻지 못합니다. 저는 편집자를 대단히 신뢰합니다. 저는 이야기의 수정 작업을 세상에 아름다움을 만들어낼 수 있는 기회라고 생각합니다. 속 시원히 이야기하고, 많이 버리고, 다시 시작해 보세요. 잠을 자고 나서 다시 읽어보세요.

저는 독자를 위해 가능한 한 많은 가치를 창출하고 싶습니다. '내 생각을 600~800개 단어로 압축해 재밌게 만들 수 있을까? 모든 것이 잘 설명돼 있는가? 이해하기 어려운 전문 용어가 사용되진 않았는가?' 이런 생각을 하면서 끊임없이 글을 다듬습니다. 저는 글을 작성할 때 70번씩 수정할 때가 제법 많습니다.

저는 뮤즈가 속삭이는 것만 같은 내면의 느낌을 찾습니다. "내 머릿속에서 어떻게 이런 글이 나왔지? 좋은데!"라고 놀라기도 합니다. 이상하게 들리겠지만 바로 그때가 최고의 순간입니다.

어떤 습관을 실천하고 있나요?

저는 일정에 글쓰기를 위한 시간을 정해 놓습니다. 또한 음악을 듣거나 휴대폰을 보지 않고 걷는 것을 좋아합니다. 그렇게 움직이면 우리의 내면뿐만 아니라 주위에서 무슨 일이 일어나고 있는지 그에 관한 변화나 자극을 더 잘 인지하고 받아들이게 됩니다. 이때 인지한 내용과 아이디어들을 신뢰하는 사람들에게 시험해 보세요. 그다음 실수를 반복하지 않도록 피드백을 받으세요.

우리는 우리 자신이 글을 잘 못 쓴다고 생각하는 내면의 저항과 비판에 많이 노출돼 있습니다. 하지만 더 많이 쓸수록 더 잘 쓸 수 있는 법입니다. 그러니 내면의 비평 기계는 *끄고* 즐기세요!

맥락

사람과 스토리를 연결하는 메시지

4장

· · ·

최고의 아이디어는
어디에서 탄생하는가?

바네사는 소규모 다국적 기술 회사의 CEO다. 이 회사는 전 세계에 흩어져 있지만, 업무 절차는 사무실 중심의 문화를 가지고 있었다. 모든 사람이 사무실에 모여 협업하고 소통하는 데 익숙해져 있었다. 하지만 코로나19가 터지는 바람에 바네사의 회사는 재택근무로 급하게 전환해야 했다.

처음 몇 주 동안 바네사가 직원들에게 보낸 메시지에는 물류에 관한 내용과 필요한 경우 직원들이 도움을 받을 수 있는 방법이 무엇인지에 관한 정보만이 들어 있었다. 재택근무 3주 차에 접어들었을 때, 바네사는 직원들과 조금 더 의미 있는 소통을 해야 한다는 사실을 깨달았다. 코로나19가 예고도 없이 세상을 집어삼켰으므로 직원들은 가족과 사랑하는 사람들의 건강을 걱정하고 있었다. 또한 많은 직원이 집에서 아이들의 원격 수업을 도왔다. 세상이 불안정해서 자신의 일자리와 회사의 생존까지도 걱정했다.

바네사는 스토리텔링이 직원들과 소통할 수 있는 좋은 창구임을 알았다. 직원들은 회사의 창립 이야기나 성공 이야기에는 관심 없었다. 그들에게는 신뢰와 회복력, 희망, 도전, 극복에 관한 이야기가 필요했다. 하지만 바네사는 그런 이야기를 생각하거나 만들어본 적이 없었다. 그럼에도 자신이 직원들에게 보내는 주간 메시지를 활용해 전달할 수 있는 이야기가 분명 존재하고, 그에 관한 아이디어가 필요하다는 사실은 알고 있었다.

바네사가 처음 내게 도움을 요청했을 때 우리는 직원들의 다양한 문제에 관해 이야기를 나눴다. 나는 바네사가 구체적인 사례를 떠올릴 수 있도록 유도하는 질문을 던졌다. 처음에 바네사는 아이디어를 빨리 떠올리지 못했다. 하지만 그녀가 점점 더 많은 아이디어를 떠올리게 될수록 일이 더 빠르고 쉽게 진행됐다. 그녀가 말하는 동안, 나는 그녀의 말을 받아 적었다. 몇 분 안에 바네사는 이야기를 만들 수 있는 25가지 아이디어를 떠올렸다. 그중 일부는 개인적인 이야기였고, 일부는 고객과의 대화에서 얻은 경험이었다. 최근에 기사에서 읽거나 팟캐스트에서 들은 아이디어도 있었다.

바네사는 산책하면서 가장 많은 아이디어를 떠올린다고 했다. 그런 관계로 바네사는 휴대폰 애플리케이션을 이용해, 산책하다 아이디어가 떠오르면 아이디어를 기록했다. 아이디어는 쉽게 추가되고 보관됐는데 이것이 바네사의 도구가 됐다. 그녀는 자신이 모은 아이디어를 훑어보고, 전달하고 싶은 주제를 찾으면 그 주제를 뒷받침하는 아이디어를 찾았다.

6개월 동안 바네사는 직원들에게 이야기가 담긴 이메일을 매주 보냈다. 이메일 조회 수는 60% 증가했으며, 상호 간 대화도 78% 증가했다. 직원들은 자기 팀에 관한 이야기와 자기 이야기를 적어 직접 답장을 보냈다. 사무실 중심 문화였던 바네사의 회사는 가상공간에서도 이야기를 통해 관계를 유지할 수 있음을 여실히 보여줬다. 바네사의 회사는 두 자릿수 성장을 유지했고 직원들은 매주 바네사의 이야기를 기대했다.

바네사는 금요일마다 10분 동안 이야기에 사용할 아이디어를 떠올리는 데 투자했으며, 50개가 넘는 아이디어 도구로 확장했다. 그녀는 더 이상 이야기에 사용할 아이디어를 떠올리느라 어려움을 겪지 않아도 됐다. 여러 주 동안 아이디어를 사용할 필요도 없었다. 직원들과의 대화는 바네사가 집중하고 싶은 주제와 결과를 찾는 데 도움이 됐고, 실시간으로 이야기를 위한 아이디어가 떠오르곤 했다.

아이디어를 어디에서 찾을 것인가?

'이야기를 위한 아이디어를 어디서 찾아야 할까?' 또는 '이야기를 위한 아이디어가 금방 고갈되면 어쩌지?' 하고 고민해 본 적이 있는가? 이런 고민은 생각을 마비시킨다. 생각이 무겁게 자리 잡을수록 아이디어를 찾기가 더 어려워지고 이야기 전달을 더 빨리 포기하게

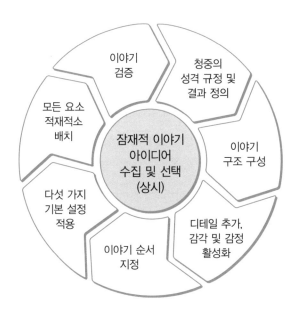

만든다. 해결책은 계속해서 이야기를 위한 아이디어를 찾는 것이 아니라, 끝없는 아이디어 목록을 만들기 위해 올바른 사고방식과 습관을 채택하는 것이다. 아이디어 수집은 이야기를 전달하기 전부터 지속적이고 정기적으로 이뤄져야 한다. 먼저, 아이디어를 발견하기 위한 사고방식이란 무엇인지 살펴보자.

어떻게 최고의 이야기 아이디어를 찾는가?

나는 저명한 스토리텔러들에게 "어떻게 최고의 이야기 아이디어를 찾으시나요?"라고 자주 묻는다. 그들은 저마다 자기에게 가장 효과적인 방법을 찾기 위해 실험을 해왔다. 산책하기, 기사 읽기, 팟캐스트 듣기, 대화하기, 그림 감상, 인터넷 검색, 개인적 또는 직업적 경험

되돌아보기 등으로 아이디어를 탐색한다.

크리스 브로건Chris Brogan은 전략 고문이자 연설가다. 그는 회의나 대화 중 재밌었거나 흥미를 유발한 것들을 마음속에 메모해 둔다. 브로건은 관심을 끄는 것들을 수집해 언제든 이야기로 엮어낸다.

케이틀린 위버Caitlin Weaver는 자녀와 사랑스러운 대화를 나누는 순간에 관심을 기울이는 작가다. 그녀는 글쓰기를 통해 그 순간이 왜 머릿속에 남는지를 이해하려 한다.

이야기가 데이터를 기반으로 하지 않는다고 생각할 수도 있지만, 광고회사 임원인 콜비 웹Colby Webb의 생각은 다르다. 그녀는 소비자와 기업 그리고 특정 청중, 제품, 행동에 특화된 문화적 데이터를 분석한다. 그렇게 데이터를 기반으로 한 이해를 활용해 개별 소비자를 위한 의미 있는 맞춤형 마케팅과 이야기를 만든다.

사람마다 아이디어를 찾는 방식이 다르고 취하는 사고방식도 다르다. 자신이 주로 아이디어를 어디서 얻는지 파악하고, 자기만의 방식을 정의하자. 영감이 떠오를 때 무엇을 하고 있었는가? 영감이 떠오르는 순간에 어떤 마음가짐이었는가? 최고의 아이디어는 어디에서 떠오르는가? 자기만의 방식이 올바른 방식이다. 자기만의 접근 방식을 이해하고 그것을 활용하자.

창작과 편집을 동시에 할 수는 없다.

스토리텔링에는 두 가지 부분이 있다. 바로 창작과 편집이다. 창작은 광범위하다. 창작은 판단이나 비평 없이 하나의 아이디어를 다른 아이디어 위에 쌓아가는 형태로 이뤄진다. 편집은 이야기를 단단하게 만들고, 분석하고, 다듬는 작업이다. 어떤 내용이 이야기와 아이디어의 의도에 도움이 되는지 질문하는 과정이다. 둘 다 스토리텔링에서 중요한 역할을 하지만 동시에 할 수는 없다.

신경과학 연구는 긴장을 풀고 마음이 편해질수록 뇌의 활동과 창의력이 향상된다는 사실을 입증했다. 압박과 스트레스가 심해지면 코르티솔과 아드레날린의 분비가 늘어나 긴장감이 높아지고, 창의적 아이디어를 만드는 능력도 대폭 감소한다.

이야기를 위한 잠재적 아이디어가 떠오르기 가장 좋은 시기는 이야기가 필요하지 않을 때다. 관심을 끄는 주제에 대한 아이디어나 아이디어 조각이라도 주기적으로 수집하자. '이 이야기를 청중에게 어떻게 전달할까?'라는 질문으로 자신을 검열하지 말고 아이디어를 최대한 많이, 자주 모으자. 답을 정해두지 않고 아이디어를 떠올려야 한다. 훌륭한 스토리텔러는 이야기가 필요할 때를 기다리지 않는다. 그들은 자신에게 영감을 주는 아이디어들을 수집해 뒀다가 이야기를 만들어야 할 때 다시 꺼내서 살펴본다.

지속해서 아이디어를 수집하길 바란다. 언제, 어떻게 아이디어를 적용할지는 걱정하지 않아도 된다. 그저 마음을 사로잡는 것들에 집중하자. 머지않아 도구로 사용할 끝없는 이야기 아이디어를 발견하게 될 것이다.

완성된 이야기가 필요한 것이 아니다. 아이디어만 있으면 된다.

즉흥 연기를 하는 배우는 대본 전체를 가지고 있지 않다. 그들은 다른 사람들의 도움을 받아 아이디어를 구축한다. 코미디언이 보여주는 15분짜리 공연은 일상에서 일어나는 작은 순간에서 비롯된 것이지 하나의 완성된 서사가 아니다. 스토리텔링에도 같은 원칙이 적용된다. 당신에게 필요한 것은 완성된 이야기가 아니다. 당신은 아이디어, 아이디어 조각, 순간, 디테일, 미완성 아이디어, 은유, 심지어 나중에 이야기를 만들 때 필요할 수도 있는 사진 자료에 초점을 맞춰야 한다.

세상을 돌아다니면서 시선을 사로잡는 것들에 주목하자. 나는 어떤 아이디어를 마주할 때 머릿속에 무언가가 계속 맴도는 듯한 느낌을 자주 받는다. 언제, 어떻게 그 아이디어를 사용할지는 알 수 없지만 그 느낌이 아이디어를 포착하라는 징후임을 안다. 무엇이 당신의 관심을 사로잡는지 주목하고 그것을 당신의 목록에 추가하자. 아이디어에 대한 에너지, 설렘, 매력은 이야기에 활용된다.

어디에서 아이디어를 포착할 것인가?

아이디어를 포착할 수 있는 공간을 찾아보자. 영감은 가장 이상한 순간에 떠오르기 때문에, 언제 어디서든 아이디어를 저장할 곳이 필요하다. 아이디어를 머릿속에 담아 두지는 말자. 나는 이 사실을 힘들게 배웠다. 내 최고의 아이디어는 걷거나 하이킹할 때 떠올랐다. 나는 산책이 끝날 때에도 아이디어를 기억할 거라고 자신했지만, 막상 노트북을 켜면 좋은 아이디어가 있었다는 생각만 나고, 그 아이디어에 대한 정보는 아주 작은 것 하나 남지 않았다.

처음에는 작은 노트와 펜으로 아이디어를 적기 시작했다. 시간이 지나면서는 온라인 문서로 옮기고, 애플리케이션으로 옮겼다. 이렇게 하면 어떤 장치나 위치에서든 아이디어 목록에 접근할 수 있었다. 나는 주기적으로 이 목록을 스프레드시트로 옮겨 분류하고, 정리하고, 기록한다. 아이디어를 포착할 장소를 파악하면 더 많은 아이디어를 만들게 된다. 노트북, 애플리케이션 또는 스프레드시트가 필요할 수도 있다. 시각적 요소를 통해 사고하는 사람이라면 뇌에 자극을 줄 사진을 수집하고 싶을지도 모른다. 포스트잇이 가장 효과적일 수도 있다. 아이디어를 포착할 수 있는 중심 장소를 한 군데 지정하길 바란다. 그 중심 장소는 이야기를 위한 아이디어를 선택할 때 언제든 다시 돌아올 수 있는 장소여야 한다. 아이디어나 아이디어를 저장한 공간을 기억하기 위해 에너지를 소비하지 않고, 가능한 한 많은 아이디어를 활용할 수 있는 시스템을 갖추는 것이 목표다.

처음부터 완벽한 이야기를 수집하려고 하지 말자. 아이디어 조각이나 흥미로워 보이는 것들을 수집하자. 최근에 나는 에어백 디자인의 기원이 종이접기였다는 기사를 읽었다. 그리고 양로원에서 디스코 볼도 보았다. 이 두 가지 아이디어 모두 내 목록에 추가했다. 언제, 어떻게 이 아이디어들을 사용할지 모르겠지만, 각 아이디어는 흥미를 유발한다.

해당 아이디어가 흥미로운 이유에 관해 몇 가지 메모를 추가해서 그 아이디어의 의미를 기억해 내기 쉽게 만드는 것도 좋다. 어떤 사람들은 주제별로 아이디어를 분류한다. 자기에게 가장 효과적인 방법을 선택하자.

이야기의 개성은 불완전한 것을 완전하게 만드는 과정에서 부여된다. 훌륭한 스토리텔러라고 완벽한 이야기를 주머니 속에 넣고 다니지는 않는다. 그들은 아이디어가 마법처럼 번쩍 떠오르지 않는다는 사실을 안다. 그렇기에 이야기가 필요한 순간을 대비해 아이디어를 준비하는 습관을 기른다.

창의력은 두 가지에서 나온다. 바로 사고방식과 집중력이다. 창의력은 넓은 그물을 던지는 것이 아니라, 특정 주제를 깊이 파고드는 것이다. 주제를 무분별하게 넓히지 않고, 특정 맥락을 선택하고 집중할 때 최고의 아이디어를 발견할 수 있다. 제약은 주제를 제한하는 대신 집중력을 높인다.

구직 면접에서 만나게 되는 가장 두려운 말은 "자신에 대해 말해보세요."이다. 너무 광범위하고 모호해서 어디서부터 어떻게 시작해야 할지 감이 잡히지 않는다. 만약 "전 직장에서 좋았던 점이 무엇이었나요?" 또는 "자랑스러웠던 프로젝트가 있었나요?"라는 질문이라면 할 이야기가 많을 것이다. 스토리텔링에서도 마찬가지다. 만약 우리가 제약을 가하지 않는다면 뇌는 어떤 파일에 접근해 어떤 아이디어를 검색해야 할지 알지 못한다. 그러면 어색할 정도로 긴 시간 동안 머릿속이 하얘진다. 이때 특정 질문을 하면 뇌는 즉시 집중력을 발휘해 기억과 아이디어에 접근할 수 있다.

만약 당신에게 "당신의 어린 시절은 어땠나요?" 하고 질문한다면, 자라온 도시, 집 유형, 형제자매와 친척 수를 말할 것이다. 어린 시절은 끝없는 이야기와 경험으로 가득 차 있어서 대답이 포괄적일 수밖에 없다. 이 질문은 너무 광범위해서 활용하기가 어렵다.

"어떤 소리 혹은 냄새가 집을 생각나게 하나요?"로 질문을 바꾸면 많은 이야기를 떠올릴 수 있다. 집안에서 3대째 내려오는 괘종시계 소리가 항상 7분 늦게 울렸다고 이야기할 수도 있고, 가족 구성원의 생일마다 사랑을 담아 만든 호두와 초콜릿 아이싱이 올라간 2단 사워 도우 초콜릿케이크의 냄새를 설명할 수도 있다.

"멈출 수 없을 정도로 웃었던 때가 언제인가요?"라고 묻는다면, 나는 와인을 따려던 엄마가 코르크 마개를 부러뜨렸던 기억을 떠올린다. 엄마와 나는 남은 코르크가 병 안으로 완전히 들어갈 때까지 2분 동안 와인병과 씨름했다. 결국에는 와인이 터져 나와 사방으로 쏟아졌다. 보라색 와인 자국이 마치 잭슨 폴록Jackson Pollock의 그림처럼 천장을 뒤덮었다. 우리는 둘 다 흠뻑 젖은 채 배꼽을 잡고 웃었다.

아이디어는 구체적인 질문과 디테일을 파고들 때 나온다. 제약을 많이 적용할수록, 즉 선택과 집중을 통해 주제를 구체화할수록, 아이디어 목록을 더 쉽고 길게 만들 수 있다.

이야기에 필요한 아이디어를 만들어라

방송 작가들의 작업실은 TV 프로그램의 스토리와 캐릭터의 기승전결이 탄생하는 장소다. 벽은 무작위로 쓴 메모로 뒤덮여 있다. 각 메모에는 캐릭터나 줄거리에 대한 경험, 감정, 사건 등 아이디어가 적혀 있다. 아이디어는 개별적으로 존재하며, 캐릭터나 이야기에 포함되기를 기다린다.

작가들은 다양한 에피소드의 전개에 그 아이디어를 포함할지 말지를 저울질한다. 어떤 카드는 즉시 포함되지만, 어떤 카드는 시리즈 전체에 걸쳐 부적합한 아이디어라는 섬에 갇혀 결국 집을 얻지 못한다. 이러한 카드들은 작가가 가진 핵심적인 도구다. 그리고 프로그램의 시작을 알리는 역할을 한다.

아이디어 도구를 만들자. 이야기를 만들 때마다 그 도구를 가장 먼저 참조하게 될 것이다. 이야기가 필요하기 전에, 미리 아이디어를 수집해 도구로 만들어야 한다. 특정 이야기의 마감일이 다가오지 않을 때 아이디어를 브레인스토밍하기가 더 쉽다. 다양한 프롬프트 prompt(창의적인 사고나 글쓰기에 영감을 주기 위해 사용되는 단어 또는 문구-옮긴이)를 사용해 생각을 자극하자. 프롬프트는 집중을 통해 풍부하고 깊이 있는 아이디어를 떠올리도록 도와준다.

처음 아이디어 도구를 만들 때는 낯선 장소에서 창의적 사고를 해보는 게 효과적이다. 이때 최소 20분은 투자하자. 아이디어가 만들어지는 속도가 느릴 수도 있지만, 아이디어를 더 많이 포착할수록 아이디어를 만드는 속도도 빨라질 것이다. 아이디어 사용 방법과 여부는 걱정하지 말자. 나중에 검토할 때 의미가 통할 수 있게, 그 아이디어에 대한 충분한 정보가 담긴 단어, 문장 또는 표현을 수집하는 데 집중하면 된다.

다음 질문 목록은 아이디어를 떠올리는 생각을 촉발시키기 위한 프롬프트다. 모든 질문이 당신에게 쓸모 있지는 않을 것이다. 당신에게 의미 있고 영감을 주는 질문에 집중하자. 또한 떠오르는 아이디어를 추가로 포착하자.

개인적 경험

개인적인 삶에는 이야기에 도움이 될 만한 순간과 교훈이 많다. 개인적 경험에서 아이디어를 찾으라는 말은 사적인 순간을 지나치게 공유하라는 뜻이 아니라 나만의 관점을 포함해야 한다는 의미다. 경험에서 얻은 구체적인 순간, 아이디어, 깨달음을 포착하길 바란다.

- 인생에서 결정적인 사건은 무엇이었나?
- 처음에는 웃기지 않았지만, 지금은 웃음이 나는 상황은 무엇인가?
- 할 수 있다면 무엇을 바꾸고 싶은가?
- 휴가 때 어떤 모험을 했고 무엇을 배웠나?
- 자랄 때 어떤 반려동물을 키웠나?
- 당신의 숨겨진 재능은 무엇인가?
- 가장 좋아했던 선생님은 누구인가?
- 첫 콘서트, 첫 자동차, 첫 데이트는 무엇이었나?
- 자동차가 고장 난 적 있나? 그 경험으로 무엇을 배웠나?
- 집에 불이 나면 무엇을 가장 먼저 구할 것인가?
- 당신이 들었던 최고의 조언은 무엇인가?
- 습득한 기술이나 재능은 무엇인가?
- 버려야 했지만 버리지 못한 것은 무엇인가?
- 친구나 가족에게 질문해 보자.
    - 나의 어떤 점이 가장 좋은가?
    - 어릴 적 나는 어땠는가?
    - 내가 어떤 직업을 가질 거라고 생각했나?

직업적 경험

직장을 다니며 가장 기억에 남는 순간은 언제였는가? 직업적 경험에는 처음 겪은 일, 배운 교훈, 성취 등 이야기에 사용할 수 있는 통찰이 풍부하다. 나 또한 직업적 경험에만 집중해도, 거기서 얻은 배움과 깨달음에 관한 이야기를 끊임없이 만들 수 있다. 아래 목록을 시작점으로 삼아 직업적 경험에서 얻을 수 있는 아이디어를 포착하자. 질문을 통해 떠오르게 될 다른 아이디어도 포착하자. 프로젝트, 코칭 또는 실수에서 경험한 구체적 순간은 종종 이야기를 풍부하게 만드는 아이디어가 된다.

- 첫 직업은 무엇이었나?
- 배울 점이 있었던 실수 혹은 실패는 무엇이었나?
- 힘들었던 팀 혹은 프로젝트는 무엇이었나?
- 어떤 변화 때문에 무언가를 잃거나 얻는 것을 두려워한 적이 있는가?
- 최고의 리더 또는 최악의 리더는 누구였나?
- '이래서 내가 이 일을 하는구나!'라고 생각한 순간은 언제였나?
- 자기가 무슨 일을 하고 있는지 전혀 몰랐던 순간은 언제였나?
- 다시 하고 싶은 일이 있는가?
- 젊은 시절 자신에게 하고 싶은 말은 무엇인가?
- 당신이 스스로 가장 자랑스러운 점은 무엇인가?
- 들었던 최고의 조언은 무엇인가?

고객, 의뢰인, 이해관계자

헨리는 브랜딩 웹디자인 회사를 운영한다. 그는 기업가 대부분이 제품과 서비스를 설득력 있게 설명하는 데 어려움을 겪는다는 사실을 깨달았다. 그는 기업가들이 새로운 웹사이트를 구축하기 전에 자기 브랜드와 이상적인 고객을 정의할 수 있는 프로세스를 개발하기로 했다.

헨리는 회사의 시그니처 프로세스에 포함될 스토리를 구성하기 위해 내게 연락했다. 나는 그에게 고객들이 언급한 문제가 무엇이냐고 물었다. 헨리는 더 이상 고객(기업가)들이 자신들의 제품이나 서비스를 '아는 사람만 아는' 형태로 남기고 싶어 하지 않는다고 말했다. 많은 고객이 잠재 고객 유치와 안정적 수익 구축을 강력히 원하고 있었다. 헨리의 고객들이 헨리의 회사에게 원하는 것은 단순히 웹사이트를 만드는 것이 아니라, 사업 목표를 실현할 수 있도록 도움을 주는 것이었다.

헨리와 나는 비슷한 문제에 직면한 다양한 고객들을 소개하는 일련의 이야기를 개발했다. 거기에는 고객이 비즈니스를 한 단계 끌어올릴 수 있는 헨리의 시그니처 프로세스도 포함돼 있었다. 훗날 헨리의 고객들은 그 이야기에서 자신의 문제를 발견하는 것을 넘어, 자기 자신까지 발견했다고 고백했다.

이야기 아이디어를 위해 고객, 의뢰인, 이해관계자(비즈니스적으로 직간접적 이해관계를 가지는 사람 – 옮긴이)를 살펴보자. '그들과의 상호작용, 도전 과제, 이용 후기, 그들로부터 받은 질문'은 각각 잠재적인 아이디어가 된다. 특정 고객이나 이해관계자가 경험했다면 다른 사람도 같은 경험을 한다. 고객들은 다른 고객이 느낀 좌절, 희망, 꿈, 두려움에 관한 이야기에서 자신을 발견하고, 자기에게 직접 이야기하는 것처럼 느낄 것이다.

- 고객이 직면한 문제는 무엇인가? 무엇을 불평하는가?
- 고객이 미래에 되고 싶고, 하고 싶고, 갖고 싶어 하는 것은 무엇인가?
- 고객을 위해 해결한 불만 사항은 무엇인가?
- 고객이 당신의 제품이나 솔루션의 어떤 점을 좋아하는가? 그 이유는 무엇인가?
- 의뢰인이 당신의 회사를 어떻게 알게 됐나?
- 온라인상의 정보를 통해 고객들이 직면한 어려움과 불만을 발견할 수 있는가?
- 제품이나 솔루션의 발전을 통해 무엇을 배웠는가?
- 의뢰인이 알아야 할 일곱 가지 원칙이나 아이디어는 무엇인가?
- 제품 공급 및 서비스를 시작한 이유는 무엇인가?

뮤즈를 통해 얻는 통찰력

샐리는 내 뮤즈 중 한 명이다. 『포춘』 선정 500대 기업 중 한 곳의 인사책임자인 그녀는 수많은 내 고객을 대변한다. 무엇을 이야기할지 생각이 막히고 아이디어가 필요할 때 나는 샐리에게 전화한다. 그리고 리더로서 그녀가 가진 문제와 불만에 귀 기울인다. 샐리가 자신이 고민하는 문제를 설명하는 동안 나에겐 이야기 아이디어가 하나

둘 쌓여 간다. 샐리가 리더로서 어떤 문제를 가지고 있다면, 다른 리더들도 마찬가지일 것이다. 나는 일반적으로 청중을 대표하는 다섯 명의 서로 다른 뮤즈를 곁에 둔다. 뮤즈는 당신과 청중이 가진 문제점을 연결해 주는 사람일 수도 있고, 당신의 창작 과정에 영감을 주는 사람일 수도 있다.

• 어떤 사람이 당신에게 이상적인 고객이 될 수 있는가?
• 그들은 어떤 문제점을 가지고 있는가?
• 그들을 어떻게 도왔으며 그 과정에서 무엇을 깨달았는가?
• 그들은 어디에서 성공을 거두었나?
• 그들에게 쉬운 일은 무엇인가?
• 그들은 어느 분야에서 성장하고 싶어 하는가?
• 그들은 어떤 포부를 갖고 있는가?

세상에서 당신의 관심을 끄는 것들

세상을 살아가다 보면 훌륭한 아이디어가 떠오를 수 있다. 갑작스레 떠오른 아이디어가 당신의 관심을 끌고, 흥미를 유발하고, 자신을 반성하게 한다면 그 이유가 명확하지 않더라도 주목해야 한다. 마리아가 엘리베이터에서 휴대폰을 떨어뜨린 날, 나는 그 사건이 흥미로운 아이디어라는 사실을 알았다. 하지만 월터 베팅거에 관한 기사까지 읽고 나서야 그 아이디어가 어떻게 이야기가 될 수 있는지 깨달았다. 세상을 살아가면서 당신의 관심을 끄는 것들을 기록해 보자.

- 감명 깊었던 영화나 예술 작품은 무엇인가? 그 이유는 무엇인가?
- 계속해서 듣고 싶은 음악은 무엇인가?
- 하루 종일 이야기할 수 있는 주제는 무엇인가?
- 방문하고 싶은 야외 공간은 어디인가?
- 기억에 남는 제품이나 기업의 기원을 들어본 적이 있는가?
- 좋아하는 박물관이 있는가?
- 눈에 띄었던 기사나 팟캐스트 에피소드가 있는가? 그 이유는 무엇인가?
- 가장 방문하고 싶은 도시나 장소는 어디인가? 그 이유는 무엇인가?
- 좋아하는 책이 있는가?
- 기억에 남는 연설이나 강연자가 있는가?

시간의 흐름을 보여주는 것들

1883년 오스카 마이어Oscar Mayer는 미국에서 자기 이름으로 된 핫도그 브랜드를 창업했다. 그로부터 53년이 흘러, 오스카 마이어의 조카인 칼 마이어는 한 가지 아이디어를 냈다. 바로 회사 대변인이 이동할 때 약 4미터 길이의 핫도그 모양 자동차를 타게 하겠다는 것이다. 핫도그 모양의 차에는 '위너모빌Wienermobile'이라는 이름이 붙었는데, 위너모빌은 오스카 마이어의 핫도그를 광고하며 시카고 시내를 누비기 시작했다. 처음에는 단 한 대뿐이었던 위너모빌이 몇 년 만에 여섯 대로 늘어났다. 각 차량은 갓 대학을 졸업한 두 명의 '핫도 거Hot Doggers'가 운전했으며, 1년 동안 미국 전역을 돌아다녔다.

위너모빌은 과거로 시간 여행을 해주고, 향수를 불러일으키는 닻

역할을 했다. 위너모빌엔 무수한 이야깃거리가 가득했다. 위너모빌을 처음 본 날의 하루, 지금은 세상을 떠난 사랑하는 사람과 함께 위너모빌을 봤던 기억, 결혼식에서 피로연까지 위너모빌을 타고 이동했던 신랑 신부의 기억, 지역 랜드마크 옆에 선 위너모빌의 사진을 실은 작은 마을의 지역 신문, 처음 위너모빌이 등장한 이후로 80여 년 동안 세계에서 일어난 변화까지. 위너모빌을 닻으로 삼아 무수히 많은 이야기와 아이디어가 이어졌다.

시간의 흐름을 보여주는 사람, 장소, 사물과 사람들이 상호작용하는 방식에서 이야기 아이디어를 찾아보자. 일례로 전화기를 들 수 있다. 지난 40년 동안 전화기는 다이얼식 전화기, 긴 줄로 벽에 달린 버튼식 전화기, 무선 전화기, 플립폰, 스마트폰 등으로 진화했다. 시간의 흐름 속에서 전화기 자체의 이야기뿐만 아니라 전 세계적인 사건, 개인적의 삶의 변화까지 무수히 다양한 이야기를 풀어낼 수 있다. 이야기를 위한 아이디어 도구 상자를 확장하기 위해 시간의 흐름을 보여주는 사물들의 목록을 작성해 보자.

- 여러 해 동안 다양한 회의나 행사를 개최했던 직장 내 회의실이나 건물이 있는가?
- 여러 경험에서 당신을 따라다닌 인형, 담요, 행운의 부적 또는 옷이 있는가?
- 집안 대대로 내려오는 물건이 있는가?
- 일상생활 속 물건 중 시간이 지나면서 점차 진화한 물건은 무엇인가?(예시: 다이얼식 전화기에서 휴대폰으로)

- 당신이 살아오면서 목격한 세계적인 사건은 무엇인가?
- 다양한 경험을 말해줄 수 있는 물건은 무엇인가? 예를 들어, 나에겐 25년 된 등산화가 있다. 이 등산화는 다양한 하이킹, 여러 나라를 다닌 여행, 인생의 사건에 관한 이야기를 담고 있다.

아이디어 목록을 최신 상태로 유지하는 방법

더 많은 아이디어를 저장해 둘수록 이야기를 만들 때 활용할 아이디어를 선택하기 쉬워진다. 프롬프트를 활용해 도구 목록을 작성하자. 그런 다음 주기적으로 시간을 할애해 아이디어를 추가하자. 영감을 주는 기사나 대화를 포착하자. 매일 아이디어를 추가하는 데 도전하거나 매주 아이디어를 떠올리는 시간을 정해 두고 목록을 업데이트하자. 아이디어를 추가하기 시작하면, 더 많은 아이디어를 알아보게 되고 언제 내 호기심이 자극되는지 알게 된다. 시작이 가장 어렵다. 하지만 일단 아이디어를 포착하면, 복합적인 효과가 일어난다.

슬럼프를 어떻게 극복해야 하나?

아이디어를 떠올리기 위해 고심하는 일은 마음에 드는 옷을 찾기 위해 옷장을 뒤져도 입을 만한 옷을 찾지 못하고 있는 상태와 같다. 이런 순간에 당신은 무엇을 하는가?

머리에 새기자. 편안한 뇌가 가장 창의적이다. 다른 사람과 이야기를 나눌 아이디어가 없는데도 마감에 쫓기는 사람처럼 이야기해야 할 것 같은 상황으로 자신을 몰아넣지 말자. 창의성을 위한 공간을 남겨두자. 그냥 이야기가 떠오르지 않을 수도 있다는 사실을 인정하자. 아이디어를 얻기 위해서는 노력해야 하지만, 노력한다고 해서 바로 해결되지는 않는다. 이전에는 이야기의 아이디어를 어디에서 얻었는가? 그때 무엇을 하고 있었나? 누구와 대화할 때 아이디어가 잘 떠오르는가?

당신이 가장 자주 받는 질문은 무엇인가? 우리는 자기의 전문 분야에 너무 밀착된 나머지, 사람들이 배우고 싶어 하고 궁금해하는 이야기를 만들 수 있는 아이디어들을 간과한다. 당신이 자주 받는 질문과 대화를 자세히 분석해 어떤 아이디어가 떠오르는지 살펴보길 권한다. 자주 받는 질문을 바탕으로 다양한 AI 도구(검색 엔진, 챗 GPT 등)를 활용해 새로운 아이디어를 탐색해 보자. 그 결과를 잠재적 아이디어로 포착하자.

사진은 훌륭한 영감의 원천이 되기도 한다. 신뢰에 관한 이야기를 찾고 있다면 온라인에 '신뢰'라는 단어를 검색해 이미지를 살펴볼 수 있다. 사진 웹사이트를 즐겨찾기해 놓으면 생각을 자극하는 좋은 자료가 된다. 내 경험상 휴대폰에 저장된 사진들을 훑어보는 것도 기억을 떠올리는 데 유용하다.

최근에 나는 마이크로소프트에서 기조연설을 했다. 연설의 포문을 열 이야기를 준비해야 했는데 뚜렷한 아이디어가 떠오르지 않았다. 나는 이런 순간에 아이디어를 떠올리는 프로세스를 믿어야 한다는 사실을 알고 있었다. 마이크로소프트의 직원들은 이야기를 사용해 고객들과 더 잘 소통하는 방법을 배우고 싶어 했다. 나는 스스로에게 '연결이라는 주제를 강조할 수 있는 아이디어가 무엇일까?'를 질문했다. 그리곤 산책에 나섰다. 산책이 끝날 무렵엔 기조연설을 시작할 때 사용할 이야기의 아이디어가 떠올랐을 뿐 아니라 아이디어 도구 목록에 두 가지 아이디어를 더 추가할 수 있었다. 산책을 하면 항상 노트북 앞에 앉아 있을 때는 잘 드러나지 않던 아이디어가 떠오른다.

아이디어 도구를 구축하는 것은 이야기를 만들기 위해 아이디어를 고르는 것과는 다르다. 아이디어 도구의 구축은 창의적인 프로세스를 활용해 풍부한 아이디어 목록을 만드는 일이다. 아이디어 도구는 스토리텔링을 시작할 수 있도록 안내한다.

청중 없이는 아이디어가 머물 곳도 없다. 모든 이야기는 청중을 이해하고 그들에게 어떤 메시지를 전달하고 싶은지 파악하는 것에서부터 시작한다. 다음 장에서 다루어질 주제가 바로 그것이다. 청중을 명확하게 파악해 당신의 이야기가 청중에게 직접 전달될 수 있게 하는 방법을 알아보고자 한다.

최고의 아이디어는 어디에서 탄생하는가?

- 최고의 이야기를 만들기 위해서는 아이디어를 찾는 법부터 알아야 한다.
- 창작과 편집은 동시에 할 수 없다.
- 이야기를 전달하기 전에 아이디어를 파악하자. 편안한 상태일 때 아이디어를 떠올리는 습관을 형성하고 아이디어 도구를 만들자.
- 완성된 이야기가 아니라 아이디어를 포착하자. 아이디어는 조각, 은유 또는 그림일 수도 있다.
- 애플리케이션이나 노트 등 아이디어를 저장할 수단을 정해두자. 자신의 기억력에 의지하지 말자.
- 특정 아이디어는 제약을 적용할 때 떠오른다. 프롬프트, 질문, 범주, 순간 등이 목적에 맞는 아이디어를 떠올리는 데 도움이 될 수 있다.
- 아이디어 목록 작성에 도움을 주는 프롬프트를 활용하자. 더 많은 프롬프트는 「법칙 4. 핵심 메시지」의 체크리스트에서 확인할 수 있다.
  - 개인적 경험
  - 직업적 경험
  - 고객, 의뢰인, 이해관계자
  - 뮤즈에게서 얻은 통찰력
  - 세상에서 당신의 관심을 끄는 것들
  - 시간의 흐름을 보여주는 것들
- 아이디어 도구를 구축하는 것과 이야기를 만들 때 아이디어를 고르는 것은 다르다. 우선은 이야기를 전달할 시기와 장소는 고려하지 말고 이야기 목록을 구축하는 데 집중하자.

개리 웨어 Gary Ware

즉흥 연기 코미디언, 작가, 워크숍 진행자

즉흥 연기와 스토리텔링은 어떤 연관이 있나요?

즉흥 연기는 다른 사람들과 협업하는 스토리텔링입니다. 즉흥 연기에서 '우리'는 '나'보다 중요합니다. 혼자서는 예측조차 할 수 없는 결과가 나올 수 있음을 받아들여야 합니다. 두려운 일이기도 합니다. 완벽하지 않을 수도 있고, 귀찮은 일이 될 수도 있습니다. 하지만 저는 그런 과정을 겪는 것을 좋아합니다.

이야기나 즉흥 연기 아이디어는 어떻게 얻나요?

광대와 편집자라는 두 가지 입장에서 아이디어를 얻습니다. 광대는 필터링 없이 아이디어를 만들고 실험할 수 있습니다. 편집자는 이후에 보석을 찾아내고 정리하는 역할을 합니다. 하지만 광대와 편집자가 동시에 될 수는 없습니다. 다듬고 수정하는 편집자 역할을 해야 되는 시기는 정해져 있습니다. 광대로서 무언가를 만들어야 편집자로서 수정할 수도 있습니다.

'네, 그리고…'야말로 즉흥 연기의 기본 원칙입니다. 코미디언은 아이디어가 무엇인지, 출처는 어딘지와 관계없이 제공된 아이디어를 기반으로 즉흥 연기를 만듭니다. 누군가 "해변으로 휴가 가자!"라고 말한다면, 당신은 "좋아. 새로 산 주황색 비치 타월이 있어!"라고 대답할 수 있습니다. 이렇게 하면 처음 나온 아이디어를 바탕으로 다른 사람이 참여할 수 있는 열린 공간이 조성됩니다. 만약 "해변 싫은데."라고 대답해 버리면 생각과 아이디어를 차단하게 됩니다. '네, 그리고…'라는 대답은 가능성을 불러옵니다. 귀찮게 느껴질 수 있지만, 이것이 창작의 힘이죠. 그 불편함에 기대어보세요.

사람들은 어느 부분에서 막히나요?

즉흥 연기를 가르치다 보면 사람들이 가능한 한 모든 아이디어를 한 장면에 담아야 한다는 강박에 사로잡힌 모습을 종종 봅니다. 그렇게 되면 큰 부담을 느끼죠. 특히 어디에서 시작해야 할지 모를 때는 더욱 그렇고요. 저는 먼저 "아이디어를 하나만 떠올릴 수 있나요?"라고 물어봅니다. 상대방이 한 가지 아이디어를 이야기하면 이렇게 물어요. "여기 덧붙일만한 다른 아이디어가 있나요?"

이야기는 이렇게 구조를 따라 아이디어를 쌓아가며 만듭니다. 스토리텔링 모델은 창의력을 발휘할 수 있는 범위를 설정합니다. 저는 프롬프트를 사용해 아이디어를 만들어요. 예를 들어 "휴가 갔던 이야기를 해주세요."라고 하면 그에 대한 답변을 떠올린 뒤, 저는 "마음속

다섯 살 아이에게 그 휴가에 관해 설명해 주세요."라는 또 다른 질문을 합니다. 그러면 그 질문에 답변하는 식으로 아이디어를 쌓습니다. 이렇게 하면 다른 이야기가 만들어집니다. 줄거리는 그대로 유지되지만, 자세한 내용이나 묘사, 전달 방식은 달라집니다. 또 사람들은 비난받을까 봐 자신을 억제하곤 하는데, 그 사고방식에서 벗어나기 위해 도움이 필요합니다.

스토리텔링에 관한 조언이 있나요?

즉흥 연기에서는 모든 것이 선물입니다. 항상 토대로 삼을 만한 소재를 찾게 되죠. 공연 파트너가 "와, 너무 피곤하다."라고 말하면 제가 할 일은 그다음 이야기를 만드는 거예요. 저의 반응은 "만약 이 말이 사실이라면 또 무엇이 사실일까?"라는 태도를 기반으로 이뤄져야 합니다. 즉흥 연기에서는 청중도 앙상블과 이야기의 일부죠. 즉흥 연기자가 경험할 수 있는 최고의 날은 누군가 "대본에 없는 얘기인데, 무슨 말이죠?"라고 질문할 때입니다. 신뢰하고, 반응하고, 즐기는 것이 가장 중요합니다.

5장

. . .

스토리는 청중에서 시작한다

내 휴대폰은 쏟아지는 메시지로 인해 깜빡였다. 메시지를 보낸 사람은 『포춘』 선정 500대 기업 중 한 곳의 인사책임자인 라일리였다. "다음 주에 프레젠테이션이 있는데 이야기로 시작하고 싶어요. 시험에서 낙제당해 대학교 졸업을 못 하게 될 뻔한 친구 이야기를 할까, 생각 중이에요. 아니면 기분 나쁜 말을 했는데 아무도 반응하지 않은 매니저에 대해 이야기할까요? 양말 인형을 이용해 자기주장을 펼쳤던 여성의 이야기는 어때요? 어떤 이야기가 가장 좋을까요?"

이 이야기들은 라일리가 가장 좋아하던 이야기였고 사람들로부터 큰 인기를 얻기도 했다. 나는 그녀에게 "당신이 어떤 이야기를 좋아하는지와 내가 어떤 이야기를 좋아하는지는 중요하지 않아요. 중요한 것은 청중이 듣고 싶어 하는 이야기죠."라고 대답했다.

그녀는 눈을 굴리는 이모티콘으로 답장했다. "그냥 어떤 이야기를 해야 할지 알려주세요."

"프레젠테이션 후에 청중이 무엇을 알고, 느끼고, 행동하기를 원하나요? 그걸 알기 전까지는 이야기를 선택할 수 없어요. 당신이 좋아하는 이야기가 청중의 공감을 얻지 못할 수도 있어요. 마치 음악처럼요. 내가 좋아하는 노래로 채운 플레이리스트가 당신의 마음에 들지 않을 수도 있으니까요. 다만 이야기가 청중이 듣고 싶어 하는 것이라면 청중들의 공감을 불러일으키죠."

흥미를 얻지 못하거나 무의미해 보이는 이야기에는 한 가지 공통점이 있다. 스토리텔러가 자신이 이야기하고 싶어 하는 주제에 초점을 맞춘 나머지 청중에게 어떤 의미가 있는지에 소홀하다는 점이다. 굳이 청중이 필요하지 않은 것처럼 말이다. 그들은 자기 이야기에 과도하게 몰입한 나머지 청중이 아이디어나 느낌에 공감해야 한다는 사실을 쉽게 잊는다.

스토리텔링의 비결은 이야기가 아닌 청중에게서 시작해야 한다는 점이다. 그 점을 명심하면 스토리텔러는 청중을 이야기 중심에 두고 청중에게 의미 있는 것들을 의도적으로 엮을 수 있다. 그러면 청중은 스토리텔러가 자신에게 직접 이야기하고 있다고 느끼게 된다.

훌륭한 이야기는 청중과 청중에게서 원하는 성과가 무엇인지 이해하는 데서 시작한다. 이야기를 전달하는 방식은 청중에 따라 달라진다. 만약 내가 엘리베이터 통로로 휴대폰을 떨어뜨린 이야기를 경비원들에게 들려준다면, 아마도 다르게 이야기할 것이다. 경비원 레이의 관점에서 매일 아침 인사도 잘 안 하고 지나치는 사람들이 얼마나 자신을 힘 빠지게 하는지 설명할 것이다. 매번 멈춰 서서 인사를 건네는 마리아를 기다린다고 말하고, 마리아가 자기 이름을 알고지난 휴가를 기억해 준 덕분에 마리아와 이야기하면 하루가 즐겁다고 말할 것이다. 마리아가 휴대폰을 떨어뜨렸을 때 어떻게 하면 다시 찾아줄 수 있을지를 얼마나 고민할지도 설명할 것이다.

기본적인 줄거리가 같아도 디테일, 순서, 관점, 핵심 메시지는 청중에 따라 달라진다. 만화경을 돌리면 이미지가 달라지는 것처럼 하나의 이야기도 다양한 관점과 연결점에 집중돼 전달될 수 있다. 청중을 구체적으로 설정하면 다양한 관점과 디테일을 파악해 이야기를 통합할 수 있고, 청중은 그 이야기가 자신을 위한 것이라고 느낀다.

글을 쓸 때 "한 명을 대상으로 글을 쓰라."는 조언을 흔히 만나볼수 있다. 이 말은 "청중에게서 시작하라!"와 같은 말이다. 이야기를 듣는 대상이 당신과 마주 앉아 커피를 마시고 있다고 생각하며 무슨 이야기를 해줄지를 구체적으로 설정하자. 예시와 디테일을 사용해 상대방이 이해할 수 있게 하자. 커피를 마시며 나누는 대화에서 사용하는 농담, 은유, 예시가 이야기에도 똑같이 사용돼야 한다. 각각의 농담, 은유, 예시는 이야기가 얼마나 잘 연결되고 공감을 불러일으키는지에 직접적인 영향을 미친다.

한 명이 아닌 다양한 청중을 사로잡고 싶다면 페르소나persona를 정의하면 효과적이다.

페르소나를 정의하라

페르소나는 청중의 특성, 경험, 생각을 투영할 수 있는 가상의 캐릭터다. 마케팅에서는 페르소나를 사용해 제품과 서비스에 대한 메시지를 맞춘다. 영화와 TV 프로그램에서는 콘텐츠를 작성할 때 페르소나를 사용해서 시청자의 공감을 불러일으키는 이야기를 만든다. 페르소나는 비즈니스 프로세스, 애플리케이션, 웹사이트 제작에도 사용돼 사용자 경험을 계획하는 데 도움을 준다. 페르소나를 사용하면 마주 앉은 청중을 상상해 그들에게 가장 의미 있는 디테일, 경험, 동기를 직접적으로 이야기할 수 있다.

이야기를 전달할 때마다 청중은 적어도 하나의 페르소나를 갖게 된다. 청중들이 서로 다른 나이, 배경, 경험을 갖고 있더라도 모두를 하나로 묶을 수 있는 공통점이 있다. 우선 전체 청중에 대한 페르소나를 정의한다. 페르소나에 이름을 붙이고, 디테일을 설정한다. 페르소나가 목요일에 라테를 마시는 습관이 있다면 그 내용을 적어두자. 이런 디테일들은 이야기를 구성할 때 청중에게 익숙한 것, 또 이해하고 있는 것을 파악하기 위해 사용된다.

청중과 관련 있다고 생각되는 질문이 무엇인지 떠올리고 그에 대한 답을 찾으면서 페르소나를 구축하자. 이 과정은 5분이면 끝날 정도로 간단해야 한다. 디테일을 생각하고 청중의 이미지를 떠올리기엔 충분한 시간이되 디테일에 얽매여 이야기를 구축할 동력을 잃지 않을 만큼 짧아야 한다.

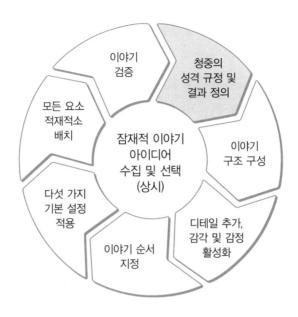

- 무엇이 이 사람들을 당신의 청중으로 모이게 했는가?
- 청중의 공통점은 무엇인가?
- 청중의 평균 연령은 몇 살인가?
- 청중의 교육 경험은 어떠한가?
- 청중은 어떤 유형의 직업이나 전문 지식을 보유하고 있는가?
- 청중은 어디에 살고 있는가?
- 청중은 어떤 취미를 가지고 있는가?
- 청중의 하루는 어떤 모습인가?

청중에게 페르소나가 여러 가지라면 어떻게 될까?

TED 강연을 준비하면서 나는 청중에게 두 가지 페르소나가 있다는 사실을 깨달았다. 하나는 강연 현장에 있는 대학생들이었다. 다른 하나는 녹화된 강연을 보게 될 리더와 직장인들이었다. 현장에서는 학생들의 참여를 끌어내 에너지를 올려야 했고, 그래야만 영상도 호응을 얻을 수 있었다. 나는 페르소나를 구축하기 전까지 현장의 청중과 영상을 볼 청중 사이를 왔다 갔다 하기 바빴다.

나는 강연 현장의 페르소나로 '그레이스'를 만들었다. 그레이스는 시간제로 일하는 스물한 살 대학생으로, 졸업 후 취업을 위한 포트폴리오를 쌓기 위해 데이터 분석 자격증을 취득하려 하고 있다. 그레이스는 지루하고, 데이터가 가득하고, 기억에 남지 않는 강의실에 자주 앉아 있다. 수업이 없을 때는 온라인 게임을 즐겨 한다. 또 동물 구조와 인권 운동에 적극적이다. 공강 시간에는 휴대폰 애플리케이션으로 로봇이 배달해 주는 커피를 주문한다. 그레이스의 첫 수업은 오전 8시. 정오에는 친구들을 만나 점심을 먹고 오후 3시에 수업을 마친다. 오후 7시까지는 숙제를 하고 지역 동물 보호소에서 열리는 모금 행사에 가는 길에 저녁 식사로 포케를 먹는다. 행사가 끝나면 동네 술집 Harry's에서 만나자는 친구들의 문자를 받는다. 마지막으로 그레이스는 스토리텔링 경험이 많지 않다.

녹화된 강연을 볼 페르소나로는 '대런'을 만들었다. 그는 회사의 리더로 나이는 30~55세, 직장 경력은 7~25년 사이다. 두 곳의 회사에서 근무했으며 대런이 관리하는 직원이 최소 한 명 이상이다. 학사 학위를 가지고 있으며 결혼해서 두 명의 자녀가 있다. 자폐증을 앓는 조카가 있으며 대부분의 주말을 가족과 보낸다. 그는 스토리텔링에 대한 경험이 거의 없으며, 프레젠테이션 때 데이터에 의존한다.

대런의 하루는 출근 전 오전 6시 사이클링 수업으로 시작한다. 그 후 아이들 아침을 먹이고 등교 준비를 시킨다. 오전 8시 45분까지 출근해 45분 동안 이메일에 답장한 후 연달아 회의에 참석한다. 그러고 나서 두 시간 동안 그다음 프레젠테이션을 위해 차트로 가득한 파워포인트 슬라이드를 만든다. 자기가 하고 싶은 말을 계획하는 대신 그는 기존 콘텐츠를 훑어보며 어떤 내용을 활용할 수 있을지 살펴본다. 하루 종일 주기적으로 휴대폰에서 아내나 친구, 동료가 보낸 메시지를 확인한다. 퇴근길에는 동생에게 전화를 걸어 조카의 안부를 묻는다. 그는 저녁으로 가족들과 스파게티를 먹고 잠자리에 들기 전에 TV 프로그램을 시청한다.

그레이스와 대런, 두 페르소나 사이의 가장 큰 차이점은 한 명은 학생이고 다른 한 명은 정규직 직원이라는 점이었다. 휴대폰은 두 사람 모두의 삶에서 큰 역할을 하며, 두 사람 모두 데이터 중심적인 상황에 자주 놓여 있으므로 스토리텔링을 강화할 기회를 가지고 있다.

일상의 윤곽을 그리면 페르소나의 구체적인 디테일을 파악하게 된다. 질문과 일상의 스냅숏을 조합하면 청중에 관해서 더 분명히 알게 되고, 모호했던 부분을 보강할 수 있다. 따라서 청중이 구체적으로 누군지 알고 원하는 결과를 도출하게 된다.

청중의 마음을 읽어라

이야기를 전달할 때마다(또는 정보를 전달할 때마다) 다음 네 가지 질문을 통해 청중과 청중에게 바라는 결과를 정의하자.

1. 청중이 무엇을 알거나 생각하기를 원하는가?
2. 청중이 무엇을 느끼거나 행동하기를 원하는가?
3. 현재 청중의 사고방식은 무엇인가?
4. 청중이 생각하고, 느끼고, 다르게 행동하도록 만드는 데 걸림돌이 될 수 있는 요소는 무엇인가?

이 질문들은 이야기 또는 의사소통에서 청중이 경험하기를 바라는 내용을 구체화한다. 또한 청중의 생각을 파악하고 잠재적인 걸림돌을 해결하여, 이야기의 명확성과 이야기를 통해 전달하고자 하는 메시지의 집중도를 높일 수 있다.

이 네 가지 질문은 나에게 여러 도움을 줬다. 일례로 엔지니어링 콘퍼런스의 리더십 기조연설을 준비할 때, 청중에게 신뢰의 신경과학을 가르쳐 줄 필요가 있음을 깨닫게 해줬다. 또한 같은 이야기를 다른 청중에게 전달할 때도 목적에 맞게 이야기를 조정할 수 있도록 질문을 활용했다.

나는 TED 강연을 위해 그레이스와 대런이라는 페르소나를 만들었다. 이 두 인물의 공통적인 관심사를 찾기 위해 청중의 마음을 읽는 네 가지 질문을 적용해 봤다(여기서는 청중을 '그들'로 칭한다).

1. 그들이 무엇을 알거나 생각하기를 원하는가?

나는 그레이스가 자신이 듣는 데이터 중심의 강의 대부분이 인상적이지 않다는 사실을 깨닫길 바랐다. 하지만 이야기는 어떤 상황에서도 기억에 남을만한 커뮤니케이터가 될 수 있다.

내가 대런에게 바라는 것은 프레젠테이션에 이야기를 사용하면 데이터를 전달할 수 없다는 믿음을 깨는 것이었다. 나는 이야기와 데이터 중 꼭 한 가지만 선택할 필요는 없으며 이야기가 데이터에 의미를 부여할 수 있다는 사실을 대런이 깨닫기를 바랐다.

나는 수많은 그레이스와 대런이 스토리텔링 이면의 과학을 인식하기를 바랐다. 이야기는 뇌를 움직이게 하는 현명한 의사소통 방법이었다. 동시에 이야기를 적용하는 방식은 저마다 다르더라도, 이야기가 듣는 사람에게 더 많은 신뢰와 이해, 의미를 만든다는 사실을 알려주고자 했다.

2. 그들이 무엇을 느끼거나 행동하기를 원하는가?

나는 그레이스가 나의 강연에서 영감을 받아 강의 프레젠테이션에서 스토리텔링을 시도해 보고, 직장생활에서 역동적이고 기억에 남는 전달자가 되기를 바랐다.

또한 대런이 데이터를 활용한 스토리텔링을 실험해 보고 더욱 영향력 있고 기억에 남는 프레젠테이션을 하길 바랐다.

나는 그레이스와 대런이 스토리텔링을 활용해서 청중들에게 '보이지 않던 것'을 보여줌으로써 다른 사람의 이해와 인식을 바꿨다는 성취감을 느꼈으면 했다.

3. 현재 그들의 사고방식은 무엇인가?

그레이스는 스토리텔링이 비즈니스 프레젠테이션과 데이터 공유에서 얼마나 설득력 있는지 모른다. 어떤 교수들도 스토리텔링을 사용해 수업하지 않았고, 데이터 분석 수업에서는 항상 데이터가 '사실'이며, 정보를 바탕으로 의사 결정을 내릴 때 필수적이라고만 했다. 그레이스는 소셜 미디어에서 이야기를 전달하긴 하지만, 프레젠테이션에 이야기를 사용할 생각은 못 했다.

대런의 회사는 데이터 중심으로 경영 방침을 전환하고 있다. 직원들에게 데이터를 기반으로 결정하라고 권장하지만, 정작 직원들은 그것이 어떤 의미인지 모른다. 데이터에는 품질 문제가 많다. 그럼에도 대런은 데이터가 이야기보다 더 사실적이라고 믿는다. "이야기를 전달하라!"는 권유가 몇 번 있었지만, 그는 회피했다. 적절한 이야기가 떠오르지 않았고, 인위적으로 보일 위험을 감수할 가치가 없다고 판단했다.

대런과 그레이스 모두 데이터는 사실이지만 이야기는 사실이 아니라고 생각한다. 그들의 사고방식을 바꾸려면 이런 인식을 해결해야 했다.

4. 청중에게 걸림돌이 될 수 있는 것은 무엇인가?

그레이스와 대런은 서로 다른 페르소나이지만 걸림돌은 비슷하다. 둘 다 데이터는 사실이고 이야기는 허구라는 사고방식이 있다. 그들은 동료들과 다르게 소통하기를 주저하고 스토리텔링을 망설인다. 또한 이야기를 어디서 찾아야 할지, 어떻게 전달해야 할지 모른다.

둘 다 이야기를 하면 개인정보를 공유하게 되고, 그래서 불편하다는 고정관념에 갇혀 있을 수 있다. 두 사람의 일상은 다르지만 스토리텔링에 관한 사고방식은 다르지 않다.

페르소나를 만들기 전까지 나는 내가 좋아하는 이야기와 그 이야기를 적절하게 만드는 방법만 생각했다. 청중이 무엇을 듣고 싶어 하는지는 고려하지 않았다. 페르소나를 정의하고 앞선 네 가지 질문에 답함으로써 내 실수가 보였고 이야기가 명확해졌다.

청중에게서 시작하자. 청중을 중심에 두면 이야기를 위한 토대가 만들어진다. 청중과 그들에게서 원하는 바를 명확히 파악하고 나서 이야기 아이디어를 선택해야 한다.

스토리는 청중에서 시작한다

- 이야기는 아이디어가 아니라 청중에게서 시작한다. 청중은 당신과 마주 앉아 대화하는 사람으로 설정하라.
- 청중의 페르소나를 만든다. 여기에는 인구 통계, 취미, 일반적인 일상이 포함된다. 페르소나는 청중을 대표하고 당신이 이야기하는 대상에 대한 아이디어를 준다.
- 이야기를 하는 상황에 따라 다양한 유형의 청중이 공존할 수도 있다. 여러 청중의 공통점을 찾아 페르소나를 설정한다.
- 청중이 알고, 느끼고, 생각하고, 행동하기를 바라는 성과를 정의한다.
- 청중의 사고방식 전환에 걸림돌이 될 수 있는 것을 정의한다.

보프타 이맘Bofta Yimam

에미Emmy상 및 에드워드 R. 머로우Edward R. Murrow상 수상
TV 특파원, 국제적 연설가이자 사업가

이야기에서 영상은 어떤 역할을 하나요?

영상은 방송 기자로서 제가 전하는 모든 이야기의 중심입니다. 강력한 글에 영상이 더해지면 시청자를 끌어당기고 더욱 설득력 있는 이야기를 전달할 수 있습니다.

저는 사진작가를 파트너로 생각했고, 시각 스토리텔링을 해왔습니다. 사진작가와 논의하는 내용 중 하나는 "이 작품에 필요한 요소는 무엇인가?"입니다. 필요한 요소로 거론되는 것들에는 이야기 속 무언가 또는 누군가를 강조하는 강렬한 문구sound bite, 사진, 또는 특정 장면의 '보조 영상B-roll' 등이 있습니다.

작품을 보조하는 요소가 많을수록 작품이 더 풍성해집니다. 요소는 이야기를 더 풍부하게 전달하게 하고, 공감과 이해를 불러일으킵니다. 인터뷰의 핵심적인 순간은 영상의 타이트 샷tight shot과 맞출 수 있습니다. 일련의 샷을 문장 길이에 맞춰 리듬을 만들 수 있죠.

이야기에서 감정을 어떻게 다루나요?

핵심은 사람들이 이야기에 관심을 두는 이유에 있습니다. 주방에서 커피를 마시던 사람이 커피잔을 내려놓고 TV 앞으로 오게 하는 힘이 무엇일까요? 인터뷰, 영상, 강렬한 문구, 자연스러운 소리를 통해 흥미와 관심을 불러일으켜야 합니다. 인터뷰에서 저의 역할은 사실을 찾는 일이지만, 보통은 이야기에 인간적인 면모를 더해야 시청자의 관심을 유지할 수 있습니다. 대중이 궁금해하는 어려운 질문을 하거나, 인터뷰 대상자가 특정한 순간에 어디에 있었는지 정확히 파악하거나, 경험에서 어떤 느낌을 받았는지, 어떤 다른 요소가 일조했는지, 그리고 이 모든 것이 중요한 이유가 무엇인지 등 질문을 통해 인터뷰이에게 더 깊이 들어갈 수도 있어요.

인터뷰이는 종종 자기 인생의 최악 또는 최고의 순간, 혹은 그 중간쯤 어딘가로 당신을 초대합니다. 이러한 순간에 느끼는 다양한 감정을 적절한 요소와 맥락과 결합해서 청중이 이야기에 공감하고 쉽게 소화할 수 있게 하는 것도 하나의 기술이죠. 이를 위해서는 이야기에 생동감을 더해주는 강렬한 문구와 영상 클립을 선별할 수 있어야 합니다. 대부분의 일간 뉴스는 1분 30초를 넘지 않기 때문에 이 작업을 효율적이고 효과적으로 해야 해요. '이야기의 핵심과 초점을 유지하기 위해 무엇을 추가하고 빼야 할까?'를 고민하는 것이 중요하죠.

저는 훌륭한 저널리즘이란 사람들에게 무언가를 가르쳐 주는 것이라고 생각해 왔어요. 경험은 넓고 다양해서 인간의 선함을 일깨울 수도 있고, 비극을 아름다운 것으로 바꿀 수도 있으며, 독특한 방법으로 회복력을 보여줄 수도 있습니다. 우리는 모두 감정을 느끼고, 다른 사람과 연결되고 공감하고 싶어 하는 인간이에요. 스토리텔링은 이 사실을 아름답게 보이도록 도와줍니다.

6장

· · ·

게으름을 경계하라

두 아이가 오렌지 한 개를 두고 싸우고 있었다. 별 진전 없이 싸움이 제자리를 맴돌다가 결국 두 아이는 오렌지를 반으로 나누기로 결정했다. 한 아이가 오렌지 절반을 가져가서 과육은 먹고 껍질을 버렸다. 다른 아이는 나머지 반쪽을 가져가서 과육은 버리고 껍질로 빵을 구웠다.

10년 전 나는 협상에 관한 리더십 개발 프로그램을 운영하기 시작했다. 이때 나는 이 프로그램에 도움을 줄 회사를 두 곳 골라 파일럿 교육 세션을 요청했는데, 두 회사의 세션 모두 오렌지 이야기로 시작했다. 이 이야기는 로저 피셔Roger Fisher와 윌리엄 유리William Ury의 『예스라고 말하게 하는 법Getting to Yes』에 나온 것으로, 협상을 위한 의사소통이 어떻게 무너질 수 있는지를 보여주는 비유로 사용된다.

하지만 나는 이 이야기가 이상하게 느껴졌다. 아이들이 오렌지 조각과 껍질을 두고 싸우는 것이 공감되지 않았다. 왜 아이들이 그렇게까지 오렌지에 집착했는지, 왜 그 오렌지가 그렇게 중요했는지에 대한 상황 설명이 부족했다.

이 이야기는 협상이라는 어려운 주제를 다루는 비즈니스 교육의 첫 이야기로 적합하지 않았다. 오렌지 이야기는 협상이 어렵다는 고정관념을 강화할 뿐, 어떤 감정적 연결도 불러일으키지 않았다.

『예스라고 말하게 하는 법』에서는 오렌지 이야기뿐만 아니라 협상에 관한 다양한 이야기가 등장한다. 하지만 내가 파일럿 교육을 요청한 두 회사는 그 책에서 가장 인상 깊었던 오렌지 이야기만을 언급했고, 아무런 호응도 얻지 못했다. 아쉬운 점은 두 회사에는 비즈니스와 정부 협상 경험이 매우 많아서, 보다 적절하고 효과적으로 사용할 수 있는 좋은 사례가 풍부했다는 것이었다.

하지만 그들은 계산대에서 충동구매를 하듯 기존 이야기를 그대로 사용했다. 충동구매의 문제점은 꼭 필요하지 않은 것을 구매함으로써 정작 필요한 물건이 무엇이었는지 깜빡하게 만든다는 점이다. 사실 기존의 이야기를 활용하는 것이 가장 적합한 이야기를 만드는 것보다 쉽다. 하지만 기존 이야기를 그대로 사용하면 청중에게 와닿지 않을 위험이 있다. 쉽고 편리하지만 아무런 결실을 얻지 못하게 된다.

"전략은 문화에 상대도 안 된다."라는 말이 있다. 나는 프레젠테이션, 기사, 비즈니스 서적에서 이 표현을 볼 때마다 탄식한다. 여기 저기서 너무 자주 들은 나머지 이 표현이 나올 때마다 뇌가 게으름 상태에 빠지기 때문이다. 흔하디흔한 문구라 대부분은 몇 분 만에 이런 표현이 나왔는지도 잊는다. 하지만 흔하고 편리하다는 이유로 사람들은 다시 사용한다. 청중의 뇌를 게으름 상태로 빠뜨려 집중력을 잃게 하지 말자.

한 친구가 나에게 "나는 말할 때 종종 정확한 비즈니스 문구를 생각해 내려고 노력해."라고 말했다. 나는 그 친구에게 독특해지라고 말했다. "프레젠테이션에 비즈니스 용어가 더 많이 사용되면 좋겠어요."라고 말하는 사람은 아무도 없다. 당신만이 할 수 있는 이야기를 하고, 새로운 예시와 디테일을 사용할 때, 즉 자기만의 관점으로 독특한 이야기를 할 때 당신의 말이 다른 사람의 기억에 남을 것이다.

느낌을 믿어라

식당에서 메뉴를 고를 때 느끼는 설렘을 알고 있는가? 읽을 책을 고를 때 느끼는 호기심, 영화 예고편을 본 후 생기는 "저 영화 보고 싶다!"라는 생각, 새 운동화나 골프채 세트를 고를 때의 열정. 이 감정들은 찌릿찌릿한 흥미나, 설렘과 기대가 완벽하게 혼합돼 있다. 이 순간의 느낌이 바로 당신이 이야기 아이디어를 선택할 때 찾아야 하는 것이다. 비록 그 이야기가 다른 사람들을 불편하게 만들지라도 흥미를 끌 것이다.

훌륭한 이야기는 스토리텔러와 청중 사이의 에너지를 교환한다. 에너지는 이야기를 전할 때 당신이 느끼는 설렘을 청중의 경험으로 연결한다. 이야기를 하는 사람조차 무언가를 느끼지 못하면 이야기를 만들기가 더 어렵고, 청중은 강요받은 느낌 때문에 지루해한다. 강한 열정을 가지고 이야기를 전했던 사람들을 떠올려 보자. 그 에너지는 전염성 있고, 청중과 공유됐고, 당신도 그들의 설렘을 느꼈다. 스토리텔러의 진정성이 빛을 발하면 청중의 옥시토신과 공감이 증가한다. 그런 흥미로움은 배신하지 않는다.

이야기에 적합한 아이디어 선택하기

스토리텔링 모델 중앙에 있는 '잠재적 이야기 아이디어 수집 및 선택'으로 돌아가 보자. 아이디어 목록을 훑어보고, 각 아이디어에 대해 다음의 질문을 자기에게 해보자.

• 청중에게 바라는 성과에 맞는 의견이나 주제가 있는가?
• 청중의 고충이나 기대와 연결되는가?
• 청중을 기분 좋게 하거나 불편하게 만드는 이야기를 전달하는 데 도움이 되는가?
• 다른 아이디어와 결합해 원하는 성과를 보강하는 핵심 메시지를 만들 수 있는가?
• 다른 관점에서 이야기하면 달라지는가?

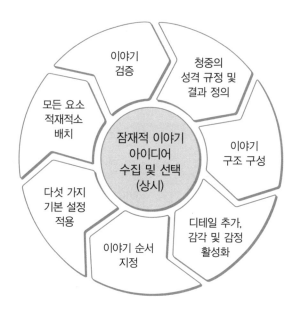

이야기 검증

청중의 성격 규정 및 결과 정의

모든 요소 적재적소 배치

잠재적 이야기 아이디어 수집 및 선택 (상시)

이야기 구조 구성

다섯 가지 기본 설정 적용

디테일 추가, 감각 및 감정 활성화

이야기 순서 지정

- 공유하고 싶은 에너지나 설렘을 느끼게 하는가?
- 새로운 이야기 아이디어가 떠오르는가?

　당신은 두 가지를 찾아야 한다. 청중에게서 원하는 성과와 아이디어 사이의 연결점을 찾을 수 있는가? 아이디어에서 에너지나 설렘을 느끼는가? 때로는 아이디어에서 어떤 이야기를 만들 수 있는지 알기 어렵다. 해당 아이디어를 어떤 이야기에 담을지 다양한 관점으로 실험해 보면서 선택지를 찾아보자. 청소부 도티의 이름을 떠올리지 못해 시험에서 낙제된 월터의 이야기를 도티의 관점에서 이야기하면 완전히 다른 이야기가 된다.

　아이디어 목록을 훑어보는 것만으로도 종종 새로운 아이디어가 떠오른다. 월터와 마리아의 이야기를 결합했던 것처럼 두 가지 아이디어를 결합할 수도 있다. 이야기에 적합한 새로운 아이디어가 떠오르기도 한다. 나는 아이디어 목록을 훑어보며 새로운 아이디어를 떠올리는 것을 좋아한다.

이 시점에도 이야기가 어떤 모습인지 확실히 알지 못해도 괜찮다. 조리법을 만들기 위해 재료를 모으는 과정이라고 생각하면 된다. 다양한 조리법을 만들려고 재료를 찾는 것이다. 어떤 재료는 신선해서 상하기 전에 얼른 사용하고 싶다. 또 어떤 재료는 "오늘은 상태가 별로 안 좋은데."라는 생각이 들기도 한다. 훌륭한 이야기는 조리법처럼 원하는 성과를 만들기 위해 디테일을 결합하는 방식으로 만들어진다. 어떤 아이디어가 청중을 위한 완벽한 이야기로 만들기에 적합한 재료를 담고 있는지 알아봐야 한다.

나는 마리아가 엘리베이터 사이로 휴대폰을 떨어뜨린 날, 그녀와 함께 있었다. 얼마 뒤 나는 그녀에게 "이 이야기로 무언가를 하려고 하는데, 무엇을 할지는 아직 잘 모르겠어요."라고 말했다. 아이디어가 있다는 건 알았지만 어떻게 사용해야 할지는 몰랐다. 그저 이 이야기에 흥미를 느껴서 도구 상자에 추가해 뒀을 뿐이다.

몇 주 후에 이야기를 쓰는데 나사 하나가 빠진 느낌이 들었다. 긴장감은 있었지만 강렬하게 느껴지지는 않았다. 「뉴욕 타임스」에서 월터 베팅거에 관한 기사를 읽고 나서야 이 아이디어의 활용 방법이 떠올랐다. 두 이야기 모두 각각 흥미로웠다. 하지만 두 이야기를 결합하면 예상 밖의 가슴 철렁한 순간이 만들어져서 더 강력한 메시지를 전달할 수 있었다. 그리고 청자는 마리아나 월터 또는 도티나 레이가 된 듯한 느낌을 받았다.

월터 베팅거의 이야기를 찾지 못했다면, 아마 좋은 생각이 떠오를 때까지 마리아의 이야기를 보류해 뒀을 것이다. 아이디어에서 영감을 받기도 하지만, 알맞은 이야기로 만들기 위해서는 더 큰 노력이 필요하다. 이야기는 숨을 쉬어야 한다. 나는 꽤 자주 아이디어에서 이야기를 만들기 시작했다가 효과가 없거나 시간이 더 필요하다는 사실을 깨닫는다. 유의미한 이야기가 나올 때까지 몇 번이고 아이디어를 버렸다가 다시 도구 상자로 돌려보내기도 한다.

나는 처음부터 월터와 마리아의 이야기를 TED 강연에 사용할 계획이었다. 그전까지만 해도 나에겐 대런의 페르소나에는 적합하지만 그레이스의 페르소나에는 맞지 않는 이야기, 청중에게 스토리텔링이나 리더십에 관해 전달하고 싶은 요점을 보여주지 못하는 이야기밖에 없었다. 그 이야기들은 효과가 없었고, 나도 그 사실을 알았다. 내가 정한 페르소나와 청중에게 바라는 성과, 아이디어 목록을 검토한 결과, 월터와 마리아의 이야기가 두 페르소나 모두에게 적합했다.

그레이스와 대런은 휴대폰을 부속품처럼 가지고 다녔고, 휴대폰이 없으면 혼란에 빠질지도 몰랐다. 휴대폰이 엘리베이터 통로로 빠진다는 상상만으로도 그들은 불편함을 느낄 것이다. 대학을 배경으로 한 월터의 이야기는 그레이스와 대런 모두가 공감할 주제였다. 두 아이디어를 결합함으로써 이야기가 완성됐다. 내 관점을 어떻게 공유해야 하는지 고민하는 동안 이야기가 제자리를 찾은 것이다.

아이디어를 선택하는 일이 불편하게 느껴질 수 있다. 어떤 이야기를 해야 할지 모르는 상태로 마감일이 다가오면 긴장감이 높아진다. 이러한 불편함은 지극히 정상이며 이야기를 만드는 과정의 일부다. 당신의 뇌는 경계 태세를 갖추고 이야기를 찾게 된다. 그래서 아이디어 수집은 지속적인 연습이 필요하고 스토리텔링과는 별개의 과정이다. 수집한 아이디어 목록을 훑어보는 것만으로도 백지 상태에서 벗어날 수 있다.

따라서 아이디어를 선택하는 과정에서 느껴지는 불편함은 스토리텔링 과정을 신뢰하라는 신호이며, 아직 공유할 만한 적절한 아이디어를 찾지 못했다는 지표이기도 하다. 관심이 가는 아이디어를 발견하면 불편함은 다른 느낌으로 바뀔 것이다. 아이디어를 찾는 과정에서는 의심이 싹트기 마련이다. 이런 정신적 저항은 이야기를 만드는 과정에서 흔하게 생긴다.

잘못된 스토리텔링에 관한 변명

이야기의 아이디어를 선택할 때가 되면 변명이 생기기 시작하고, 이야기를 하지 말아야 할 이유들이 줄줄이 나온다. 하지만 대부분의 변명은 잘못됐다. 이 변명들은 자신의 이야기가 호응을 얻지 못할까봐 생기는 두려움이다.

내 주제는 지루하다.

"지루한 주제에 관한 이야기밖에 없어요. 도저히 재미있는 이야기를 할 방법이 없어요."

이런 말을 자주 듣는데, 그럴 때마다 나는 그들의 도전장을 받아들이겠다는 생각을 한다. 정책, 제품, 데이터, 규제 등 무엇에 관한 이야기든 흥미로운 이야기를 전달하는 방법은 언제나 있다. 이야기는 사람, 상황, 문제에 관한 것이다. 바로 거기에 파고들 수 있는 디테일이 있다. 개인의 희망, 꿈, 기대 또는 두려움에 관한 구체적인 이야기를 공유해 보자. 해결한 문제에 관해 이야기하고 그로 인해 발생한 변화를 설명하자. 흥미로운 이야기를 할 수 있는 기회는 무한하다. 청중에게서 원하는 성과를 끌어낼 디테일을 파헤치기만 하면 된다.

이 사실을 보여주는 좋은 예로 자사 제품을 사용하는 사람들에 관해 이야기하는 산업용 청소 용품 회사 테넌트Tennant가 있다. 테넌트는 학교에 청소 용품을 판매한다. 청소 용품은 꼭 필요한 물건이지만 시장에서 매력적인 물품은 아니다. 테넌트는 자사 제품을 사용하지만 인정받지 못하는 사람들의 이야기를 전하기 위해 '관리인이 중요하다Custodians Are Key.' 캠페인을 시작했다. 학교 행정관들이 관리인 후보를 추천하고, 선정된 관리인과 학교는 상금을 받았다.

프로그램 첫해 우승자는 오하이오 헤이즈 초등학교의 크리스 캔터였다. 크리스는 청소 용품이 매우 효과적이어서 학생과 교직원과 소통할 시간이 더 많아졌다고 전했다. 그는 꼼꼼하게 정리하고 청결을 유지했을 뿐만 아니라 학생, 교사, 교직원에게 헌신적이었다. 크리스는 학교에 있는 300명이 넘는 모든 사람의 이름을 알았다. 그는 '크리스와 함께하는 아이들'이라는 모임을 만들어 점심시간에 새집, 장식용 상자, 장난감 헬리콥터 등을 만드는 방법을 아이들에게 가르쳤다. 크리스는 올바른 도구 사용법과 안전을 가르쳤고, 아이들은 팀워크와 존중을 배웠다.

대회 첫해에는 추천된 후보자만 2,000명이 넘었다. 후보로 오른 이야기들은 테넌트의 제품에 깊이를 더하고 회사 가치를 강화해 모두가 번영할 수 있는 깨끗하고 안전한 환경을 조성했다. 대회가 열리기 전에는 예산을 관리하는 학교 행정관들이 테넌트 제품의 이름 하나 알지 못했다. 테넌트는 참가 학교의 행정관들에게 감사 전화를 걸었고, 이 중 30%가 판매로 이어졌다. '관리인이 중요하다.' 캠페인은 연례행사가 되었고, 추천 후보도 꾸준히 증가했다. 테넌트는 신용이 올라갔을 뿐 아니라 공유할 수 있는 이야기도 무궁무진해졌다.

주제가 지루하다고 느껴지면 디테일을 파고들고 이야기를 다양한 관점에서 바라보자. 한 사람이나 상황을 둘러싸고 청중의 감각과 감정을 끌어들이자. 사람들을 끌어들일 수 있는 관점은 항상 존재한다.

회사의 리더십 팀이 회의적이다.
모건은 데이터 기반의 사고방식과 업무 방식을 받아들이도록 돕는 혁신가disruptor로 가구 회사의 경영진으로 합류했다. 그녀의 회사는 맞춤형 가구를 디자인함으로써 고객들에게 VIP 경험을 선사했다. 모건은 마케팅 책임자로 제품과 서비스에 대한 새로운 비전과 전략을 마련했다. 하지만 회사에서 20년씩 근무한 경영진들은 새로운 비전과 전략에 회의적이었다. 모건은 일주일에 한 번씩 "그건 우리의 방식이 아니에요."라는 말을 들었다. 새롭게 경영진에 합류한 이상 그녀는 그들로부터 신뢰를 쌓아야 했다.

나는 모건이 전사 회의에서 전략을 발표하기 시작하면서 함께 일하기 시작했다. 그녀는 직원들이 자신의 시각에 공감하고 있다고 생각했지만, 경영진의 안일함과 무관심 때문에 난항을 겪었다. 모건은 전략을 성공시키기 위해 직원과 경영진의 지지가 모두 필요했지만, 다른 사고방식을 가진 청중과 소통하는 데 벽을 느꼈다.

우리는 그녀가 스토리텔링을 할 때 두 가지 유형의 청중이 있으며, 청중의 90% 이상이 직원이라는 사실을 발견할 수 있었다. 나는 모건에게 전략에 대한 열정과 흥미를 불러일으킬 대상을 직원들에게로 집중하라고 조언했다. 10%밖에 안 되는 소수의 경영진이 아닌 직원에게 에너지를 집중해야 했다. 경영진들에게는 다른 메시지가 필요했다.

모건은 실제로 직원의 흥미를 끌기 위해 VIP 경험을 한 세 고객의 이야기를 들려주면서 각 단계에서 직원들과의 상호작용이 어떻게 이뤄졌는지를 설명했다. 강연이 끝난 후, 직원들은 그녀에게 질문하기 위해 길게 줄을 섰다.

다음 경영진 회의에서 한 동료가 모건에게 전략에 관해 질문했다. 그녀가 대답하기도 전에 다른 경영진이 질문에 대답했다. 항상 그녀가 전략을 설명해 왔는데, 어느덧 다른 사람들도 모건을 지지하는 목소리를 냈다. 직원들이 흥미를 갖는 모습을 본 경영진은 뒤처지지 않고 성장을 향해 나아갈 수 있도록 모건을 돕고 싶어 했다.

이야기가 즉각적인 변화를 불러올 때도 있고, 발전할 수 있는 아이디어의 씨앗을 심을 때도 있다. 청중 중에는 회의론자가 있게 마런이다. 이럴 때는 이야기를 듣는 다수가 누구인지를 판단하고 가장 큰 영향을 미칠 수 있는 대상에게 에너지를 집중해야 한다.

이야기할 시간이 없다.

이야기를 전달하려고 생각하다 보면 '이야기를 들려줄 시간이 충분하지 않잖아.'라는 내면의 속삭임이 들리곤 한다. 좋은 이야기인지 아닌지는 이야기의 길이가 아닌, 이야기의 구조와 청중의 몰입도가 결정한다. 사실 비교적 짧고 강렬한 인상을 주는 이야기를 전달하는 것보다 청중의 관심을 끄는 긴 이야기를 전달하는 것이 더 어렵다. 하지만 짧은 이야기일수록 짜임새 있고 강렬한 인상을 주기 위해 상당한 노력이 필요하다.

　많은 사람이 설득력 있고 간결한 이야기를 구성하고 전달하는 방법을 모른다. 그래서 이야기할 시간이 없다고 느낀다. 이들은 자기에게만 의미 있고 청중과는 무관한 디테일이 담긴 이야기를 한다. 따라서 이야기가 장황해지고 불필요한 디테일이 많아지며 청중은 흥미를 잃는다.

리더는 정돈된 이야기를 전달할 필요가 없다.

빅터는 직원과 대화할 때 분위기를 가라앉게 했다. 그는 CEO로서 직원과 대화하기를 좋아했지만, 자기 생각을 정리하지 않아서 30분간 횡설수설하곤 했다. 직원들은 졸거나 딴생각을 했다.

　경영진 중 한 명이 빅터에게 이야기를 하기 전에 요점과 사례를 계획하라고 제안했다. 그는 계획하는 데 시간을 낭비하고 싶지 않다며 거절했다. 빅터는 자기가 하는 말이라면 무엇이든 직원들이 들을 거로 생각했다. 자신이 계획하는 데 소요될 시간보다 직원들이 회의에서 허비하는 시간이 더 많다는 사실을 인식하지 못했다.

빅터처럼 수많은 리더가 자기의 이야기를 정돈할 필요가 없다고 생각한다. 일정 지위에 도달하면 사람들이 자기 말을 알아서 잘 들어야 한다는 근거 없는 믿음을 갖는다. 하지만 우리 모두 지루한 리더들의 발표를 충분히 많이 들어봤기 때문에 리더들의 그러한 믿음이 사실이 아니라는 점을 알고 있다. 사람들은 메시지가 일관성이 없거나, 관련성이 없거나, 횡설수설하면 듣지 않는다.

이야기는 리더십을 확장한다. 리더가 가치를 두고 권장하는 것을 보여줄 뿐만 아니라, 리더가 없을 때도 논의된다. 이야기는 반복되는 화제가 된다. 이야기는 직원들에게 좋은 영감을 줄 수 있다.

이야기가 아닌 데이터를 제시해야 한다.

데이터를 발표할 때 이야기는 오해를 방지하고 청중이 공통된 이해로 도달하도록 안내한다. 데이터는 이야기를 피해야 할 이유가 아니라, 이야기할 때 고려해야 할 사항이다. 데이터와 이야기를 결합하기 위한 아이디어를 찾기 위해서는 데이터 집합에서 가장 작은 이야기를 찾아야 한다.

이야기를 위한 아이디어를 선택하면 청중에게서 원하는 성과를 얻는 방법을 알게 된다. 때론 상황에 이야기가 적합하지 않다는 핑계를 대고 싶겠지만, 이야기를 하지 말라고 자신을 설득해서는 안 된다. 상황에 맞지 않는 이야기를 하는 것보다, 이야기를 충분히 하지 않는 것이 더 문제다. 청중에게 가장 공유하고 싶은 아이디어를 찾는 데 집중하자. 주제 속에서 가장 흥미로운 점이 무엇인지 발견하기 위해 자세히 살펴보자.

게으름을 경계하라

- 느낌을 따라가자. 아이디어를 고를 때 흥미와 관심이 있는 아이디어를 메모해 두자.
- 훌륭한 이야기는 스토리텔러와 청중 사이의 에너지 교환을 이끈다.
- 아이디어를 선택할 땐 아이디어 목록을 살펴보자. 원하는 성과를 얻는 데 도움이 되는 아이디어를 찾을 수 있다.
- 아이디어 도구 상자를 검토하면 이야기를 위한 새로운 아이디어가 떠오른다.
- 다른 이야기를 결합하거나 다른 관점에서 이야기하는 것을 고려하자.
- 스토리텔링 과정에서 불편함을 느끼는 과정을 신뢰하자. 불편함은 사람들에게 공유할 만한 적당한 아이디어를 찾지 못했다는 지표다.
- 주제가 지루하면 디테일을 파헤쳐서 사람, 상황와 관련된 세부적인 내용에 주목하자.
- 회의론자에게 집중하기보다는 청중 대다수의 흥미를 끄는 데 집중하자. 청중에는 언제나 소수의 회의론자가 섞여 있다.
- 훌륭한 이야기는 장황할 필요가 없다. 구조가 부실할 때 이야기는 길게 늘어진다.
- 리더에게도 스토리텔링이 중요하다. 이야기는 리더십을 확장하고, 리더가 없을 때도 리더가 중요시하는 가치에 대한 토론을 끌어낸다.
- 스토리텔링과 데이터는 강력한 조합이다. 이야기는 데이터를 더 쉽게 이해하게 돕는다.

스테파니 스터키Stephanie Stuckey

스터키스 코퍼레이션Stuckey's Corporation CEO

**스터키스는 스토리텔링을 통해 놀라운 수익을 창출했습니다. 처음
했던 이야기를 기억하시나요?**

사실상 처음 인기를 얻었던 이야기는 회사를 인수하고 몇 달이 지난
후 가장 힘들 때 했던 이야기예요. 오래된 스터키스 가게 앞에 차를
세웠는데 가게 상태가 너무 안 좋아 보였죠. 기름투성이인 형편없는
주유소였고 화장실은 정말 최악이었어요. 한때 매력적이고 따뜻한,
고속도로의 오아시스와 같았던 아름다운 가게가 어떻게 이렇게 변했
는지 할아버지가 보셨다면 경악하셨을 거예요.

　그전까지는 우리 브랜드에 관해 아주 흥겹고 긍정적인 이야기를
알리려고 노력했어요. 하지만 그날은 그 가게 사진을 올리고 이렇게
이야기했죠. "잃어버린 스터키스를 찾기 위해 앨라배마의 시골길을
달리고 있습니다. 우리나라가 그랬던 것처럼 우리 브랜드도 황금기가
있었어요. 그리고 저는 우리나라와 브랜드 둘 다 돕기 위해 할 수 있
는 모든 것을 하려고 합니다.

　저는 이 글을 링크드인LinkedIn에 올렸어요. 이전 게시물에는 친구

나 가족에게서 받은 20개 정도의 '좋아요'만 찍혔는데, 그 게시물은 큰 인기를 얻었죠. 며칠 만에 조회 수가 25만 건에 달했고, 수천 개의 하트를 받고, 개인 댓글도 수백 개가 달렸죠.

그때 저는 사람들과 진정으로 소통하려면 진정성을 가져야 한다는 사실을 깨달았어요. 또 진정성을 가질 수 있는 유일한 방법은 약점을 드러내는 거예요. 그것뿐이에요.

사업을 재건하기 이전에도 이야기가 당신을 따라다녔나요?
저는 교회가 끝나면 현관에 앉아 이야기를 나누며 자랐어요. 스토리텔링은 제 DNA에 새겨져 있어요. 교회에 가서 저녁을 잘 차려 먹고 둘러앉아 이야기하는 게 자연스러웠죠. 식사는 이야기를 나눌 수 있는 시간이었고요.

저는 두 가지 방식으로 이야기 아이디어를 적어둡니다. 컴퓨터에는 '멋진 포스팅이 될 것 같아!'라는 제목으로 소셜 미디어 게시물에 올릴 아이디어를 나열하는 페이지가 있어요. 컴퓨터를 사용하지 않을 때는 아이폰에 메모를 남기죠. 컴퓨터와 아이폰에 각각 50~75개의 다양한 아이디어가 적혀 있어요. 지금은 동영상 콘텐츠를 만드는데, 여기에도 똑같은 방법을 사용해요. 짧은 동영상을 촬영하고 샘플로 저장해 두죠. 일이 너무 많아서 동영상을 촬영할 시간이 없는 날엔 샘플 중에서 아이디어를 찾아요.

어떤 이야기가 가장 공감이 가나요?

로드 트립에 관한 이야기요. 다양한 사람의 경계를 넘어서니까요. 나이, 인종, 성별에 상관없이 누구나 로드 트립에 공감할 수 있어요. 재미있죠.

저에겐 저를 상징하는 '브랜드 다이아몬드brand diamond'가 있는데, 제 이야기에 관한 일곱 가지 측면을 가진 다이아몬드 모양의 다이어그램이에요. 일곱 가지 측면에는 로드 트립, 가족, 아메리카나, 피칸, 향수, 남부 지역의 환대가 포함돼 있어요. 저는 이야기할 때마다 적어도 이 중 한 가지를 생각해 내려고 노력해요. 이처럼 스토리텔링을 할 때는 사람들이 당신에게 공감할 수 있는 공통점을 찾아야 해요.

7장

• • •

'개인적'인 것에
사람들이 열광하는 이유

나는 기사와 기조연설에서 100편이 넘는 이야기를 쓰고 발표했다.
그중에서도 나의 개인적인 이야기가 포함된 이야기는 실패 없이 커
다란 반응과 공감을 불러왔다. 긍정정인 주제든 인생의 교훈을 남긴
실패의 순간이든 개인적인 이야기는 사람들이 나를 공감하고 이해
하도록 만들었다. 새로운 고객들은 종종 첫 미팅에서 이러한 이야기
를 언급한다. 그들은 몇 달 전 우연히 내 이야기를 어디에선가 듣고,
읽고, 봤다며 "그 이야기 때문에 이미 당신을 알고 있는 것 같아요!"
라고 말한다.

'개인적'이라는 단어의 의미는 광범위하다. 자기 관점을 공유하
는 것에서부터 자세한 사생활을 지나치게 공유하거나 공개하는 것

까지 포함한다. 나는 개인적인 이야기를 담은 스토리텔링을 많이 하지만, 사생활에 관한 이야기를 공유하지는 않는다. 내겐 사생활에 대한 높은 장벽이 있다. 나와 내 경험 중심이 아니라면 가족에 관한 이야기는 거의 하지 않는다. 하지만 실패나 실수에 관한 이야기는 비교적 편히 공유한다. 그런 순간들은 사적인 경계선을 넘지 않으면서도, 청중에게 특정 아이디어를 전달하는 데 도움이 되는 교훈적인 메시지를 담고 있기 때문이다.

개인적인 이야기를 공유할 때마다 나는 청중들의 긍정적인 반응에 압도된다. 내 이야기가 그들에게 어떻게 공감을 불러일으켰는지 설명하는 이메일, 카드, 메시지가 도착하고, 자기 이야기와 사진을 공유해 주는 사람도 많다. 개인적인 이야기는 어떤 정보나 사실보다 훨씬 더 빠르게 유대감을 형성할 수 있다.

청중과 소통할 방법을 생각하기 시작하면 '개인적인 이야기를 해야 하나?'라는 궁금증이 생긴다. 스토리텔링은 취약함을 드러내는 작업이다. 자신의 이야기를 공유할 때면 왠지 내 약점이 공유되는 것처럼 느껴지기도 한다. 또한 문화적, 사회적 맥락에서는 이런 개인적인 이야기가 과시나 자랑처럼 보여 부적절하게 느껴질 수 있다.

'개인적'인 이야기와 '사생활'의 차이점

개인적인 이야기를 공유한다고 해서 사생활을 노출해야 할 필요는 없다. 스토리텔링에서는 어디까지가 사생활인지에 대한 경계를 스스로 결정할 수 있다. 개인적인 이야기는 사적인 이야기가 아니라 오직 자신만이 할 수 있는 이야기다. 다른 사람에 관한 이야기도 당신의 관점에서 이야기하자. 공감을 얻기 위해 지극히 사적인 내용을 밝힐 필요는 없다. 그러지 않아도 청중은 당신에게 공감하고 반응할 것이다.

스토리텔링을 실험하다 보면 개인적인 이야기에 청중이 더 강하게 반응한다는 것을 알 수 있다. 누군가가 당신에게 자신의 이야기를 들려줌으로써 당신이 상대를 더 잘 이해하게 됐던 순간을 떠올려 보자. 이야기는 우리가 중요하게 생각하는 가치와 관심사를 개인적인 차원에서 공유할 수 있게 해준다. 개인적인 이야기를 공유하면 청중은 마치 당신이 "나는 이 이야기를 공유할 만큼 당신을 신뢰합니다."라고 말한다는 느낌을 받는다. 그리고 청중은 당신에게 신뢰와 공감으로 화답한다.

개인적인 이야기는 당신을 약하게 만들지 않는다.

리나는 회사의 연례 전체 회의 프레젠테이션을 준비하며 나에게 도움을 요청했다. 엔지니어링 회사의 연구 개발 책임자인 그녀는 회사가 자신이 세운 이듬해의 전략을 수용하도록 도울 이야기를 찾고 있었다. 원하는 목표에 관한 이야기를 하던 중 리나는 나에게 이렇게 말했다. "개인적인 이야기는 하고 싶지 않아요. 저보다 15살 이상 차이 나는 남자만 있는 경영진 사이에서 저 혼자 여자예요. 어린 자녀도 있고요. 그분들의 자녀는 이미 성인이고, 아이들이 어렸을 때 직접 육아에 참여하지도 않았던 것으로 보여요. 가정과 일의 균형을 맞추려 하다 보니 벌써 그 사람들이 나를 비판하는 것 같은 느낌을 받아요. 저나 제 가족에 관한 이야기를 공유해서 저를 얕잡아 볼 여지를 주고 싶지 않아요."

'개인적인 이야기를 하면 내가 약해 보이지 않을까?'라는 고민을 해본 적이 있는가? 가끔은 다른 사람에게 공유하고 싶지 않은 개인적인 경험도 있다. 또한 개인적인 이야기를 공유할 때 내 사생활을 드러내는 듯한 불편함을 느끼기도 한다. 하지만 그 느낌과 실제 효과는 다르다. 대개 청중은 당신이 개인적인 이야기를 공유한다고 해서 당신을 나약하다고 생각하지 않는다. 오히려 당신을 이해하고, 진정성 있는 사람이라고 여긴다. 당신의 이야기와 경험에 공감한 청중들은 당신과 같은 내집단에 속해 있다고 느끼게 된다.

자신에 관한 이야기가 불편할 수 있다.
『포춘』 선정 500대 기업에 선정된 금융 회사의 CEO였던 라이언은 취임 1년 만에 처음으로 팀을 하나로 응집할 필요성을 느꼈다. 비즈니스는 어려움을 겪고 있었기에, 팀 내 갈등을 해결할 새로운 전략을 모색해야 했다. 라이언과 함께 워크숍 의제와 형식을 검토하던 나는 개인적인 이야기로 시작했으면 하는 부분을 지목했다. 사생활을 노출하거나 사적인 이야기를 할 필요는 없지만, 직원들이 라이언에게 공감하고 다가갈 수 있도록 무언가를 공유해야 했다.

"개인적인 이야기를 들려주시면…" 내가 문장을 마치기도 전에 라이언은 당혹스러워하기 시작했다. "저에 관한 이야기가 되지 않았으면 좋겠어요. 개인적인 이야기를 하면 사생활이 너무 노출되거나 팀원들 눈에는 자랑처럼 느껴질 수 있어서요."

나는 그의 말에 이렇게 대답했다. "이해합니다. 사생활이 지나치게 노출되는 내용은 공유하지 않으셔도 돼요. 이 이야기의 목표는 당신이 직원들에게 다가가기 쉬운 사람이 되고 당신의 팀에 대한 신뢰를 보여주는 겁니다. 개인적인 이야기로 시작하면, 팀원들이 당신을 더 잘 이해하게 되고, 어렵지만 반드시 해야 할 대화에 더 열린 자세로 임하게 될 겁니다."

라이언은 내 말에 바로 동의하지 않고 생각해 보겠다고 말했다. 회의 당일 팀원들을 맞이한 후 그는 한참 동안 침묵했다. 침묵의 끝에 라이언은 입을 열었다. "아버지는 장애인이었어요. 아버지가 겪었던 어려움과 아버지가 장애인이라는 사실은 제 인생에 큰 영향을 미쳤죠." 라이언은 아버지의 장애가 자신의 인생과 결정, 리더십에 미친 영향에 관해 이야기했고 그의 진솔한 목소리가 물결처럼 퍼져나갔다.

팀원들은 지난 1년 동안 라이언을 봐온 시간보다 3분짜리 이야기에서 라이언을 더 많이 알게 됐다. 팀원들이 그의 진정성에 반응하면서 비즈니스에 임하는 에너지도 눈에 띄게 달라졌다. 또한 놀랍게도 라이언의 이야기는 팀 내에서 새로운 분위기를 형성했다. 다른 사람들도 자기 이야기를 공유하기 시작했다. 팀 전반에 신뢰가 높아지고 방어적인 태도가 줄어들고, 문제점을 해결하기 위해서 어려운 대화도 마다하지 않고 나눌 수 있게 됐다.

자신에 관한 이야기를 하는 것은 사생활이 지나치게 노출된다는 불편한 감각을 주기도 한다. 무대 한가운데서 조명을 받으며 서서

"나, 나, 나, 나!"라고 외치는 것처럼 느껴질 수 있다. 하지만 깊이 생각하고 공유한 개인적인 이야기는 강력한 유대감과 신뢰를 만든다.

취약성은 훌륭한 이야기의 핵심이다. 자신에 관해 이야기할 때면 취약하던 시절의 감정이 증폭된다. 그러다 보니 아예 피하고 싶다는 생각이 들기도 한다. 하지만 피하지 않고 직면하는 것, 그것이 청중과 연결되는 방법이다.

다른 사람의 이야기도 개인적인 이야기가 될 수 있다

다른 사람에 관한 이야기를 할 때도 당신의 관점을 공유하면 개인적인 이야기가 된다. 캐릭터와 사건에 당신의 관점을 사용해 이야기로 만들어보자.

내 TED 강연의 시작과 끝은 내 관점에서 전하는 다른 사람에 관한 이야기다. 나는 각 이야기에서 인상 깊었던 점과 배울 점을 강조한다. 이야기의 전달 방식에 따라 스토리텔러가 무엇을 가치 있게 여기는지를 알 수 있다.

물론 아직 공개되지 않은 다른 사람의 이야기를 할 때는 허락을 받아야 한다. 친구나 고객에 관해 이야기하고 싶다면, 당사자가 이야기하는 것을 지지하는지, 삭제 또는 익명화하거나 비밀로 유지하고 싶은 부분이 있는지 확인한다. 절대 당사자가 원하지 않는 정보를 공개하면 안 된다.

당사자에게 이야기를 해도 된다는 허락을 받으면, 내 관점과 생각을 추가해서 내 이야기로 만드는 데 집중한다. 우선 스스로에게 몇 가지 질문을 해보면 좋다. '왜 이 이야기에 공감했으며 다른 사람들과 공유하고 싶은가? 이야기에 어떻게 공감하는가? 청중을 이 이야기에 어떻게 연결하고 싶은가?' 이 질문들은 당신이 이야기를 공유하는 이유를 청중이 파악할 수 있게 돕는다.

다른 사람의 이야기를 전달할 때 고려할 사항

훌륭한 이야기는 청중이 듣고, 보고, 느끼게 만들어 직접 경험하는 것 같은 감각을 불러일으킨다. 하지만 다른 사람의 이야기를 전달할 때는 종종 이야기 속 사건을 제대로 전달하려고 하다 보니 청중의 감각과 감정 끌어내기를 소홀히 할 때가 있다.

스스로에게 질문해 보자. '내가 이야기의 주인공이라면 무엇을 하고 있을까? 어떤 느낌일까? 이야기를 통해 나는 어떻게 변화할까? 내가 그 일을 겪는다면 어떤 점이 힘들까? 무엇을 깨달을까?'

다른 사람의 이야기를 전달할 때는 청중에게 유의미한 이야기를 만들어줄 디테일이나 구체성을 충분히 포함하지 않을 위험이 있다. 이 이야기에서 어떤 깨달음을 얻었기에 청중에게 전달하게 됐는지를 설명하면 디테일이 충족된다.

자신의 이야기를 전달할 때 고려할 사항

개인적인 이야기를 전달하는 것이 더 솔직하게 느껴진다. 우리는 개인적인 이야기를 전달할 때 직접 경험한 디테일과 감정을 쉽게 설명한다. 문제는 해당 경험이 어떤 메시지와 관련됐는지 파악하는 것이다. 당신에게는 중요한 이야기가 청중에게는 별로 중요하지 않을 수도 있다. 어떤 메시지를 공유할지를 파악해야 한다.

이야기를 지어내도 되는가?

어느 순간 '이야기를 지어내도 될까?'라는 생각이 불쑥 고개를 든다. 나는 이 질문에 단호하게 대답한다. 안 된다. 당신이 소설가나 시나리오 작가가 아니라면 말이다.

청중이 당신의 이야기를 믿고 당신을 스토리텔러로 신뢰할 때만 원하는 성과를 얻을 수 있다. 이야기를 지어내기 시작하는 순간, 당신은 신뢰할 수 없는 사람으로 인식된다. 조작된 발언이나 이야기로 의도적으로 오해를 불러일으키는 정치인이나 언론인을 떠올려 보자. 그들에 대한 당신의 평가는 분명 좋지 않을 것이다.

몇 가지 예외도 있다. 이름이나 개인정보를 바꾸는 것은 언제든 허용된다. 나는 고객에 관한 이야기를 공유할 때 익명성을 보호하기 위해 개인정보, 개인에 관한 설명, 회사명, 업종을 바꾼다. 사소한 디테일은 바꿀 수 있다. 하지만 중요 내용은 바꾸지 않는다.

"상상해 보세요."라는 말은 청중이 스스로 이야기를 떠올리게 한다. 나는 워크숍에서 종종 "눈을 감고 지금부터 1년 후를 상상해 보세요."라는 상상 활동을 한다. 이러한 이야기는 중요한 무언가가 실현되거나 변화되는 경험을 상상하게 돕는다. 즉 가상의 이야기를 통해 그 경험의 형태를 그려볼 수 있게 안내한다. 중요한 건 이런 이야기를 왜 하는지, 무엇을 달성하려고 하는지 등 의도를 분명히 하는 것이다.

어떤 이야기는 직원이나 고객의 일반적인 경험을 설명한다. 여러 사람의 경험을 하나로 통합해 대화나 설명 등의 사소한 디테일을 채울 수도 있다. 이러한 이야기는 실제 사건과 경험을 생생하게 전달한다. 시간이 흐르며 이야기의 디테일들을 잊어버릴 수도 있다. 이 경우에는 이야기를 채우기보다는 같은 상황에 있던 다른 사람들과 나눴던 대화를 조합해 메꾸면 좋다.

청중은 조작된 이야기를 반드시 알아차린다. 당신의 주위에는 풍부한 아이디어와 예시가 많으니, 굳이 이야기 일부를 지어내서 청중을 속이지 말자.

TED 강연에서 마리아와 월터 이야기를 하기로 결정한 다음에 나는, 어떻게 그들의 이야기를 개인적인 이야기로 만들 수 있을지에 집중했다. 그리고 자문했다. '왜 내가 이 이야기를 전달하기에 적합한 사람인가? 이 이야기를 통해 무엇을 전달할 수 있을까?' 내 이야기는 그 질문들에서 출발했다.

나는 리더라면 다른 구성원들이 자신이 인정받고 있다고 느낄 수 있게 만들어야 한다는 사실을 청중에게 전달하기로 했다. 이야기 전반에 다섯 가지 기본 요소(공감, 긴장, 감각, 관점, 연결)가 활용됐다. 월트가 받은 시험지가 백지였던 순간, 마리아가 비싼 비용을 지불해야 휴대폰을 되찾을 수 있음을 알게 되는 순간은 청중에게 긴장감을 형성한다. 나는 구체적인 단어와 제스처를 사용해 감각을 자극한다. 이야기 속에 의도적으로 불편한 순간을 만들어, 청중이 '다른 사람에게 인정받고 싶은 사람들로 구성된 내집단의 일원'으로 느끼게 한다. 내 생각과 감정을 대놓고 말하지 않아도 이야기 전반에서 내 관점이 명확히 드러난다. 그리고 마리아와 월터의 이야기를 직접 전달하는 과정에서 나뿐만 아니라 청중도 그 이야기의 주인공이 된다.

추도사와 축사

추도사와 축사는 사람들이 공유할 수 있는 가장 개인적인 이야기다. 이 이야기들은 공감대를 형성하고, 감동을 주며, 삶을 기념한다. 이런 순간에 사랑하는 사람들을 기리기 위해서는 적합한 이야기를 선택해야 한다.

추도사

친구 토냐에게서 연락이 왔다. 그녀의 오랜 친구인 켈리가 뇌종양으로 투병하다가 세상을 떠났고, 추도사를 부탁받았다며 조언을 구했다. 켈리는 마을에서 모두가 아는 사람이었다. 그녀는 헬스 트레이너였고, 지역 미술관의 이사였으며, 여러 자선 단체에서 봉사 활동을 했다. 켈리의 가족은 미술관에서 추도식을 열기로 했고, 200명 이상이 참석할 것으로 보였다. 그들은 토냐에게 켈리를 위한 추도사를 해달라고 요청했고, 토냐는 부탁을 거절할 수 없었다. 하지만 사실 토냐는 사람들 앞에서 말하는 데 어려움을 겪었다. 긴장을 하면 얼굴과 목이 붉은 반점으로 얼룩덜룩하게 덮였고, 청중이 많아지면 머릿속이 하얘졌다.

나는 토냐에게 다른 사람들은 절대 하지 않았을 행동이지만 켈리라면 할 수 있는 '켈리다운' 면을 보여줄 수 있는 기억을 말해달라고 했다. 그러자 토냐는 웃으며 한 가지 이야기를 꺼냈다.

"아버님이 갑작스레 편찮으셔서 급하게 집을 비우게 됐어요. 너무 갑작스러운 외출이었기 때문에 켈리에게 문자를 보내 우편물을 챙겨달라고 부탁했죠. 일주일 후, 다시 집으로 돌아왔을 때 우리 부부를 반긴 건 싱싱한 꽃과 쿠키, 켈리의 쪽지였어요. 냉장고에는 구운 치킨과 그린빈, 으깬 감자가 있었죠. 심지어 켈리는 우리 집 주방을 청소하고 수건을 빨아 우편물 옆에 깔끔하게 쌓아 두기까지 했어요."

이야기를 전하는 동안 토냐는 그때의 기억을 떠올리며 웃고 있었다. "주방이 제가 청소했을 때보다 좋아 보였어요! 저는 싱싱한 꽃을 꽂아둔 적이 없었거든요. 정말 켈리다웠어요. 켈리는 늘 사려 깊었죠. 사소한 부분까지 신경 써서 상대의 기분을 좋게 만드는 재주가 있었어요."

나는 토냐에게 이 이야기로 추도사를 시작하라고 말했다. 추모객들이 몰랐던 켈리의 이야기를 들려주고 그들을 웃게 만들 수 있기 때문이었다. 청중들 사이에서 처음으로 웃음소리가 들리는 순간, 토냐의 긴장감도 풀릴 거라고 장담했다. 아니나 다를까, 토냐가 쿠키 한 접시와 깨끗하게 빨아 놓은 수건 이야기를 하자 청중들이 웃음꽃을 피웠다. 토냐도 웃음을 되찾아 추도사를 이어갔고 켈리의 유산을 기릴 수 있었다.

추도사는 모두가 언급을 꺼리는 이야기다. 한 사람의 인생을 기리는 적절한 방식을 찾는 것은 최고의 스토리텔러에게도 커다란 부담이 된다. 추도사를 하는 동안 감정을 조절하기도 어렵다. 추도사를 할 때는 세 가지에 초점을 맞춰야 한다. 고인의 삶과 유산을 기리고 (기념하고), 청중이 고인에 관해 더 많이 알 수 있도록 돕고, 추모객들이 알지 못하는 이야기를 공유하는 것이다. 이 세 가지 목적에 집중하면 어떤 이야기를 해야 하는지 알 수 있다. 여기 몇 가지 도움이 될 만한 질문이 있다.

- 고인의 어떤 점을 존경했는가?
- 고인이 언제 가장 '그 사람'답게 행동했는가?
- 고인의 어떤 면을 가장 좋아했는가?
- 고인과 함께했던 가장 웃기는 상황은 무엇이었는가?
- 고인과 하루를 다시 살 수 있다면, 어떤 하루를 보내겠는가?
- 많은 사람이 모르고 있는 고인에 관한 이야기는 무엇인가?
- 고인에 관한 특별한 점은 무엇인가?
- 고인을 어떻게 만났는가?
- 고인과 어떤 휴가 혹은 경험을 함께했는가?
- 고인에 관해 특이한 재미있는 점이 있는가?

추도사를 하는 데 잘못된 방법은 없지만, 나는 '그 사람다운' 이야기로 시작하기를 추천한다. 그 사람이 어떤 사람인지 보여주는 이야기를 하면 청중은 웃을 것이다. 청중들 사이에서 첫 번째 웃음소리가 들리면 긴장이 풀리고 연설을 이어가기가 쉬워진다. 그다음 부분에서는 개인적 또는 직업적 영역에서 고인의 업적을 강조하여 고인을 기릴 수 있다. 그 영역에는 흔히 고인이 살았던 장소, 인생에서 중요했던 관계, 취미나 소속돼 있던 단체 등이 포함된다. 마지막 부분에는 고인이 당신에게 어떤 의미였는지, 그들에게서 무엇을 배웠고 앞으로 이어나갈 내용이 무엇인지 등을 다룰 수 있다.

결혼식 또는 약혼식 축사

결혼식 축사는 추도사와 같은 내용을 많이 담고 있지만 분위기는 다르다. 추도사는 과거를 돌아보지만, 결혼식 축사는 부부가 어떤 사람인지, 결혼에 이르기까지 그들의 여정, 그들의 미래에 초점을 맞춘다. 추도사와 마찬가지로 결혼식 축사는 청중의 입장에서는 부부에 관해 더 많이 알게 되고 '그들다운' 이야기를 들을 수 있는 기회다. 축사의 목표는 청중을 이 부부와 약 3분간 연결하는 것이다. 생뚱맞은 이야기나 당사자만 아는 농담은 던지지 말자.

  결혼식 축사는 일반적으로 당신과 부부의 인연, 그들의 독특한 특성, 그들이 당신에게 주는 의미, 그들의 미래에 대한 축하와 소망을 담는다. 추도사에는 수많은 이야기가 포함되지만 축사에는 한두 개의 이야기가 포함된다. 축사는 그들의 미래를 축복하며 마무리된다. 다음은 축사를 할 때 도움이 될 만한 몇 가지 질문이다.

• 두 사람을 언제 처음 만났는가?
• 두 사람에 대해 개별적으로 또는 커플로서 첫 기억은 무엇인가?

- 두 사람이 운명이라는 것을 언제 알았는가?
- 두 사람이 어떤 커플이었는지 보여주는 예시로 무엇이 있는가?
- 이 커플에게 배운 점은 무엇인가?
- '사랑'이나 '행복'처럼 축사에 어울리는 구체적인 주제가 있는가? 그렇다면 이 주제를 상징하는 커플의 이야기는 무엇인가?

축사를 듣는 청중은 이미 분위기에 젖어 있다. 사랑의 호르몬인 옥시토신이 흘러넘치고, 결혼식장 안에는 흥분과 응원이 가득하다. 이런 분위기 덕분에 스토리텔러로서 당신이 할 일은 쉬워진다. 청중은 이미 당신의 편이며, 이 부부에 관한 한두 개의 이야기만으로도 웃고, 즐거워하며 '감동'을 느낄 준비가 돼 있다. 이야기는 축사의 어느 부분에서든 사용할 수 있다. 축사를 시작하며 이 커플을 알게 된 이야기를 해도 되고, 중간 부분에서 전반적인 주제나 재미있는 에피소드를 이야기해도 되고, 감동적인 이야기로 마무리해도 된다. 추도사와 마찬가지로 전달하려는 이야기와 공유하고 싶은 핵심 내용을 미리 계획해 두길 바란다.

구직 면접

면접은 개인적인 이야기를 공유함으로써 면접관의 마음속에 당신에 대한 이해를 높여 당신에 관한 생각과 첫인상을 형성할 수 있는 기회다. 면접관은 자신의 지식과 경험으로 당신에 대한 이해를 필터링

한다. 이야기는 당신이 면접관에게 전하고 싶은 인상을 정확하게 형성시키는 데 도움이 된다.

스토리텔링은 연결, 신뢰, 공감을 끌어낸다. 새로운 직장을 구하기 위해 면접을 보든, 다른 부서로 옮기기 위해 면접을 보든, 당신은 내집단의 일원이자 외집단의 일원이 되고자 한다. 이야기를 통해 비슷한 경험, 가치, 바람을 설명해 인사 관리자가 당신을 '그들과 같은 사람'으로 여겨 내집단이라는 느낌을 받게 만들어야 한다. 이야기는 당신이 제시할 다양한 지식과 경험을 강조해 당신을 외집단의 일원으로 만들 수도 있다. 이를 통해 인사 관리자는 당신의 다양한 사고와 접근 방식이 팀을 보완할 수 있다고 생각하게 된다.

'회사(또는 팀)와 맞지 않다.'는 말은 흔히 관리자가 지원자를 외집단의 일원으로 보는 경우 듣게 된다. 관리자가 지원자의 경험을 팀과 경쟁하는 쪽이 아니라 팀을 보완하는 쪽으로 이해하는 데 실패한 것이다. 이때 내집단과 외집단을 만드는 이야기는 당신이 당신에게 부여될 역할과 팀, 문화에 어떻게 기여할 수 있는지를 보여준다. 훌륭한 이야기는 당신을 차별화하기도 한다.

면접용 이야기를 준비하기 위해서는 세 가지 단계를 거칠 수 있다. 첫째, 자신을 가장 잘 설명할 수 있는 세 가지 단어나 문구를 정의하자. 이 표현들은 당신이 면접관에게 심어주고 싶은 특징이어야 한다. 예를 들어, "자신에 관해 말해보세요."라는 질문을 받았을 때, "저는 제가 스토리텔링의 여행 가이드라고 생각합니다."라고 대답할 수 있다. 또는 "리더가 나아갈 수 있도록 다른 직원들을 설득하고 납득시키는 리더십 길잡이입니다."라고 대답할 수도 있다. 이러한 단

어느 주제와 같은 역할을 해 면접관에게 강렬한 인상을 남긴다.

둘째, 면접관의 페르소나를 고려해 면접관 맞춤형 메시지와 이야기를 전하자. 아래 질문을 사용해 보기를 권한다.

• 면접관에 관해 무엇을 알고 있는가?
• 면접관이 당신의 어떤 점을 알기 원하는가?
• 당신이 해당 직무에 적합한 이유는 무엇인가?(내집단)
• 당신이 해당 직무나 조직에 특별히 기여할 수 있는 점은 무엇인가?(외집단)
• 면접관은 당신에게 어떤 가정을 하고 있을까?

셋째, 면접에서는 "그 당시에 관해 말씀해 주세요."라는 질문을 많이 듣게 된다. 면접관이 당신의 가치관, 기술 전문성, 의사소통, 학습 및 리더십 스타일을 이해하기 위해 던지는 질문인데, 그에 대한 변형으로는 수십 가지가 있다. 아래와 같은 질문들이 나올 수 있다.

• 동료 또는 팀과 갈등을 겪었던 상황에 관해 말씀해 주세요.
• 실수했던 경험을 설명해 주세요.
• 리더십을 발휘했던 예시를 말씀해 주세요.
• 고객에 대한 기대를 재설정했던 예시를 말씀해 주세요.
• 재빠른 대응이 필요했던 상황에 관해 말씀해 주세요.
• 해결했던 문제에 관해 말씀해 주세요.
• 어려운 문제를 어떻게 해결했나요?

"그 당시에 관해 말씀해 주세요."라는 예상 질문에 대한 답변을 준비하자. 당신이 원하는 직무와 관련된 다양한 사례를 찾아보길 바란다. 아래 질문에 대한 답변으로 한두 문장을 작성해 이야기의 개요를 짤 수 있다.

1. 어려운 문제 또는 갈등: 어떤 문제나 갈등을 해결했는가? 어떤 위험이 있었는가? 복잡하거나 어려웠던 이유는 무엇인가? 아무 조처도 하지 않았다면 어떤 일이 일어났을까?
2. 성과: 어떤 조처를 했는가?
3. 결과: 조처한 결과는 무엇인가?
4. 학습: 어떤 점을 배웠는가?

당신의 목표는 역할이나 책임을 나열하는 것이 아니라 면접관의 마음을 사로잡는 이야기를 들려주는 것이다. 갈등은 무엇이었는지, 어떤 위험이 있었는지, 무엇을 해결하려고 했는지, 아무것도 하지 않았다면 어떻게 되었을지를 설명해 이야기의 긴장감을 조성하자. 배운 점을 이야기하고 이야기의 교훈을 면접관에게 설명하면서 마무리하면 된다.

면접관에게 자세한 이야기를 하고 싶을 수도 있다. 하지만 당신에게 흥미로운 것이 면접관에게는 흥미롭지 않을 수도 있다. 면접을 책이라고 생각하면 쉽다. 첫 장은 당신의 브랜드에 관한 이야기다. 그 이후 각 장에는 특정 역할, 프로젝트 또는 경험에 관한 이야기를 담는다. 면접 질문에 답할 때마다 책 전체를 개괄하듯 이야기하지 않아도 된다. 적당한 정보를 제공해 면접관이 당신의 경험과 중요 내용을 이해할 수 있게 해야 한다.

눈송이의 모양이 저마다 다르듯 이야기는 모두 독특하다. 멋진 이야기에는 탄탄한 구조가 필요하다. 이러한 구조는 이야기를 더 간결하고 이해하기 쉽게 만든다. 다음 장에서는 네 부분으로 구성된 이야기 구조 모델을 적용해 청중에게 설득력 있는 이야기를 전달하는 방법을 알아보려고 한다.

'개인적'인 것에 사람들이 열광하는 이유

- '개인적인' 이야기와 '사적인' 이야기는 다르다. 사적인 정보를 말하거나 과도하게 공유할 필요는 없다. 한계를 설정하고 무엇이 사적인지 결정하자.

- 청중은 당신이 개인적인 이야기를 공유할 때 당신의 취약성에 반응할 것이다.

- 자기 이야기가 아니더라도 모든 이야기는 개인적인 이야기로 만들 수 있다. 다른 사람의 이야기를 전할 때에도 자기만의 목소리와 관점을 사용하자.

- 개인적인 이야기가 당신을 약하게 만들지는 않는다. 오히려 그 이야기로 인해 청중은 당신을 신뢰하고 공감하게 된다.

- 이야기를 지어내지 말자. 이야기를 지어내면(상상을 요하는 방식을 제외하면) 청중은 조종당하는 느낌을 받고 당신을 신뢰하지 않게 된다.

- 추도사와 축사는 가장 개인적인 이야기다. 두 가지 모두 한 사람을 기리고 기념하는 데 도움이 되며, 청중이 알지 못하는 그들의 이야기를 공유할 기회가 된다.

- 면접은 이야기를 공유해 당신에 관한 이해를 높일 기회다.

드루 더들리Drew Dudley

기조연설 및 TED 연설가,
베스트셀러『일상생활의 리더십Everyday Leadership』작가

**롤리팝 이야기를 한 TED 강연이 큰 인기를 얻으셨어요. '롤리팝
가이'로 알려진 기분이 어떠세요?**

(이 롤리팝 이야기는 그가 대학 행사에서 한 여성에게 롤리팝을 나눠주면서
벌어진 일을 다룬다. 그는 별다른 의도 없이 롤리팝을 나눠주며 그 여성에게
지나가던 남성을 소개했는데 두 사람은 훗날 부부가 된다. 이 이야기는 자신
의 사소한 행동이 다른 사람의 인생을 바꿀 수 있음을 알려준다.) 6분짜리
영상이 자신의 소중함을 깨닫게 하는 촉매가 돼서 매우 기쁩니다. 하
지만 그 이야기에서 일어난 일은 우연이었다는 점이 중요해요. 의도
적인 리더십의 순간은 아니었어요. 그 순간이 그들의 인생을 바꿨지
만, 저는 그 상호작용이 있었는지조차 몰랐죠.

이야기를 통해 사람들이 어떤 경험을 하길 원하시나요?

스토리텔링은 사람들의 관심을 사로잡고 유지하는 도구예요. 국경 없
는 의사회의 소속 의사인 제임스 마스칼릭James Maskalyk이 제게 "이야
기는 인간 이해의 기본 단위"라고 말한 적이 있어요. 저는 이 정의가

마음에 들어요. 저는 어떠한 과정, 관점, 동기 부여 등 무언가에 관한 이해를 높이기 위해 이야기를 사용해요.

대부분의 아이디어는 새롭지 않아요. 저는 여러 아이디어에 접착제를 사용해서 붙게 만들죠. 이야기를 사용해 사람들을 덜 두렵게 만들 방법을 찾고 있습니다. 개인과 조직의 역기능은 준비되지 않은 상태에서 무언가 더해지거나 빠지는 것에 대한 두려움에서 비롯되죠. 저는 이러한 두려움을 해결하는 방법을 알려주기 위해 노력합니다.

때로는 흥미롭거나, 교훈을 주거나, 분위기를 가볍게 만드는 이야기를 하고 싶습니다. 다른 사람들이 내면화하기를 바라는 중요한 신념, 통찰 또는 사실을 전달하고 싶을 때도 있죠. 그러면 저는 '이 아이디어를 반영해서 어떤 이야기를 할 수 있을까?'라는 질문을 합니다.

TED 강연을 위해 롤리팝 이야기를 준비하고 있을 때, '롤리팝 이야기가 어떤 교훈을 남기는가?'라고 자문했어요. 저는 사람들이 스스로를 리더로 칭하면 거만하다고 여겨질까 봐 두려워한다는 사실을 알게 됐어요. 이 이야기는 그렇게 느끼지 말라는 메시지를 전하죠.

저는 이야기할 때 동기를 부여하거나 영감을 주려고 하지 않아요. 연설가로서 일정 시간 동안 사람들의 관심을 끌어내죠. 저는 항상 '유용하고 설득력 있는 아이디어를 공유하고 싶다. 이야기가 청중에게 어떻게 도움이 될까?'를 생각하며 강연합니다.

어떻게 훌륭한 스토리텔러가 되셨나요?

제 스토리텔링의 대부분은 스토리텔링을 했는지 깨닫지도 못했던 시절의 경험에서부터 비롯됐어요. 어렸을 때 차로 장거리를 이동하는 동안 부모님께 책을 읽어주면서, 어떻게 이야기에 긴장감을 불어넣는지를 배웠어요. 제리 하워스Jerry Howarth(미국, 캐나다 스포츠 해설자 - 옮긴이)와 톰 치크Tom Cheek(미국 스포츠 해설자 - 옮긴이)는 토론토 블루제이스Toronto Blue Jays(토론토 야구 팀 - 옮긴이) 해설을 통해 청중을 사로잡는 방법을 제게 알려줬죠. 그들은 밤의 공기, 기온, 공동체 느낌을 묘사함으로써 제가 야구장에 있는 것처럼 느끼게 해줬어요.

스토리텔링에 관해 어떤 조언을 하고 싶으신가요?

누가 당신의 이야기를 듣든 당신의 이야기는 중요합니다. 차를 타고 아이다호주를 지나면서 〈더 모스〉 팟캐스트를 듣고 있었어요. 한 산림관리원이 이런 말을 했어요. "슬픔은 가장 오래된 적을 마주한 사랑일 뿐이다." 그때 차를 세워야만 했죠. 당시 여자 친구가 세상을 떠난 지 얼마 되지 않았거든요. 그전까지만 해도 운 적이 없는데, 그 이야기에는 제게 필요한 무언가가 담겨 있었죠. 그 이야기를 들려준 사람은 팟캐스트를 2년 전에 녹음했지만, 그 이야기는 저에게 아주 큰 의미로 다가왔어요. 그러니까 당신도 당신의 이야기가 누군가에게 큰 의미가 될 수 있다는 믿음을 가지고 이야기를 전달하세요.

갈등

몰입과 공감을 유도하는
역발상 기술

8장

· · ·

스토리텔링의 4가지 법칙

"저는 휴가 중에 인생에서 가장 중요한 교훈을 얻었어요. 2년 전 일이었어요. 잠깐만요, 3년 전 일이었나? 아니에요, 아니에요. 3년 전에는 페루에 있었으니까 2년 전 일이 맞아요. 페루 여행 다녀온 후에 일이거든요. 어쨌든 여행 둘째 날에 여권을 잃어버렸다는 사실을 깨달았죠. 사실은 첫 주 여행이 끝날 무렵이었을 거예요. 맞아요. 왜냐하면 다음 도시로 가는 기차표를 사러 갔는데 지갑에 여권이 없다는 걸 알게 됐으니까요."

야스민은 이야기로 프레젠테이션을 시작했다. 아니, 적어도 시작하려고 했다. 하지만 디테일과 시점을 몇 번이나 수정하느라 정작 제대로 된 이야기를 시작하지 못했다. 애써 중요하지 않은 디테일을 이야기하는 동안 청중은 지루해졌다.

익숙하지 않은가? 야스민은 이야기의 줄거리를 시작하기도 전에 청중을 잃었다. 그녀는 사건의 시점을 기억하는 데 몰두한 나머지 청중의 관심이 멀어지는 것을 알아차리지 못했다. 이것은 흔히 나타나는 실수다. 사람들은 정확하게 이야기하기 위해 구체적인 디테일에 집착한다. 의도는 좋지만 디테일한 내용이 청중의 관심과는 무관할 때가 많다. 스토리텔러가 원하는 성과를 도출하기 위해서는 수월하게 전개되는 구조화된 서사가 필요하다.

훌륭한 이야기는 분량으로 결정되지 않는다. 그보다는 청중의 참여와 이해를 끌어낼 수 있는 아이디어로 만들어진다. 아이디어를 선택하면 출발선에 서게 된다. 스토리텔링 모델을 통해 이야기의 구조를 구축하면 본격적인 작업이 시작된다.

이야기 구조는 주요 플롯 포인트의 뼈대 역할을 하면서 디테일을 쌓아 올릴 발판을 제공한다. 이야기 구조는 두 가지 역할을 하는데, 스토리텔러가 일관성 있는 이야기를 쉽게 계획할 수 있도록 돕고, 청중이 이야기를 이해할 수 있게 해준다. 이야기 구조를 의식하기는 쉽지 않지만, 구조가 없는 자리는 티가 난다.

스토리텔링 구조에는 매우 다양한 모델이 있다. 예를 들어, 신화학자 조셉 캠벨Joseph Campbell이 구조화한 영화 『영웅의 여정The Hero's Journey』은 스타워즈 시리즈에 사용됐다. 픽사Pixar의 5단계 스토리텔링 모델은 즉흥 연기 코미디언인 켄 아담스Kenn Adams의 영향을 받았다. 이러한 이야기 구조가 인기 있는 데에는 이유가 있다. 이 구조들은 특히 소설이나 시나리오를 창작할 때 긴장감을 조성하는 데 효과적이기 때문이다.

　나는 이야기를 위한 구조 사용에 어려움을 겪는 사람들을 자주 만난다. 그들은 스토리텔링 모델에 혼란을 느끼고, 자기 아이디어를 각 모델의 단계에 맞추기 어려워한다. 하지만 이 사실을 명심해야 한다. 당신은 소설을 쓰기 위해서가 아니라 회의에서 아이디어를 제공하기 위해 이야기하는 것이다. 따라서 보다 간단하고 이해하기 쉬운 모델로 이야기를 만들 수 있다.

이야기 구조의 4요소

나는 이야기에 시작, 중간, 끝이 있어야 한다는 생각으로 세 부분으로 구성된 이야기 구조를 만들었다. 하지만 보다 역동적이고 원하는 성과를 만들 수 있는 이야기를 구조를 원했다. 그렇게 맥락, 갈등, 결과, 핵심 메시지라는 네 부분으로 구성된 이야기 구조를 만들었다.

　이 구조를 만들 때 나는 두 가지 목표를 세웠다. 첫째, 간단하고 기억에 남는 구조일 것. 둘째, 다양한 맥락에서 여러 유형의 이야기 개발을 지원하는 구조일 것. 나는 네 부분으로 구성된 순환 구조를 스토리텔링 방법론과 결합했다. 그렇게 한 가지 이야기만 담을 수 있는 구조가 아닌 다양한 유형의 이야기를 담을 수 있는 구조로 발전시켰다.

　네 부분으로 구성된 이야기 구조는 20분이 걸리든 2주가 걸리든 상관없이, 이야기를 만드는 데 효과적이다. 이 구조는 스토리텔러

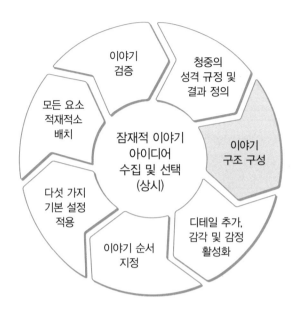

이야기 검증

청중의 성격 규정 및 결과 정의

모든 요소 적재적소 배치

잠재적 이야기 아이디어 수집 및 선택 (상시)

이야기 구조 구성

다섯 가지 기본 설정 적용

디테일 추가, 감각 및 감정 활성화

이야기 순서 지정

로서 당신의 생각을 정리하고, 더불어 청중도 이야기를 쉽게 이해할 수 있게 한다. 심지어 나는 회의하러 걸어가는 그 찰나에 핵심 내용을 전달할 수 있는 이야기를 만들어 사용하기도 했다.

이야기를 위해 아이디어를 선택했다면 아래 네 부분에 적용해 한두 문장을 만들어보자. 이 문장들이 당신의 이야기를 구성하는 구조가 된다.

1. 맥락

이야기의 배경을 설명하자. 누가 관련돼 있고, 어떤 일이 있었으며, 청중은 왜 관심을 가져야 하는가?

나는 TED 강연에서 한 이야기의 맥락을 정의하면서 각각의 이야기를 어떻게 하면 잘 결합할 수 있는지를 고민했다. 마리아는 사무실에서 바쁜 하루를 보내다 엘리베이터 사이로 휴대폰을 떨어트렸다. 월터 베팅거는 대학에서 4.0 학점을 받았고 기말고사를 앞두고 있었다.

맥락 문장context sentence은 중요한 장면과 플롯 포인트를 높은 수준으로 요약한다. 마리아나 월터에 관한 모든 디테일과 특징을 포함하지는 않는다.

2. 갈등

어떤 사건의 발생으로 이야기 방향에 영향을 미치는 순간을 묘사하자. 갈등, 긴장감, 문제 또는 위험성 등이 이야기의 원동력이 된다. 특히 이 순간은 사건이 발생하기 '이전'과 '이후' 사이를 가리킨다. 상황이 바뀌는 시점이 바로 사건이 발생하는 순간이다.

TED 강연에서 했던 이야기의 갈등은 이렇다. 마리아는 엘리베이터 사이로 바닥에 떨어진 휴대폰이 여전히 작동하고 , 출입증, 신용카드, 운전면허증도 휴대폰과 같이 있다는 사실을 깨달았다. 또 레이는 그녀에게 휴대폰을 찾으려면 비용이 많이 든다고 말했다. 월터는 학교 청소부의 이름이 무엇인지에 관한 질문을 받았지만, 답을 알지 못했다.

위 문장은 각 이야기에서 해결해야 할 갈등을 묘사하고, 구체적인 디테일이나 대화 없이 마리아와 월터가 마주한 위험한 상황을 요약한다.

3. 성과

갈등의 결과에 대해 설명하자. 위기를 어떻게 처리했는가? 어떤 조처를 했으며 그 결과는 무엇인가?

레이는 마리아의 휴대폰을 무료로 회수하기 위해 엘리베이터 연례 점검을 예약했고, 월터는 시험에서 낙제점을 받았지만 리더십 교훈을 깨달아 직장생활에 적용했다.

이러한 성과는 두 사람 모두에게 해결책을 제시하는 높은 수준의 결과다. 앞으로 그들이 나아갈 방향을 암시하며, 두 이야기의 결론이 자연스럽게 등장한다.

4. 핵심 메시지

이야기가 끝난 후 청중이 무엇을 알고, 생각하고, 느끼고 다르게 행동하기를 바라는지 요약하자. 핵심 메시지는 청중에게 삶의 아이디어를 제시한다. 핵심 메시지를 짧고 함축적인 문구로 작성하자. 문장이 간결해질수록 청중이 이해하고 기억하기 쉽다.

핵심 메시지는 청중의 페르소나를 정의할 때 그들이 알고, 생각하고, 느끼고 행동하기를 바랐던 결과와 일치해야 한다. 청중에게 원하는 것과 이야기를 통해 얻을 수 있는 핵심 메시지 사이에 연결성이 있어야 한다. 이렇게 하면 청중에게 유의미한 이야기를 만드는 데 도움이 된다.

프레젠테이션 혹은 이야기를 끝까지 듣고도 무슨 내용인지 몰랐던 적이 있었을 것이다. 내용이 지나치게 풍부해서 한참이 지난 후에도 곱씹게 되는 이야기를 의미하는 것이 아니다. 매일 회의에서 일어나는 그 흔한 일을 말하는 것이다. 정보가 공유되고도 '그래서 어쩌라는 거지?' 하고 머리를 긁적였던 때가 있지 않은가?

여기서 이야기를 이해하지 못한 것은 당신의 잘못이 아니다. 스토리텔러가 이야기를 잘 전달하지 못해 벌어진 일이다. 그들이 핵심 메시지를 제대로 정하지 못했기에 청중이 이해하지 못한 것이다. 명확성이 부족하면 청중의 이해도도 떨어진다. 사람들은 대부분 스토리텔링에서 이 단계를 건너뛰지만, 의도적으로 이야기의 공감을 끌어내기 위해서는 반드시 필요한 단계다.

맥락, 갈등, 성과는 이야기에 높은 수준의 구조를 제공한다. 핵심 메시지는 청중이 경험하기를 바라는 '그래서 어떻게 할 것인가?'라는 요점을 제공한다. 이야기를 전달하는 과정에서 핵심 메시지를 소리 내어 말하지 않고 이를 염두에 두는 것만으로도, 핵심 메시지에 대한 목적의식을 가지게 된다.

역할과 관계없이 각각의 조직원이 자신이 인정받고 있고 가치 있다고 느끼도록 돕는 것이 리더가 반드시 해야 할 일이다. 월터와 마리아의 이야기는 이와 같은 동일한 핵심 메시지를 갖고 있다. 그래서 두 이야기를 하나의 이야기로 묶고 전체적인 메시지를 도출하기가 쉬웠다.

이야기를 계획할 때는 간단하고 기억하기 쉬운 네 부분으로 구성된 스토리텔링 구조를 사용하자. 이야기 전달 순서와 관계없이 맥락, 갈등, 성과, 핵심 메시지에 맞춰 네 문장을 작성하고, 구조를 만들고, 플롯 포인트를 정리하자. 이렇게 하면 이야기의 나머지 부분을 구성할 수 있는 구조가 만들어진다.

스토리텔링의 4가지 법칙

- 구조 없는 이야기는 이해하기 어렵다. 네 부분으로 구성된 이야기 구조 모델을 사용하면 언제든 아이디어를 유연하게 구성할 수 있다.
- 이야기 구조의 윤곽을 잡을 때 디테일이나 이야기 전달 순서를 고민하지 말자.
- 네 부분의 이야기 구조를 정의하자.
  - 맥락: 배경은 무엇이고, 누가 관련돼 있으며, 왜 우리가 관심을 가져야 하는가?
  - 갈등: 사건이 발생하는 지점은 어디인가? 어떤 위험성이 있는가? 갈등은 이야기의 원동력이다.
  - 성과: 결과는 무엇인가?
  - 핵심 메시지: 청중이 이야기에서 어떤 아이디어를 얻기를 바라는가? 이 핵심 메시지는 스토리텔러가 청중에게 원하는 성과와 어떻게 연결되는가?
- 네 부분으로 구성된 이야기 구조는 공유할 이야기나 정보의 핵심 내용을 명확히 하는 동시에, 회의 5분 전에도 사용할 수 있는 도구다. 이 구조를 사용해 청중이 쉽게 이해할 수 있는 이야기를 만들 수 있다.

마노우쉬 조모로디Manoush Zomorodi

TED 라디오 아워Radio Hour 팟캐스트,
미국 공영 라디오 방송NPR 진행자

**다른 사람의 이야기를 전달하는 것과 자기 목소리를 에피소드에
담는 것 사이에서 어떻게 균형을 잡으시나요?**

진행자의 역할은 청취자의 대리인입니다. 머릿속에 갑자기 떠오른 질
문을 던지는 게 제 일이죠. 누군가 '왜 저 질문을 안 하지?'라고 생각
할 때 제가 그 질문을 했다면 성공적이라고 볼 수 있죠. 가끔은 저 혼
자 궁금한 질문도 있습니다만, 누구나 궁금해할 질문을 하려고 노력
합니다.

제가 하는 일은 인터뷰이가 자기 이야기를 더 잘할 수 있게 이끄
는 겁니다. 그래서 때로는 인터뷰이와 공감대를 형성해야 해요. 특히
그들이 자기 이야기를 반복해서 하는 경우 더욱 그렇습니다. 투자자
를 상대로 설득할 때나 잔뜩 긴장한 상태일 때도 마찬가지죠. 저는 진
행자로서 '어떻게 하면 저 사람이 이야기할 때 편안하게 집중할 수 있
도록 만들 수 있을까?'라는 생각을 해요.

다른 사람이 이야기를 더 잘할 수 있도록 어떻게 도움을 주시나요?

아무 준비 없이 인터뷰에 참석하지 않아요. 제 파트너인 프로듀서가 게스트와 이야기를 나누면서 어떤 일화를 이야기할지 찾도록 도와주죠. "오늘 하루는 어땠나요? 무슨 옷을 입으셨어요? 기분은 어떠세요?" 등의 질문을 해요. 즉석에서 대답하는 사람도 있지만, 하고 싶은 말을 생각하는 데 며칠이 걸리는 사람도 있어요. 저는 되도록 사전 인터뷰는 하지 않으려 합니다. 선입견 없이 방송하고 싶거든요. 하지만 프로듀서가 게스트와 대화를 나눈 내용을 제게 알려줍니다.

사전 제작 단계에서는 '이 인터뷰에서 어떤 결과를 얻고 싶은가? 게스트는 어떤 종류의 화자인가? 어떻게 그들을 도와줄 수 있을까?'라는 고민을 합니다. 어떤 사람은 시동만 걸어주면 알아서 이야기해요. 이런 경우 저는 거의 말을 하지 않습니다. 하지만 제가 대화를 해줘야 하는 사람도 분명 있어요. 그런 것도 좋아요. 저는 온갖 멍청한 질문을 던지죠. 설거지를 하면서 듣는 청취자를 위해 노벨상 수상자에게 가장 기본적인 것부터 질문하죠.

NPR과 TED 라디오 아워에서 어떻게 자기만의 색깔을 낼 수 있었나요?

스토리텔러와 관계를 맺고 그들을 신뢰해야 합니다. 제가 가장 먼저 해야 했던 일은 청중과 신뢰를 쌓아 그들이 계속해서 방송을 듣게 만드는 것이었죠. 그들이 느꼈던 방송의 수준, 진행의 품질, 기쁨, 놀라움이 여전히 남아 있다는 확신을 줘야 했어요. 그다음에 저만의 개성을 살려 새로운 청취자를 찾아 나섰죠.

에피소드를 편집하기 위해 어떤 작업을 하나요?

우리 방송은 대단히 높은 수준으로 제작됩니다. 우리는 음악과 사운드 디자인을 사용해 인물의 이야기를 지원하는 것을 좋아하죠. 가끔은 흥미로운 이야기가 없이, 개념만 설명하는 과학자를 인터뷰할 때가 있어요. 프로듀서와 저는 청취자가 분명히 이해할 수 있도록 인터뷰를 편집합니다. 가끔은 "놀라지 마세요. 지금부터 정말 기술적인 이야기를 할 거예요."라고 말하기도 해요. 청취자의 기대치를 설정하는 것이 정말 중요합니다. 그렇지 않으면 청중의 주의가 산만해지고 라디오를 듣지 않게 되니까요.

9장
· · ·

디테일이 승부를 좌우한다

겨울이 매우 길고 추운 뉴잉글랜드에서 살게 된 첫해, 나는 이곳 사람들이 고대하는 여름 맞이 의식이 있다는 사실을 알게 됐다. 바로 아이스크림 판매대 개장이었다. 추운 겨울을 버틴 것을 축하하고, 목과 어깨에 닿는 따뜻한 여름 공기를 기대하는 일이 얼마나 중요한지를 어렵지 않게 깨달을 수 있었다. 나는 친구들과 달력에 아이스크림 판매대 개장일을 빨간색 동그라미로 표시하고, 날짜를 세기 시작했다. "시작을 제대로 해야 해."라는 조언을 들었기 때문이었다.

솔직히 매사추세츠주의 웨스트퍼드에 있는 킴볼Kimball 농장 앞에 서기 전까지는 그 말의 의미를 이해하지 못했다. 긴 농장 건물의 옆에는 창문 형식으로 된 10개의 아이스크림 주문 창구가 들어서 있었다. 가장 짧은 줄을 선택하기 위해 고심한 끝에 우리는 각 창문 위흰색 현수막에 적힌 50가지 맛을 꼼꼼히 살펴보았다. 나는 친구들이어떻게 낙농장들이 지난 80년간 아이스크림을 팔아왔는지 설명하는동안 바닐라 아이스크림 향과 와플 냄새가 섞인 저녁 공기를 들이마셨다.

선택지가 너무 많아서 컵과 콘 중 하나를 고르지 못했다. 간신히맛을 골랐다고 생각했을 때 아이스크림을 손에 들고 걸어가는 사람이 눈에 들어왔다. '오, 맛있어 보이는데? 무슨 맛이지?'라는 생각으로 주문 창으로 한 걸음씩 다가가는 동안 설렘이 커졌다.

사실 정답은 없었다. '과일 맛이 좋을까, 초콜릿 맛이 좋을까?' 고민하며 나는 아이스크림을 주문하고 돈을 건넸다. 스푼이 꽂힌 민트쿠키 아이스크림 컵이 창문을 통해 내게 전달됐다.

차갑고 부드러운 아이스크림을 먹기 위해 숟가락을 들었을 때나도 모르게 입술이 말려 올라가며 어린아이 같은 작은 미소가 지어졌다. 컵 안에 여름이 있었다. 나는 홀린 사람처럼 리드미컬하게 숟가락을 들어 올리길 반복했고 머리가 띵해질 때만 숟가락질을 멈췄다. 가끔은 고개를 돌려 컵 옆으로 흘러내리는 아이스크림을 핥아먹기도 했다. 숟가락으로 컵 바닥을 긁어 먹으면서 나는 먼 곳을 응시했다. 나는 아이스크림에 완전히 혼이 나가 있었다.

지금껏 나는 아이스크림을 사러 나간 횟수보다 냉동실에서 아이스크림을 꺼낸 적이 훨씬 많았다. 하지만 집에서 아이스크림을 먹었던 순간은 기억해 내기가 어려웠다. 반면에 집 밖에서 아이스크림을먹는 것은 하나의 이벤트였다. 디테일이 생생하게 떠올랐고, 감각에 각인됐으며, 흥분과 기대가 뒤섞여 있었다. 잊지 못할 기억이었다.

청중에게 정보를 전달하는 것은 냉동실에서 아이스크림을 꺼내는 것과 같다. 괜찮은 일이고 목적에도 부합한다. 하지만 기억에 남거나 흥미를 끌어내기는 어렵다. 훌륭한 이야기를 전달하는 것은 아이스크림을 밖에서 사 먹는 것과 같다. 훨씬 매력적이고, 생생하며, 기억에 남는다. 아이스크림의 맛이 다양한 것처럼, 어떤 구체적인 디테일이 포함되냐에 따라서 이야기는 완전히 달라지기도 한다.

디테일과 감정 더하기

이야기 구조는 이야기에 골격을 제공하며, 여기에 디테일과 줄거리를 덧붙이면 전체 이야기가 형성된다. 맥락, 관련성 있는 캐릭터, 이야기를 구체화시키는 디테일을 만들자. 청중이 이미 알고 있거나 이해한 내용을 그들과 연결하자. 청중은 이야기의 디테일을 경험하면서 내집단 또는 외집단의 일원이 된 느낌을 받는다. 의도적으로 청중이 불편하거나 기쁜 순간을 경험하게 하자.

이야기의 골격 위에 디테일을 덧붙일 때, 이야기 순서, 감각, 감정 또는 긴장감을 조성하는 방법에 초점을 맞추면 안 된다. 우선 어떤 플롯 포인트와 디테일을 포함할지에 집중해서 이야기를 확장해야 한다.

이야기의 디테일을 구축하기 위해서는 세 단계를 거쳐야 한다. 1단계 '이야기의 주요 플롯 포인트'에서는 이야기의 사건과 플롯 포

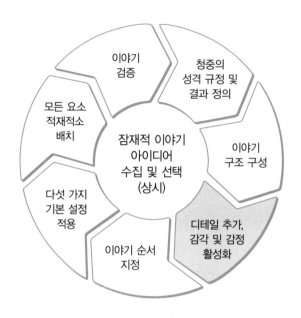

인트를 포함한 구조를 확장한다. 2단계 '기억에 남는 모든 디테일'에서는 청중이 공감할 수 있는 캐릭터와 청중을 연결한다. 3단계 '구체적인 디테일'에서는 구체적인 디테일을 추가한다. 나는 주로 두 번째와 세 번째 단계 사이에서 잠시 휴식을 취하며 이야기가(그리고 내가!) 숨 쉴 기회를 준다. 하루 이상 지난 후에 다시 이야기를 보면 추가적인 디테일이 필요한 부분이 어디인지 더 쉽게 확인할 수 있다. 각 단계가 제약 조건 역할을 해 해당 단계의 주제에 집중할 수 있도록 도와준다. 이 단계들을 거치면 이야기를 한 번에 만들 때보다 더 많은 아이디어가 떠오른다. 연습하다 보면 2, 3단계를 결합할 수도 있다.

이야기의 주요 플롯 포인트

이야기 구조의 사건을 확장한다. 아래 제시되는 각 영역의 프롬프트를 활용해 청중들이 생각할 수 있게 만든다. 맥락, 갈등, 성과, 핵심 메시지에 전부 답할 필요는 없지만, 각 단계별로 플롯 포인트를 설명하는 몇 개의 문장을 작성해 두면 좋다.

맥락

사건 전개에 맥락에 대한 설명을 충분히 포함해 청중의 흥미를 유발하고 이야기를 더 듣고 싶게 한다.

- 이야기 속 캐릭터는 누구인가?
- 왜 그들이 이야기에 등장하는가?
- 그들에 관해 알아야 할 점은 무엇인가?
- 이야기의 배경은 무엇인가?
- 이야기를 직접 경험하지 않았더라도 청중에게 친숙한 디테일은 무엇인가?

갈등

갈등을 통하면 청중의 몰입감을 높일 수 있다.

- 사건이 발생하는 순간은 언제인가?
- 갈등이 발생한 원인은 무엇인가?

- 누가 관련돼 있는가?
- 어떤 일이 발생했는가?
- 이 갈등이 이야기에 어떻게 원동력이 되는가?
- 캐릭터는 어떤 갈등을 경험하는가?
- 해결해야 할 문제는 무엇인가?
- 청중이 내집단으로서 동일시하거나 외집단으로서 다르게 느낄 수 있는 문제인가?
- 갈등이 불편하게 느껴지는가?

성과

성과를 고민함으로써 이야기의 완성도가 달라진다.

- 갈등의 결과는 무엇인가?
- 캐릭터에게 어떤 일이 일어났는가?
- 캐릭터는 이야기가 시작할 때와 어떻게 달라졌는가?
- 그들은 무엇을 배우고, 얻고, 잃었는가? 그들은 어떻게 성장했는가?
- 무엇이 해결됐는가?

핵심 메시지

핵심 메시지를 명확히 만들어 청중에게 접근한다.

- 이야기의 요점은 어떤 주제를 구체화하는가?
- 이야기에 포함하고 싶은 요점이 있는가?

기억에 남는 모든 디테일

맥락, 갈등, 성과, 핵심 메시지를 갖췄다면 그다음 단계에서는 청중이 이야기에 몰입할 수 있도록 익숙한 디테일을 더한다. 먼저 고객의 페르소나를 검토해 그들에게 친숙한 디테일을 파악해야 한다.

시간 및 장소

이야기가 발생한 시간과 장소를 제시하면 청중이 곧바로 이야기에 빠져든다. 내가 "작년에 저는 파리에 있었어요."라고 말하면, 당신의 머릿속에는 즉시 에펠탑이 떠오를 것이다. 시간과 장소를 제시함으로써 청중은 이야기의 배경 이미지를 그리게 된다. 디테일을 충분히 포함해서 청중이 가본 적 없는 곳이더라도 머릿속에 이미지를 떠올릴 수 있게 해야 한다.

직장에서 엘리베이터를 타는 마리아를 묘사할 때 당신은 머릿속으로 햇빛이 드는 로비를 지나 줄지어 있는 엘리베이터로 걸어가는 모습을 상상한다. 꼭 그 모습이 아니더라도 의식적으로 회사 건물의 이미지를 떠올린다.

월터가 마지막 대학 시험을 치르러 가는 모습을 설명할 때, 당신은 캠퍼스 전경을 떠올린다. 수업을 듣거나 시험을 치렀던 강의실 모습을 그려볼지도 모른다. 시간과 장소는 청중이 이야기에 참여하게 한다. 배경에 관해 자세히 설명할수록 청중은 더 빠르고 쉽게 배경을 상상할 수 있다. 당신의 이야기는 언제 어디서 발생했는가?

공감할 수 있는 캐릭터

청중이 이야기에 공감하느냐 안 하느냐는 캐릭터에 달려 있다. 캐릭터는 그들의 선택, 욕망, 행동을 통해 줄거리를 전개하고 갈등을 유발한다.

어떤 사람들은 이야기에 영웅이 필요하다고들 말하지만 나는 동의하지 않는다. 훌륭한 이야기는 실수와 실패에서 비롯된다. 캐릭터는 영웅이 아니라 공감할 수 있는 대상이어야 한다. 우리는 이야기에 등장하는 캐릭터를 좋아하지 않거나 그들의 행동에 동의하지 않아도, 그들이 왜 그런 행동을 하는지 알고 싶어 한다. 그 이유를 알기 위해서는 캐릭터에 관한 몇 가지 구체적인 내용을 알아야 한다.

주요 캐릭터의 이름은 무엇인가? 이야기에 등장하는 모든 인물의 이름을 지을 필요는 없다. 하지만 이야기에서 중요한 역할을 하는 인물이라면 그 이름을 알아야 몰입하기가 쉬워진다. 익명성을 보장하고 싶다면 가명을 사용해도 좋다. 나는 고객의 신원을 보장하기 위해 자주 온라인 이름 생성기를 활용한다.

청중이 캐릭터의 나이나 신체적 특성을 아는 것이 중요할까? 이야기 전개에 관련 내용이 중요한 역할을 한다면 포함하자! 하지만 이야기에서 중요한 요소가 아니라면 설명하지 않아도 된다. 나는 엘리베이터 이야기에서 마리아의 성격적 특성을 설명했지만, 나이, 키, 신체적 특징에 대해서는 다루지 않았다.

• 그렇다면 청중은 캐릭터의 성격에 관해 무엇을 알아야 할까?
• 이야기와 관련된 어떤 버릇, 태도 또는 신념이 있는가?

- 냉소적이고 재치 있는 인물인가? 사투리를 사용하는가?
- 휴대폰에 읽지 않은 문자가 47개나 계속해서 남아 있는가?
- 다른 사람이 말할 때 끼어드는가?

이런 가정들을 사용해서 청중이 캐릭터를 이해하고 그들과 공감대를 만드는 데 도움을 줄 친숙한 디테일을 제공하자.

마리아의 성격에 대해서는 이렇게 설명할 수 있다. 마리아는 사람을 좋아하고 그들로부터 인정받고 싶어 하기 때문에 다른 사람의 생일, 좋아하는 음식, 지난 휴가를 기억한다. 이 모습을 보고 청중은 사소한 것에 주의를 기울이고 기억하는 지인을 떠올린다. 레이는 대부분의 사람이 그에게 인사조차 건네지 않기 때문에, 마리아가 자기에게 다가오는 모습을 보고 활짝 웃었다. 마리아와 레이는 서로 이름을 부르는 사이다. 이렇게 사소한 내용들 속에서 청중은 '나도 레이를 매일 그냥 지나쳤나?'라고 생각한다. 또 월터가 똑똑하고, 성실하고, 자신감 넘친다는 가정을 바탕으로, 청중은 시험에 청소부에 대한 질문이 나오지 않았더라면 월터가 전 과목 A 학점을 받고 대학 생활을 완벽하게 마무리했을 거라고 예상한다.

- 캐릭터는 어떤 갈등에 직면했는가?
- 자기 행동과 가치관을 일치시켜야 하는 내면의 갈등인가?
- 다른 사람과 마찰이 생기는 갈등인가?
- 상황이나 행동, 욕망이 관련된 갈등인가?
- 갈등이 이야기 전반에 걸쳐 어떻게 긴장감을 조성하는가?

- 캐릭터는 갈등을 어떻게 조정하는가?
- 이야기 전반에 걸쳐 캐릭터의 감정은 어떠한가?
- 불만족스러워하거나 불완전하다고 느끼는가?
- 즐겁거나 흥분되어 있는가?
- 갈등 상황에서 캐릭터의 감정이 변화하는가?

그들의 감정을 말하지 말고 보여주자. 전화기를 탁자에 거칠게 내려놓는 모습으로 그들의 좌절감을 표현할 수 있다. 눈을 감고 콧등을 꼬집는 모습으로 그들이 피곤함을 표현할 수 있다. 청중을 캐릭터의 내면으로 초대해서 그들의 감정을 경험하게 하자.

월터가 시험지의 빈 종이를 보고 느끼는 혼란을 우리도 느낀다. 월터가 도티의 이름을 모른다는 사실을 깨닫고 느끼는 부끄러움을 우리도 경험한다. 그는 같은 실수를 다시 하지 않겠다고 다짐하며 갈등을 해결한다. 청중도 그 순간을 월터와 함께 경험하고 월터처럼 다짐한다. 그리고 내집단의 일원이 된 기분을 느낀다. 이야기에서 캐릭터와 캐릭터의 감정 변화를 보여줘야 하는 이유다.

어떤 위험성이 있는가?

몇 년 전, 나는 일 때문에 프랑스 남부로 혼자 떠났다. 밤 11시 30분에 마르세유 공항에 도착해서 수하물을 찾아 밖으로 나섰는데, 곧 공항이 문을 닫았다. 주변에 사람이나 택시가 없다는 사실을 깨닫고 어깨를 축 늘어뜨렸다. 택시를 부를 수 있는 휴대폰은 마침 고장 나 있었고, 현지 콜택시 전화번호도 몰랐다. 설령 알았더라도 내 프랑스어가 유창하지도 않아서 의사소통이 불가능했을 것이다. 나는 23시간 동안 한숨도 못 잔 상태였고, 혼자 공항에 남겨져 오도 가도 못 하는 상황이었다.

외국 공항에 홀로 갇히는 상황은 단 몇 문장으로 표현할 수 있다. 이야기가 어떻게 전개될지 궁금해지면서 위험이 설정되고, 긴장감이 고조되고, 호기심이 자극된다. 네 부분으로 구성된 이야기 구조를 구축할 때 이야기나 상황에 어떤 위험성이 있는지를 설정해야 한다. "그리고 어떻게 됐을까?"라는 질문이 이야기 전반에 걸쳐 긴장감을 조성한다.

구체적인 디테일

이야기는 줄거리, 사건, 캐릭터와 구체적인 디테일을 엮을 때 사람들의 기억에 남는다. 구체적인 디테일은 이야기를 시각화하고 캐릭터, 배경, 사건에 맥락을 부여한다.

아이스크림을 먹고 있는가, 색색의 화려한 토핑에 휘핑크림이 올라간 초콜릿 칩 아이스크림 한 컵을 먹고 있는가? 어린이인가, 네 살짜리 시끄러운 장난꾸러기인가? 식료품 목록인가, 17가지 물건이 적힌 식료품 목록인가? 내용에 구체성이 더해지면 완전히 다르게 느껴진다. 내용이 구체적일수록 이야기는 청중에게 더욱 생동감 있고 인상적으로 다가온다.

디테일을 얼마나 포함해야 하는지 정해진 것은 없다. 불필요한 디테일이 많아지면 오히려 이야기가 진행되지 않을 것이다. 이야기 각 부분에 적어도 한 가지 구체적인 디테일을 추가하는 것부터 시작하자. 이 단계에서는 너무 많은 디테일을 만들고 마는 실수를 범하기 쉽다.

알려진 사실을 닻으로 사용하기

뉴스에서 중요한 사건을 전할 때는 해당 장소를 보여준다. 근처 대도시나 랜드마크를 언급한다. 노트르담 대성당에 화재가 발생했을 때, 뉴스에서는 노트르담 대성당과 에펠탑의 위치가 표시된 파리시 지도를 보여줬다. 에펠탑은 청중에게 익숙한 느낌을 주고 그들이 아는 것과 연결하는 데 사용되는 친근한 랜드마크다.

이야기를 만들 때 청중이 알고, 이해하는 사실을 닻으로 사용하면 좋다. 물리적인 장소나 랜드마크에만 국한되는 것은 아니다. '2001년 9월 11일 3주 전'처럼 사람들에게 각인된 날짜를 이용하면 청중이 해당 시기를 구체적으로 떠올리게 된다. 물건도 닻으로 사용할 수 있다. 많은 사람에게 휴대폰은 중요한 소지품이다. 마리아의 휴대폰이 엘리베이터 틈으로 떨어졌다는 이야기를 들으면 청중은 자기 휴대폰을 떨어뜨리기라도 한 듯 그 순간에 몰입한다.

당신의 닻은 비교 또는 은유가 될 수 있다. '배터리를 다 써서 삑삑거리는 화재 감지기처럼 거슬린다.'는 표현을 듣는 순간 당신의 귓가에는 삑삑거리는 소리가 맴돌고 신경이 거슬리는 경험을 하게 된다. '종이 클립 크기만큼의 절개'라는 표현을 들으면 절개 길이를 즉시 시각화할 수 있다. '베개의 시원한 면만큼 상쾌하다.'라는 표현을 들으면 시원한 감각을 느낀다. 비교 표현은 청중이 이야기를 이해하고 집중하는 데 도움을 준다. 완전하게 형성된 아이디어를 청중의 머릿속에 자동으로 입력해서 쉽게 인지할 수 있게 한다.

예상 밖의 사건이 있는가?

이야기 줄거리에 예상 밖의 내용을 포함하면 청중의 뇌는 게으름 상태에서 벗어난다. 예상 밖의 사건은 청중의 뇌가 칼로리를 소모하게 만들고, 이야기가 어떻게 흘러갈 것이라고 가정하는 속도를 늦춘다. 예상 밖의 내용에는 반전을 동반한 플롯 포인트가 있다. 캐릭터가 놀라운 일을 하거나, 예상 밖의 결과를 낳기도 한다. 그러면 청중은 이야기를 쉽게 추측하지 못한다. 아주 극적인 반전일 필요는 없다. "하, 이건 예상 못 했는데?" 또는 "이럴 줄은 몰랐어."라는 반응이 나올 정도의 순간이면 된다.

당신은 마리아가 엘리베이터 사이로 휴대폰을 떨어뜨릴지 혹은 떨어진 휴대폰이 여전히 작동할지를 예상하지 못했다. 당신의 가정은 깨졌고, 그녀는 새 휴대폰을 사든가, 비싼 비용을 지급해야 하는 상태가 됐다. 또한 당신은 월터의 기말고사에 한 문제만 출제됐다는 것을 보고 '뭐라고?' 하는 생각이 들었을 것이다. 그가 도티의 이름을 모른다는 게 놀라운 일은 아니지만, 그가 느낀 부끄러움은 우리가 이야기를 통해 느끼는 감정에 중요한 역할을 한다. 이러한 예상 밖의 사건은 긴장감을 조성하는 기회가 된다.

예상 밖의 내용에는 문구나 디테일도 포함된다. 실제 플롯 포인트는 굳이 반전을 주는 이야기가 아니더라도, 디테일이나 문장으로 청중의 생각을 환기시킬 수 있다. 좋아하는 노래 가사나 영화 대사, 밈meme이 된 문장을 떠올려 보자. 이러한 문구는 청중의 관심을 끌고 종종 감동해서 이맛살을 찌푸리게 하며, 진득한 스위스 초콜릿 조각처럼 생각의 속도를 늦추고 음미하게 한다. '결국', '언젠가는', '마침내', '마지막에는', '끝내' 같은 표현은 연결어지만 묘사하는 단어는 아니다. 이 표현들은 디테일을 무시하고 이야기를 얼버무린다. 이 얼버무림을 하나씩 구체화하면 청중에게 더 많은 디테일을 제공할 수 있다. 디테일은 이야기 구조를 생동감 있게 만든다.

디테일이 승부를 좌우한다

- 네 부분으로 구성된 스토리텔링 구조에 디테일과 감정을 더해 이야기의 몰입도를 높인다.
- 디테일은 이야기의 맥락, 공감할 수 있는 캐릭터, 예상 밖의 사건을 더해 청중의 이해를 돕는다.
- 청중이 이야기에 몰입할 수 있는 시간과 장소를 설정한다.
- 주요 캐릭터에 이름을 붙인다. 이야기에 필요하다면 나이와 신체적 특징, 성격 등을 포함한다.
- 캐릭터가 자신이나 다른 사람과 빚는 갈등은 무엇인가? 갈등 때문에 어떤 일이 발생하는가? 이야기에서 위험성은 무엇인가?
- 구체적인 디테일은 이야기를 사람들에게 각인시킨다.
- 랜드마크, 날짜, 은유, 예시 등 사람들에게 익숙한 내용을 닻으로 활용해 청중이 당신의 이야기를 이해하게 만든다.
- 예상 밖의 사건과 문구를 더하면 청중이 이야기를 예상하는 가정의 속도를 늦출 수 있다.
- 뭉뚱그린 연결어를 사용하면 청중에게 디테일을 속이게 된다. 그 지점에 이르기 위해 어떤 일이 있었는지 설명하면 디테일이 된다.

윌 처클로스Will Csaklos

시나리오 작가, 이야기 컨설턴트,
전 픽사 애니메이션 스튜디오 수석 크리에이티브 임원

'이야기 먼저(Story First)' 철학은 무엇인가요?

저는 〈토이 스토리〉, 〈토이 스토리 2〉, 〈몬스터 주식회사〉, 〈니모를 찾아서〉, 〈인크레더블〉, 〈월-E〉, 〈업〉 등 히트작이 쏟아지던 애니메이션의 두 번째 황금기에 픽사에서 일했었죠. 제가 말하는 '이야기 먼저' 철학은 세계 최고의 스토리텔러들과 함께 일하면서 만들어졌어요. 영화를 만들 때 최고의 배우, 세계적인 작곡가, 가장 독창적인 스토리 아티스트, 화려한 특수 효과 전문가가 모이더라도, 이야기의 구성이 단단하지 않으면 그저 그런 영화가 돼요.

시나리오를 쓸 때 흔히 저지르는 실수는 무엇인가요?

스토리 컨설턴트로서 저는 어느 부분에서 이야기가 재미없어지는지 살펴보죠. 시작은 좋은데 중간에 늘어지는 경우가 많아요. 시드 필드 Syd Field라는 작가가 이런 말을 한 적 있어요. "캐릭터 앞에 장애물을 놓아라." 다리가 끊어지거나 추격 중에 타이어가 터지는 것처럼요. 그래도 장애물은 순간적으로 이야기에 자극을 주지만, 강한 에너지를 지속적으로 제공하진 못해요. 이야기에 에너지를 주입하려면 갈등과 문제를 증가시켜서 캐릭터를 바탕으로 지속 가능한 전개를 유기적으로 만들어야 해요.

많은 시나리오에서 두 가지를 놓치고 있어요. 하나는 단순히 세상에서 필요로 하고 원하는 것을 얻는 과정에서 갈등을 만드는 캐릭터 무리예요. 훌륭한 시나리오에는 역동적이고 다양한 갈등을 일으키는 관계가 많이 나오죠. 제대로 만들어지면 각 캐릭터는 서사에 극적인 힘을 불어 넣는 이야기 엔진이 됩니다.

다른 하나는 신빙성, 즉 사실성의 부족입니다. 이것이 바로 캐릭터와 이야기에 신경 써야 하는 이유입니다. 첫 번째 측면은 이야기 논리인데, 문학 이론의 논리를 의미하는 것이 아니라 '감옥에서 마침내 출소한 보석 도둑이 훔친 보석을 아무 데나 아무렇게나 두었을까?'라는 의미에서의 논리를 말합니다. 시청자에게 이러한 이야기 논리는 '이 이야기를 신뢰할 수 있는가?'라는 단순한 질문으로 이어지죠. 보석 도둑 이야기는 그렇지 않아요. 이야기에 신뢰를 잃으면 사람들은 이야기에 집중하지 못합니다.

이야기의 신빙성이 부족해지는 두 번째 지점은 감정적 진실이에요. 저는 〈니모를 찾아서〉 개봉 후에 회의에서 연설한 적이 있어요. 한 젊은 여성이 회의가 끝나고 저를 찾아왔죠. 자기가 샌디에이고 출신에 바닷가에서 자랐으며 영화를 얼마나 좋아하는지 말했어요. "정말 엄청난 영화예요! 그리고 현실적이에요!"

우리는 감정적 진실 때문에 캐릭터와 그들이 어떻게 되는지 관심을 두죠. 〈니모를 찾아서〉에서 우리는 아들을 지키려는 말린의 소망에 의문을 제기하지 않아요. 스스로 나아가고자 하는 니모의 바람도 이해하죠. 훌륭한 스토리텔러는 진실된 묘사를 통해 사람들이 관심을 가지고, 깊이 공감하고, 웃게 하고, 슬퍼서 눈물까지 흘리게 합니다. 그래서 어린 시절 장난감(토이 스토리)과 말하는 물고기(니모를 찾아서)가 겪는 곤경에 빠져들고 공감할 수 있는 거죠.

10장

. . . .

감각을 일깨워 감정을 느끼게 하라

1975년 6월, 스티븐 스필버그의 영화 〈죠스〉는 영화 제작의 판도를 바꿨다. 그는 거장다운 스토리텔링을 통해 한 세대의 사람들이 바다 수영을 두려워하게 만들었다. 하지만 정작 스티븐 스틸버그는 이야기를 전달하는 데 실패했을까 고민했고, 상영을 시작하기도 전에 자기 경력이 끝날까 봐 두려움에 떨었다.

촬영을 시작했을 때 스필버그는 상어를 중심으로 한 대본을 가지고 있었다. 그러나 상어를 연기할 기계 상어는 계속해서 오작동했고, 바다 밑으로 가라앉았다. 촬영 현장의 스태프들은 그 상어를 스필버그의 변호사 이름을 따서 브루스로 불렀다. 오작동 없이는 지나가는 장면이 없었다. 상어 없이 어떻게 상어 영화를 만든단 말인가?

잠시 망상에 빠져 있던 그는 백상아리를 훈련시키자는 논의를 하기도 했다. 결국 스필버그는 대본을 다시 써서 상어라는 존재를 감각과 환상 속의 대상으로 만들었다. 카메라는 상어의 시선을 따라 움직였다. 관객은 상어를 볼 필요가 없었다. 단지 상어의 존재를 느끼고 나머지는 상상력으로 채우기만 하면 됐다.

이 영화에서 상어는 물이 튀는 장면과 강력한 음악으로 등장한다. 나무로 된 통이 수면 위에서 움직이고, 수영하는 사람들이 서로 다른 방향으로 밀려간다. 보트가 갑자기 휘청거린다. 영화를 보면 마치 바다에서 수영을 하다가 수면 위아래로 까딱거리는 느낌이 든다. 당신의 뇌는 바다 냄새를 맡고, 바닷물을 맛보고, 심지어 해류의 움직임을 느끼는 착각에 빠진다. 상어의 등장을 예상하는 동안 심박수가 빨라진다. 영화가 지나치게 생동감 넘쳤던 나머지, 영화를 본 사람들은 해변에서 시간을 보낼 때 적어도 한 번은 〈죠스〉를 생각하게 됐다. 이 모든 것은 우리의 감각을 사로잡는 상어에 관한 환상을 통해 이뤄졌다.

〈죠스〉의 사운드트랙은 상어만큼이나 존재감 있는 캐릭터다. 작곡가 존 윌리엄스John Williams는 두 음을 영리하게 번갈아 사용하며 긴장감을 조성하고, 영화를 보는 관객들이 앉은 자리에서 몸을 앞으로 기울이게 만든다. 상어의 공격이 가까워질수록 음이 빈틈없이 빠르게 연주된다. 한 장면에서는 상어가 공격할 거라고 예상되는 순간에 등에 가짜 지느러미를 단 어린아이가 물속에서 튀어나온다. 음악이 속도를 조절하면서 긴장감을 한순간 해소시키지만 서서히 다시 조성된다. 훌륭한 이야기는 호기심을 불러일으키고, 위험성과 갈등을 높이며, 예상 밖의 무언가를 제시하면서 반복적으로 긴장감을 높이고 해소한다.

제약은 스토리텔링에 가장 좋은 아이디어를 제시한다. 만약 스필버그가 기계 상어를 가지고 기존의 시나리오대로 작업했다면, 영화가 그렇게 큰 주목을 받지 않았을 것이며, 상어도 그다지 현실적으로 느껴지지 않았을 것이다. 대신 그는 창의적으로 감각과 환상을 이용해 관객을 이야기 중심에 놓았다. 좋은 이야기와 훌륭한 이야기의 차이는 관객의 감각과 감정을 끌어들여 그들이 캐릭터와 같이 느끼고 경험하게 만드는 것에 있다.

이 단계에서는 이야기 구조와 디테일 위에 감각을 덧입혀 이야기를 만든다. 청중이 이야기의 사건과 디테일을 경험하도록 돕고, 당신이 묘사한 것을 보고, 듣고, 느끼고, 맛보고, 냄새 맡게 한다.

나는 런던 비즈니스 스쿨에서 기조연설을 하다가, 5분 안에 이야기를 개선하는 방법을 보여주려는 데 도움을 줄 사람이 있냐고 물었다. 엠마라는 여성이 자원했고, 나는 그녀에게 휴가에 관해 나누고 싶은 이야기 떠올려 보라고 했다. 그녀는 몇 년 전에 참석했던 집라인 체험이 포함된 브라이덜 샤워 이야기를 선택했다. 처음에는 엠마에게 어떤 가이드나 조언 없이 이야기하라고 했다.

그녀는 결혼을 앞둔 친구의 브라이덜 샤워에 초대받았다. 하지만 집라인을 타야 한다는 사실을 알고 나서는 그 파티에 참석하고 싶지 않았다. 엠마에겐 고소공포증이 있었기 때문이다. 친구들은 집라인을 탈 때 도와줄 테니 브라이덜 샤워에 참석하라고 그녀를 설득했다. 결국 엠마는 브라이덜 샤워에 참석했고 집라인을 탈 시간이 다가오자 긴장감이 고조되기 시작했다. 그녀는 별일 없을 거라고 자신의 마음을 애써 진정시켰다.

이번에는 엠마에게 다른 지시 사항을 주었다. "같은 이야기를 다시 해봅시다. 하지만 이야기의 색깔, 재질, 냄새, 감정에 집중해 보세요. 우리가 그곳에 있다면 무엇을 보고, 듣고, 맡고, 경험했을까요?"

엠마는 이야기를 다시 이어갔다. "파란색 집라인 도구를 착용했어요. 허리와 다리 주위가 조이면서 다리가 떨리기 시작했죠. 노란색 헬멧의 클립을 끼우고, 첫 번째 집라인 플랫폼을 향해 숲 사이로 한참 걸었어요. 달콤하고 축축한 소나무 냄새를 계속해서 깊이 들이마셨죠. 숲길을 따라 상록수가 서 있었고, 일반적인 숲의 초록색보다 더 짙은 초록색을 띠고 있었어요. 걸음을 걸을 때마다 두려움이 커졌고 부츠가 점점 무거워지는 것처럼 느껴졌어요. 귀에 제 심장 소리가 들릴 정도였죠. 친구들은 웃으며 농담을 던졌지만, 제가 할 수 있는 일이라곤 한쪽 발을 들어 다른 쪽 앞에 두는 데 집중하는 것뿐이었어요."

엠마는 숨을 고른 후 이야기를 이었다. "출발 플랫폼에 올라가서는 한 쪽 팔로 나무를 꽉 붙들고 있었어요. 짙은 갈색 나무껍질이 제 손바닥에 자국을 남겼죠. 제 차례가 다가오면서 두려움이 골프공만큼 커졌어요. 가슴과 목구멍이 답답하게 느껴졌죠. 말이 안 나왔어요. 친구들이 응원해 줄수록 나무를 더 꽉 붙들었어요."

약 3분 만에 엠마의 이야기는 흥미로운 이야기에서 듣는 사람도 함께 그녀와 나무를 붙들고 있게 되는 이야기로 바뀌었다. 고소공포증이 없는 사람이어도 엠마의 공포와 두려움을 느낄 수 있었다. 달콤한 소나무 냄새를 맡을 수 있었고, 부츠의 무거움을 느낄 수 있었다. 집라인 경험이 있는지와 상관없이 엠마를 이해하고 공감할 수 있었다.

이야기를 구성할 때 청중이 무언가를 느낄 수 있도록 만들어야 한다. 청중의 감각과 두뇌를 자극하자.

감각과 감정을 보여주는 법

당신의 이야기에 등장하는 색깔은 무엇인가? 어떻게 그 색깔을 묘사할 수 있는가? "석양은 금빛이다."라고 말하는 대신, "석양은 주황, 노랑, 금빛의 반짝이는 불빛 같았다."라고 생동감 있게 묘사하자. 역동적으로 묘사할수록 청중에게 각인된다.

캐릭터는 무엇을 느끼고, 맛보고, 냄새 맡고, 듣는가? 말하지 말고 보여주자. 돌풍 때문에 입술이 갈라지고 거칠어진 느낌을 받게 해서 이야기에 빠져들게 하자. 헤어질 때 포옹한 친구의 향수 냄새가 옷에 어떤 향으로 남아 있는지를 묘사하는 식이다. 주인공이 악수할 때 느낀 상대방의 굳은살 박힌 손을 묘사하자. 단순히 비가 내렸다고 표현하지 말고, 창문을 두드리는 빗소리에 대해 설명하자. 가벼운 노트북을 이야기할 때는 얼마나 예상치 못하게 가벼운지, 예를 들어 지난번에 읽은 종이책만큼이나 가볍다고 하자.

모든 감각을 이야기에 담을 필요는 없다. 이야기를 진행하면서 주인공이 경험하는 감각이 무엇인지 고려하길 바란다. 후각은 기억과 강력하게 연결돼 있다는 점을 명심해야 한다. 이야기에서 냄새를 의도적으로 묘사하면 청중이 그 냄새와 관련한 경험을 쉽게 떠올린다.

각각의 감각은 두뇌를 활성화하는 데 도움이 될 뿐만 아니라, 청중에게 이야기를 각인시키는 디테일을 만든다. '업무와 관련된 이야기에서는 색깔이나 감각을 묘사할 수 없다.'고 생각할 수도 있다. 내 생각은 다르다. 회사라고 감각의 스위치가 꺼지진 않는다.

사무실에도 냄새는 가득하다. 커피 끓이는 냄새, 잉크 프린터 카트리지 냄새, 휴게실에서 동료가 먹다 남은 연어를 데우는 냄새. 회의실에는 겉면에 물방울이 맺힌 물 주전자, 구겨진 종이, 갈색 휴지통, 바닥에 떨어진 클립 등이 있다. 소매점에서는 전등의 윙윙대는 소리, 휴대폰 울리는 소리, 웅얼대는 대화 소리, 서류를 스캔하는 소리가 들린다. 팀원들은 프레젠테이션에 청록색을 사용해야 할지 파란색을 사용해야 할지 몇 시간에 걸쳐 토론한다. 프로젝트 위험도는 신호등처럼 빨강, 노랑, 초록색 표시로 평가된다.

비즈니스 프레젠테이션을 꽃밭처럼 묘사하라는 의미가 아니다. 비즈니스 맥락에서도 감각을 끌어들일 수 있다. "어두운 회색빛 물처럼 불투명하군요." 또는 "우리는 직원들이 영감을 받아 장벽을 통과할 수 있기를 원합니다."라고 표현할 수 있다. 한 번은 "이 과정은 중학교 라커룸처럼 케케묵었다."라는 표현을 사용해 변화가 필요하다는 사실을 지적했다. 한 번은 다른 사람이 나를 프로젝트에 추천했을 때, 관리자에게 농담처럼 "눈썹을 뽑고 싶은 만큼 그 프로젝트를 하고 싶어요."라고 말한 적이 있다. 나는 하기 싫었던 프로젝트에서 벗어났을 뿐만 아니라, 다음 회의에서 안대라는 유쾌한 선물을 받았다. 색깔, 감각, 감정은 비즈니스 상황에서도 아이디어가 청중의 기억에 남게 해준다. 예상 밖의 표현이므로 우리의 뇌가 집중하게 된다.

마리아는 엘리베이터를 타고 버튼을 눌렀고, 휴대폰은 떨어진 뒤에 바닥에서 한 번 튀어 올랐다. 그녀의 행동에 관한 설명은 행동과 관련 있는 전두엽을 자극한다. 버튼을 누르는 묘사는 촉감과 관련 있는 정수리의 두정엽을 활성화한다. 엘리베이터 틈으로 떨어지는 휴대폰을 묘사하기 위해 '쓱' 하는 소리를 사용했을 때, 청각과 관련된 측두엽에 불이 밝혀진다. 강연 초반 30초 동안 나는 당신의 감각과 감정을 의도적으로 끌어들여 불편함을 느끼게 한다.

캐릭터의 감정은 어떠한가? 행복한가? 두려운가? 짜증이 났는가? 스트레스를 받았는가? 기쁜가? 불안한가? 피곤한가? 청중이 캐릭터의 감정을 느끼도록 어떻게 도울 수 있을까? 이때는 "슬퍼한다." 등의 말보다는 '슬퍼하는 모습'을 보여줘야 한다. "엠마에겐 고소공포증이 있다."고 말하는 대신, 엠마가 집라인 꼭대기에서 나무를 끌어안고 있는 모습을 보여준다.

또 대화 중에 2분에 한 번씩 휴대폰을 들여다보는 모습으로, 캐릭터가 집중하지 못하고 있음을 보여줄 수 있다. 사람들과 눈을 마주치지 못하는 모습으로 캐릭터가 수줍음이 많다는 사실을 알려줄 수 있다. "남자는 여자에게 자기 휴대폰의 비밀번호를 주었다."는 말을 들으면 남자가 여자를 믿는다는 가정을 활용해 당신의 뇌가 그 가정을 확신하도록 돕는다. 말하는 대신 보여주면 게으른 뇌가 깨어나고, 가정을 통해 청중이 집중하게 한다.

청중에게 이야기의 달콤한 뉘앙스와 생동감 있는 디테일을 선사하는 것이다. '어떻게 해야 청중이 알 수 있지?'라는 질문은 이야기를 검토할 때 하면 좋다. 청중이 어떻게 받아들일지를 고려하면, "그는 추웠다."처럼 일반화된 표현을 "그의 입술은 파래졌고 몸을 계속해서 덜덜 떨었다."라고 바꿀 수 있다. 디테일한 표현은 감각의 신경활동을 자극하고 캐릭터와 같은 경험을 할 수 있게 해준다. 그래서 우리는 바닷속 상어를 무서워하고 엘리베이터를 탈 때 휴대폰을 더 꽉 쥐게 된다.

마리아가 엘리베이터 틈새로 빠진 휴대폰을 어떻게 해야 할지 알아내려고 애쓰는 동안 엘리베이터 문은 계속해서 닫혔다. 그 문장을 읽으면서 우리는 마치 엘리베이터 문이 어깨에 부딪히는 듯한 느낌을 받는다. 월터는 도티의 이름을 모른다는 사실을 알아차렸을 때 가슴이 철렁 내려앉았다. 그는 부끄러웠고 자신에게 화가 났다. 우리는 그가 도티의 이름을 모른다는 사실을 알았을 때 느낀 부끄러움을 느낀다. 다시는 주위 사람에게 소홀하지 않겠다는 월터의 결심은 우리의 결심 또한 강하게 한다. 우리는 이야기 안에서 월터 바로 곁에 함께한다.

무엇이 이야기를 힘들고 복잡하게 만드는가?

집라인은 이야기를 복잡하게 만드는 아이디어가 아니지만, 고소공포증이 있다면 이야기가 달라진다. 엘리베이터 틈으로 휴대폰을 떨어뜨리면 물론 불편함을 겪는다. 하지만 출입증, 신용카드, 운전면허

증과 함께 떨어뜨림으로써 당장 사무실에 못 들어가고 자신의 차조차 이용하지 못하게 되므로 불편함을 넘어 힘들어진다. 각각의 물건을 대체하기 위한 비용, 시간, 노력을 생각하면 이야기가 한층 더 복잡해진다. 청중이 당신의 캐릭터와 이야기에 공감하게 하려면 그 상황에 공감할 수 있어야 한다. 모든 이야기가 힘들고 복잡할 필요는 없다. 하지만 조금이라도 그런 기색을 보여줄 필요가 있다.

갈등이 빚어낸 힘들고 복잡한 감정에 청중이 공감하도록 만들어야 한다. 왜 그 캐릭터가 앞으로 나아가기 힘들어하는지를 설명해보는 것이다. 갈등 상황의 선택지가 분명하지 않거나 바람직하지 않은 이유가 무엇인가? 캐릭터가 원하는 성과를 얻지 못하면 어떤 부담을 지게 되는가? 이야기를 힘들고 복잡하게 만드는 요소를 청중도 경험할 수 있게 도와야 한다.

마리아는 비용을 많이 들여서 휴대폰을 되찾거나 휴대폰과 여러 중요 물품을 교체해야 하는 불편한 상황을 마주했다. 월터는 도티의 이름을 몰랐다는 사실에 당혹감과 부끄러움을 느꼈다. 이것은 그에게 중요한 문제였다. 그는 자신의 리더십 가치관에 의문을 품어야 했다.

보지 않을 수 없는 것을 보기

비즈니스 프레젠테이션에는 '머니 슬라이드Money Slide'가 있다. 머니 슬라이드는 프레젠테이션의 핵심과 요점을 명확히 보여주는 한 장의 슬라이드를 의미한다. 이 슬라이드는 프레젠테이션의 정점에서 가장 강력한 요점을 보여주는 '의사 결정' 슬라이드다. 나는 항상 이 슬라이드가 사람들이 보지 않을 수 없는 것을 보여준다고 생각한다. 훌륭한 이야기는 이러한 머니 슬라이드를 제시한다. 청중이 그냥 지나치거나 보지 않을 수 없게 아이디어와 인식을 구축한다.

자선단체는 사람들이 보지 않을 수 없는 것을 보여주는 데 능숙하다. 그들은 감각과 감정, 어려움에 연결된 이야기를 통해 문제를 설명한다. 그들은 의도적으로 당신이 그들과 다르고, 외집단의 일원이라고 느끼게 만드는 이야기를 전달한다. 이러한 이야기를 통해 당신은 더 이상 보지 않을 수 없는 것을 보게 된다. 자선단체는 불우한 개인의 이야기를 사용해 사람들을 이해하게 만든다. 진은 가족이 사용할 물을 구하기 위해 약 20리터의 물통을 지고 연못으로 가는 소년이다. 진은 하루에 다섯 번씩 머리에 물통을 지고 자갈과 돌이 무수한 흙길을 걷는다.

게다가 연못의 물은 탁하고 고여 있어서 당신이라면 절대 마시지 않을 물이다. 하지만 진의 가족이 사용할 수 있는 유일한 물이다. 이 물이 없다면 그들이 먹고 씻고 농사지을 물이 없다. 진이 아프기라도 하면 가족들은 그 물마저 구하기가 어려워진다. 진이 길어 오는 물에 온 가족이 의지하고 있어서 학교에 가야 할 나이에도 진은 학교에 가지 못한다. 그들은 반복되는 루프에 갇혀서 환경을 바꿀 수 없다.

당신은 이제 깨끗한 물을 구할 수 없는 문제를, 단순히 사실 정보를 알았을 때와는 다른 방식으로 이해할 수 있다. 머리에 얹은 물 양동이의 무게와 자갈로 가득한 흙길을 맨발로 걷는 느낌을 상상하게 된다. 진의 가족을 포함해 깨끗한 물을 구하지 못하는 수많은 사람의 삶을 인지하게 된다. 이 이야기는 "전 세계적으로 인구의 10% 가 깨끗한 물을 구할 수 없다."는 설명으로 이어진다. 이야기를 듣기 전에는 통계를 들어도 공감하지 못했다. 하지만 진의 이야기를 들은 후에는 그 통계가 새로운 의미로 다가온다.

이야기를 구성할 때 사람들이 무엇을 보기를 원하는가? 당신이 채택한 아이디어는 어떻게 청중에게 공감되고, 생각과 행동을 바꾸게 하는가? 월터와 마리아의 이야기가 새로운 아이디어를 제시하는 것은 아니다. 다만 현실에서 실천하지 못할 뿐이다. 월터는 실천하지 못한 사람이었고, 그래서 인생을 살면서 만나는 도티의 이름을 기억 하겠다고 다짐했다. 아마 당신은 월터의 이야기를 통해 '내가 도티의 이름을 알고 있나?' 하는 궁금증이 생겼을 것이다. 어쩌면 이 이야기 에 공감해서 앞으로는 사람들에게 주의를 기울이겠다고 월터와 같 은 맹세를 했을지도 모른다.

감각을 일깨워 감정을 느끼게 하라

- 감각을 자극하는 묘사는 뇌 활동을 증가시키고, 뇌를 게으름 상태에서 벗어나게 하고, 청중이 이야기에 몰입하게 한다.

- 감각을 뭉뚱그린 말로 전달하지 말자. 청중이 캐릭터와 똑같이 보고, 듣고, 느끼고, 맛보고, 냄새 맡을 수 있게 감각을 보여주자.

- 후각은 기억과 밀접하게 관련돼 있다. 이야기에 후각을 활용하면 청중이 이야기의 주제와 관련된 자신의 후각적 경험을 연결 지을 수 있다.

- 청중을 어렵거나 복잡한 이야기와 연결해야 한다. 캐릭터의 감각과 감정을 묘사해 그들이 처한 위험을 이해할 수 있게 하자. 이야기의 긴장감을 높일 뿐만 아니라 청중이 경험했던 비슷한 순간을 떠올리게 해준다.

- 캐릭터의 감정을 말로 전달하지 말고 보여주자. 캐릭터가 짜증 났다고 이야기하지 말고, 그들이 다시는 대화를 하고 싶지 않은 어떤 사람을 어떻게 무시했는지 설명하는 식이다.

- 청중이 보지 않을 수 없는 것을 보도록 돕는다. 이야기는 청중에게 보지 않을 수 없는 것을 제시하는 과정이다.

콜비 웹Colby Webb

기업 글로벌 사업 리더, 전 최고 마케팅 책임자

지금까지 해왔던 것 중 가장 중요한 이야기는 무엇인가요?

마케팅은 '스토리텔링'이 아닌 '스토리 두잉story doing (이야기를 행동에 옮기기 - 옮긴이)'의 시대에 접어들었어요. 사람들은 자신이 무엇을 지지하는지 또는 어떻게 더 나은 삶을 만드는지를 알고 싶어 합니다. 내가 해왔던 것 중 가장 중요한 이야기는 내가 만든 이야기가 아니라, 나를 재창조한 이야기였어요.

저는 항상 동물을 사랑하고 옹호해 왔습니다. 정기적으로 기부하고, 자원봉사하고, 동물을 돌보기도 했지만, 동물 복지 시스템 이면에 있는 더 큰 문제와 많은 품종(핏불 테리어 등)의 동물이 처한 어려움을 알지는 못했어요.

2년 전 한 행사에서 자원봉사를 하고 있었어요. 거기에서 댄이라는 이름의 두 살짜리 핏불의 사진이 실린 입양 전단지를 보게 됐죠. 보자마자 저는 댄과 가장 친한 친구가 될 거라는 사실을 알 수 있었습니다. 그래서 댄을 입양했고, 제 인생은 완전히 달라졌어요. 댄은 저에게 충만한 기회와 끔찍한 현실이 공존하는 새로운 세상을 열어줬죠.

저는 핏불 등 여러 종류의 개가 과거 투견이었다는 사실 때문에 뉴욕과 전국 동물 보호소에서 입양이 안 된다는 사실을 알게 됐죠. 너무 많이 번식되고, 오해받고, 비난받아서 입양하려는 가족을 찾기가 어려워졌죠.

최근 몇 년 동안, 핏불은 600마리 중 한 마리만 입양될 정도로 입양률이 낮았습니다. 보호소 중 75%가 그들의 행동이나 나이, 건강 상태와 관계없이 모든 핏불을 안락사했어요. 핏불이 가진 유일한 단점은 '핏불'인 것이었어요. 핏불은 실제 품종 범주도 아니에요. 머리가 각지고 아몬드 모양의 눈을 가진 모든 개를 일컫는 단어일 뿐이죠. 핏불의 대다수가 온순하고 충직하고 사랑스러운데, 무책임한 주인들과 잘못된 언론 보도, 불법적인 개싸움 때문에 낙인이 찍혔어요.

제가 댄을 만났을 때, 댄은 감옥에 간힌 죄수처럼 사진 찍히고(머그샷), 행동을 점검하고, 격리돼 있었어요. 댄뿐만 아니라 입양 전단지 속 개들 모두 잔뜩 겁에 질린 표정이었죠. 사진도 이상하게 나온 데다가 '핏불'이라는 낙인까지 찍혔으니 입양될 확률은 희박했어요.

새로운 그들의 이야기가 필요했어요. 새로운 일련의 행동이 필요했고, 진짜 모습을 보여주고 운명을 바꾸기 위해 '재브랜드화 rebranding'가 필요했죠.

저는 '세이브어불Sav-a-Bull'이라는 자선활동을 통해 핏불을 구조하고, 훈련시키고, 입양하는 과정을 교육하고 지원합니다. 그들을 사랑해 주고 능력 있는 가정을 찾아주고 있죠. 그렇게 핏불은 뉴스, 영화, 책에서 가족과 지역사회의 긍정적인 일원으로 등장하기 시작했어요.

'세이브어불' 자선활동은 뉴욕의 동물보호센터와 파트너십을 맺어 '버로우브레드Boroughbred(자치도시에서 자란 품종 – 옮긴이)' 캠페인을 만들었어요. 저희는 재능을 기부하기로 한 전문 사진작가들 및 크리에이티브 팀과 협업해, 뉴욕을 사람과 동물의 회복력 있는 멜팅팟 melting pot(인종, 문화 등 여러 요소가 하나로 융합·동화되는 현상이나 장소)으로 그려냈어요. 뉴욕에서는 어떤 반려동물도 비난해선 안 되죠.

광고 게시판과 버스 옆면을 핏불의 애정 넘치고 장난기 넘치는 이미지와 이야기로 도배했어요. 그들의 중독성 있는 미소와 당당한 모습 덕분에 사람들은 핏불을 재평가하게 됐죠. 그들은 더 이상 사나운 개가 아닌 미래를 함께할 친구였죠. 댄은 심지어 타임스퀘어 전광판 영상에 모든 사람에게 뽀뽀하는 모습으로 등장했어요. 캠페인에 등장한 강아지는 전부 입양됐죠. 지금도 온라인에서 캠페인이 진행 중이에요.

댄을 입양한 날부터 댄은 제 무릎에 머리를 대고 "고마워."라고 말하는 것처럼 금빛 눈으로 저를 올려다봐요. 하지만 정말 고마운 건 저예요. 댄 덕분에 저는 더 나은 사람이 됐고, 제 인생에 목적이 생겼어요. 제가 이룬 모든 좋은 결과는 댄을 입양한 날, 댄과 같은 강아지들의 이야기를 전하겠다고 약속하면서 생겼죠.

이야기는 아직 끝나지 않았어요. '세이브어불'은 댄의 이야기를 활용해서 어린이들에게 동물에 관한 교육을 시작했어요. 어떤 사람이든, 어떤 동물이든 낙인이 찍혀서는 안 되죠. 이야기는 대화를 바꾸고, 생명을 구하고, 모든 강아지가 사랑과 공감을 받을 자격이 있다는 사실을 보여줄 수 있어요.

11장
. . . .
순서 하나 달라졌을 뿐인데

나는 〈굿 윌 헌팅〉이라는 영화를 좋아한다. 이 영화는 복잡한 캐릭터가 등장하는 독특한 이야기다. 맷 데이먼Matt Damon과 벤 애플렉Ben Affleck은 영화에 캐스팅이 잘 안 된다는 이유로 본인들이 영화 시나리오를 직접 썼다. 〈굿 윌 헌팅〉에 삽입된 엘리엇 스미스Elliott Smith의 노래 'Miss Misery'는 침울하고 아름답다. 그리고 완벽하게 비선형적으로 이야기를 전달하는 시퀀스(특정 상황의 시작부터 끝까지를 묘사하는 영상 단락 구분)가 연출된다.

맷 데이먼은 주인공 윌 헌팅을 연기했다. 윌은 천재지만, 입양기관과 청소년 보호시설에서 학대받고 이리저리 떠돌아다녔다. 평생 사람들에게 배신당한 윌은 신뢰와 관계 유지에 어려움을 겪는다. 가

석방 조건으로 MIT에서 청소부로 일하던 윌이 말도 안 되게 어려운 수학 공식을 푸는 모습을 본 한 교수는 그의 천재성을 알아보고 그의 멘토가 되어주기로 한다. 대신 한 가지 조건을 걸었다. 윌은 과거 트라우마에 관한 상담 치료를 받아야 했다. 그리고 로빈 윌리엄스 Robin Williams가 연기한 션 맥과이어가 등장한다. 션은 윌처럼 보스턴 남부에서 자랐고 아내를 잃은 심리학 교수였다.

영화 중반부에 션의 연구실에서 윌이 상담하는 장면이 나온다. 윌은 션에게 이렇게 질문한다. "아내를 만나지 않았더라면 어떤 삶을 살았을지 생각해 본 적 있어요?"

이 질문에는 영화의 주제와 핵심 메시지가 담겨 있다. 션은 이 질문이 중요하다고 생각한다. 그는 아내와 사이가 안 좋을 때도 있었지만 아내 덕분에 좋은 순간들을 깨닫게 됐다고 말한다. 그러자 윌은 션에게 죽은 아내를 만난 것을 후회하느냐고 묻고, 션은 그녀와 함께한 날을 단 하루도 후회하지 않는다고 대답한다.

이 대목에서 관객은 션은 아내가 죽었어도, 그로 인해 힘든 시간을 겪었음에도 아내를 만난 것을 후회하지 않는다는 사실을 알게 된다. 하지만 그것만으로는 충분하지 않다. 션이 왜 그렇게 생각하는지가 전해지지 않아서다. 이때 윌은 다시 묻는다. "아내가 운명의 상대라는 것을 언제 알았어요?"

이 질문은 이야기에서 갈등을 만들어낸다. 긴장감이 고조되는 순간에 우리는 션의 여정을 따라가게 된다. 션은 이야기 첫 부분으로 돌아가서 우리에게 이야기의 맥락을 제공한다.

"1975년 10월 21일." 션이 대답한다.

이 대답은 놀라울 정도로 예상 밖의 구체적인 디테일이다. 월의 대답에 당신의 흥미는 높아진다. 대답이 구체적이어서 긴장감이 해소되지만, 더 많은 맥락이 필요해서 긴장감을 높인다. 이 날짜가 무슨 의미일까? 그날 무슨 일이 있었을까? 션은 그날 월드 시리즈 여섯 번째 경기가 있었다고 말한다. 그는 표를 사기 위해 친구와 밖에서 밤을 지새웠다. 야구나 보스턴 레드삭스 팬이 아니더라도, 그날이 션에게 중요한 날이라는 사실을 알 수 있다. 이 추측은 "표를 구했다고요?"라며 놀라는 월의 대답을 통해 확신할 수 있다.

이쯤 되면 맥락은 결정된다. 우리는 언제 이야기가 발생하는지, 누가 관련돼 있는지, 왜 우리가 이 이야기에 관심을 가져야 하는지 알게 된다. 무슨 일이 일어났는지 알고 싶을수록 긴장감이 높아진다. 션은 긴장감을 아주 조금 해소한다. 그는 경기장에 들어가기 전에 동네 술집에서 친구들과 어울렸던 기억을 이야기한다. "그때 그 여자가 걸어 들어왔지." 스치듯 지나간 한마디. 이 말이 아무도 모르는 사이에 씨앗을 뿌리고 싹을 틔운다.

션은 화제를 돌려 연장전으로 이어진 월드 시리즈 경기를 설명한다. 12회에서 레드삭스 선수 칼튼 피스크가 타석에 들어섰다. 그는 좌익수 방향으로 공을 쳤다. 경기장에 있는 모든 사람이 그 공이 안타가 되길 바라며 소리 질렀다. 칼튼 피스크는 마치 공이 선 안쪽으로 들어가게 만들기라도 하는 것처럼 머리 위로 크게 제스처를 취했다. 행운은 그의 편이었다. 공은 파울 기둥을 맞고 튕겨 나와 안타로 인정됐다. 레드삭스는 득점했고, 일곱 번째 경기를 하게 됐다.

션과 월은 마치 경기장을 뛰는 선수처럼 벌떡 일어나 연구실 의자 주위를 돌며 뛰었다. 션이 그날의 흥분을 묘사하는 동안, 마치 그 현장에 와 있는 것처럼 행동했다. 그 장면을 보며 우리는 관중들이 열광하는 소리를 듣고 공기 중에 팝콘 냄새가 나는 것 같은 느낌을 받는다. 윌은 션이 흥분하는 모습에 맞장구치며 "그 경기 표를 구했다니 믿을 수가 없어요! 경기장으로 뛰어 들어갔어요?"라고 소리친다.

이야기의 긴장감은 최고조에 달한다. 션은 능숙하게 긴장감을 해소한다. 션이 이야기 초반에 심어둔 이야기로 돌아가면서 그의 에너지와 목소리, 말의 속도가 갑자기 몇 단계 아래로 떨어진다.

"아니, 난 그 경기장에 없었어. 술집에서 내 미래의 아내가 될 여자와 술을 마시고 있었지."

쿵. 우리는 다시 시작한 곳으로 되돌아왔다. 갈등 상황으로. 예상 밖의 구체적인 대답이다. 경기장으로 뛰어든 션, 친구와 끌어안고 즐거워하는 션을 떠올렸는데 전혀 생각하지 못했던 장면이 튀어 오른 것이다. 윌이 "당신 친구들은 대체 왜 당신을 말리지 못한 거죠? 도대체 친구들에게 뭐라고 말한 거예요?"라고 믿기지 않는다는 듯이 따져 물을 때, 윌도 관객들처럼 머리를 한 대 얻어맞은 얼굴을 하고 있다.

션은 이렇게 대답했다. "표를 테이블 맞은편에 앉은 친구에게 넘겨주며 말했지. 미안한데 저 여자를 만나러 가야겠어." 그는 미래에 아내가 될 여자가 눈이 부시게 빛났다고 말했고 친구들도 그의 눈빛에서 진심을 읽었다. 친구들은 그의 표를 가지고 떠났고, 션은 아내가 될 여자와 술을 마셨다. 그는 그녀에게 말을 걸고, 결혼하고, 아내가 아팠을 때 보살폈던 시간을 한순간도 후회하지 않았다고 말한다.

이야기는 한 바퀴를 돌고 제자리로 돌아왔다. 우리는 션과 여행을 다녀왔다. 이제 우리는 션이 월드 시리즈 여섯 번째 경기 날 술집에서 아내를 만났다는 사실을 안다(맥락). 그는 친구들에게 표를 주고 경기를 보러 가는 대신에 미래의 아내와 술을 마신 것을 후회하지 않는다(갈등). 그는 아내를 만나고 평생 함께한 시간을 후회하지 않는다(성과). 결과적으로 션은 자기 인생에 아내가 없다면 지금과 다르지 않았을까 궁금해하지 않고, 아내를 만나지 않았으면 좋았겠다고 후회하지도 않는다(핵심 메시지).

이 시퀀스는 순서 때문에 매우 효과적이다. 요점과 결과를 앞으로 내세우면 호기심이 생긴다. 결과적으로 무슨 일이 일어나는지는 알지만, 그 일이 왜, 어떻게 일어났는지는 모른다. 그래서 구체적인 디테일이 당신의 흥미를 끈다. 이야기는 예상 밖의 문장, 긴장감, 플롯 포인트를 사용해 당신의 관심을 끌어 줄거리를 따라가게 한다.

이 장면은 윌이 "아내는 어떻게 만나셨어요?"라고 질문하면서 시작할 수도 있었다. 션은 그들의 만남과 결혼식, 그녀의 죽음, 후회 없음을 순차적으로 설명할 수도 있었다. 하지만 그렇게 하면 진행이 뻔하다. 이야기의 순서만 바꿨을 뿐인데 이야기는 예상 밖의 요소를 드러낸다. 이렇게 하면 두 가지 효과가 있다. 하나는 우리의 관심을 끌어서 호기심을 자극한다는 점이고, 다른 하나는 이야기의 메시지를 더 잘 이해하고 의미를 깨닫게 한다는 점이다.

효과적인 이야기 순서를 찾는 방법

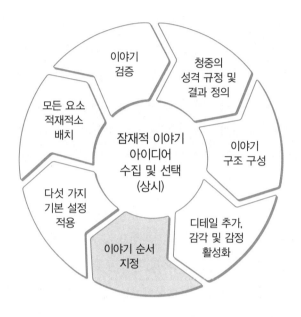

홀륭한 이야기는 이야기 순서와 예상 밖의 플롯 포인트를 사용해 가장 설득력 있는 방식으로 이야기를 전달한다. 이야기 순서는 청중이 집중하고, 긴장감을 높이고 해소하는 데 도움을 준다.

이야기 순서를 지정하면 모아둔 재료로 무엇이 있는지 살펴보고 어떤 요리법을 사용할지 결정하는 데 도움이 된다. 이야기 순서를 어떻게 지정했는지는 스토리 전개와 청중의 경험에 큰 영향을 미친다.

줄거리 vs. 캐릭터

어릴 때 우리는 '옛날 옛적에'로 시작해 '행복하게 살았습니다.'로 끝나는 동화를 자주 만났다. 이런 이야기는 아이들을 쉽게 이해시키기 위해 순차적으로 줄거리가 전개된다.

스토리 아크story arc는 이야기가 진행되며 캐릭터가 경험하는 감정적, 사건적 변화를 나타내는 이야기 흐름 곡선이다. 캐릭터 중심 이야기는 이야기 속 등장인물과 그들의 생각, 갈등에 초점을 맞춘다. 캐릭터는 스토리 아크를 경험하고, 새롭게 성장하고 깨달음을 얻으면서 이야기를 마친다. 그들은 이야기가 끝날 때 변화를 겪는다.

줄거리 중심 이야기는 외부 사건과 결과에 초점을 맞춘다. 줄거리 중심 이야기에서 캐릭터는 물론 중요한 역할을 하지만, 초점이 캐릭터의 변화보다 이야기 속 사건에 맞춰져 있다.

청중은 캐릭터가 겪는 변화와 이야기 속 사건 중 어느 쪽에 더 큰 영향을 받을까? 아니면 두 가지가 결합해 영향을 주는 것일까? 이야기가 어느 방향으로 치우치는지 생각해 보자. 줄거리 중심 이야기는 사건이 발생하는 동안 보고, 듣고, 느끼고, 맛보고, 냄새 맡는 것에 관한 설명을 중심으로 전개된다. 캐릭터 중심 이야기는 당신을 캐릭터의 감정과 감정이 변화하고 진화하는 방식에 집중시킨다. 캐릭터 중심 이야기와 줄거리 중심 이야기 모두 감각과 감정을 끌어들인다. 하지만 디테일이 전개되면서 조금씩 서로 다른 방향으로 기운다.

마리아의 이야기는 줄거리 중심이다. 우리는 그녀에게 일어난 일과 그녀의 행동이 불러온 결과를 경험한다. 우리는 그녀가 경험한 좌절과 의도적인 인간관계에 공감한다. 하지만 마리아는 이야기에서 개인적인 스토리 아크를 거치지 않는다. 월터의 이야기는 캐릭터 중심이다. 우리는 그가 현재 CEO라는 사실을 이미 알고 있었고, 과거로 돌아가 오늘날 그의 리더십 가치에 도움을 준 사건에 관해 알게 된다. 시험에 낙제하고 개인적인 부끄러움을 느낀 후, 그는 달라지기로 다짐한다. 그가 앞으로 인생의 도티들을 기억하겠다고 다짐하면서 우리는 월터의 변화를 느낀다.

관점

어떤 관점에서 말해야 이야기를 가장 잘 전달할 수 있을까? 주인공 중 한 명의 관점일까? 아니면 당신의 관점일까? 만약 마리아의 이야기를 그녀의 관점에서 전달한다면, 이야기의 요점이 약간 달라질 수 있다. 우리는 의도적인 인간관계를 맺으려고 할 때, 마리아의 생각을 더 많이 알게 되고, 마리아가 레이의 어떤 면을 높이 평가하는지 설명할 것이다. 또한 그녀가 레이에게 미친 영향에 관해 알게 되면서 느끼는 놀라움과 기쁨을 우리도 경험하게 될 것이다. 다양한 관점을 실험해 보면 어떤 관점이 청중에게 효과적인지 알 수 있다.

이야기 순서 결정하기

이야기 순서를 정하는 방법에는 여러 가지가 있다. 그중 하나로 각 이야기에 가장 적합한 방법을 찾기 위한 실험이 있다. 여러 개의 포스트잇에 맥락, 갈등, 성과, 핵심 메시지에서 찾은 주요 플롯 포인트를 적고, 순서를 이리저리로 바꿔보면 된다. 그렇게 하면 뻔하지 않으면서 가장 설득력 있는 이야기 순서를 찾을 수 있다.

선형적 이야기

선형적 이야기는 시작, 중간, 끝의 순서로 진행된다. 이런 이야기는 시간 순서로 진행되며, 사건을 인과관계 순서대로 설명한다. 선형적 이야기는 타임라인이 복잡하거나 따라가기 힘든 사건이 있을 때 효과적이다. 이러한 이야기에는 예상 밖의 요소가 등장할 가능성이 높다. 예상 밖의 요소는 갈등을 조성하고 이야기의 결론 지점에서 갈등을 해소해서 스토리 아크를 만든다.

플래시백

시트콤과 영화에서는 종종 플래시백 기법을 사용해 과거를 회상하면서 특정 정보를 드러낸다. 플래시백은 캐릭터에 맥락을 부여하고, 캐릭터가 직면한 갈등에 대한 통찰력을 제공하거나, 이야기에 영향을 미칠 정보를 설명한다.

플래시백이 사용되는 이야기는 기본적으로 시작, 중간, 끝의 선형적인 형식으로 전개된다. 이야기의 시작이나 중간쯤 어딘가에서 플래시백을 위해 잠깐 이야기가 멈춘다. 그다음에 멈췄던 지점에서부터 다시 이야기가 이어진다. 플래시백에서 드러나는 내용은 이야기에 긴장감을 조성한다. 이야기가 중단되면 전개를 예상하는 속도가 느려지고, 청중은 이야기에서 무엇을 알게 될지 궁금해한다. 플래시백은 청중이 캐릭터나 이야기에 필수적인 줄거리 정보를 빠르게 습득할 수 있게 돕는다.

순환

순환은 시작된 곳에서 끝나는 방식의 이야기다. 주로 갈등에서 시작해서 이야기의 끝으로 갔다가, 다시 처음의 갈등으로 되돌아오는 식으로 진행한다. 앞서 살펴본 〈굿 윌 헌팅〉의 시퀀스가 순환형 이야기의 예시다. 이러한 이야기는 청중을 갈등의 순간으로 바로 끌어들일 때 효과적이다. 결과를 알더라도 맥락이 부족하므로 긴장감이 조성된다.

순환형 이야기는 발가락을 물에 살짝 담근 후 천천히 물속으로 들어가듯 전개되지 않는다. 뒤로 물러서서 도약한 후 이야기의 갈등 속으로 첨벙 뛰어든다. 예상 밖의 전개에 청중의 무의식에는 위험이 설정되고 뇌를 사로잡는다.

끝에서 시작하기

끝에서 시작하는 이야기도 이야기의 결말이나 성과에서 시작한다. 결말에서 갈등으로 거슬러 올라간 후 시작 부분으로 넘어간다. 또는 처음으로 돌아가서 맥락을 기반으로 이야기가 전개된다. 앞서 말했듯이 결말을 알아도 결말로 가는 맥락이 부족하면 긴장감이 조성된다. 결말에서 시작된 이야기가 맥락을 쌓아 다시 결말에 이르면, 흔히 새로운 플롯 포인트와 캐릭터의 통찰력을 통해 이야기의 끝을 다시 보게 된다.

"내가 여기까지 어떻게 왔는지 궁금하실 거예요."라는 말로 시작하는 이야기는 주로 영화나 소셜 미디어 게시물의 시작 부분에서 사용된다. 코미디언들은 종종 이 흐름을 사용한다. 그들은 개인적인 경험을 통해 이야기의 결말을 알려준다. 그다음 스토리 아크를 이해하게 한다. 결말을 안다고 해도 예상 밖의 디테일이 전반적으로 짜여 있어 자연스레 이야기에 집중하게 된다. 이 형식은 결말보다 더 매력적인 캐릭터가 등장할 때, 줄거리가 이야기를 반전시킬 수 있을 때 효과적이다.

병렬식 이야기

병렬식 이야기에는 사람, 플롯 포인트, 주제 등 공통적인 무언가를 공유하는 다양한 줄거리가 포함된다. 전체 이야기의 스토리 아크에 따라 두 가지 이야기를 한꺼번에 한다. 나는 새로운 아이디어를 구축하거나 청중이 가지고 있는 아이디어를 환기할 때 종종 병렬식 이야기를 사용한다. 여러 이야기를 결합하면, 청중은 자연스럽게 이야기를 비교하고 다른 관점을 얻는다.

　내가 했던 TED 강연의 첫 번째 이야기는 병렬식 이야기다. 마리아와 월터의 이야기는 모든 사람이 인정받고 가치 있다고 느낄 수 있게 해야 한다는 주제로 연결된다.

　병렬식 이야기는 청중을 일상적인 맥락에서 벗어나게 해, 어떤 아이디어나 감정에 연결하고 싶을 때 효과적이다. 두 이야기를 조합하면 이야기의 내용과 결말을 추측하는 속도를 늦추고, 새로운 사고를 구축할 수 있다.

관점 바꾸기

때로는 다양한 관점에서 이야기하는 것이 도움이 된다. 다양한 관점에서 여러 이야기를 해도 이야기는 결국 하나로 합쳐진다. 하나의 관점에서 이야기한 다음 다른 관점에서 이야기를 이어갈 수 있고, 플래시백을 사용해 서로 다른 관점에서 맥락을 보여줄 수도 있다. 두 가지의 관점은 이야기의 구체적인 플롯 포인트를 대조할 수 있게 돕는다. 이 접근 방식은 종종 다큐멘터리에서 사용된다. 주제에 관해 서로 다른 관점을 공유하면서 전체 이야기를 엮어 나간다.

글로 표현할 때는 이야기의 목소리를 바꾸기 어렵다. 여러 관점을 포함하기로 결심했다면, 언제 새로운 목소리가 등장하고 누가 말하는 건지를 잘 구분해서 설명해야 한다. 또한 같은 정보를 두 관점에서 중복해 제공하지 않도록 주의를 기울여야 한다. 다양한 관점에서 이야기를 다룰 때에는 계속해서 청중이 몰랐던 정보를 제시할 수 있어야 효과적이다.

비교, 대조, "만약 당신이…"

비전이나 전략 회의에 참여해 본 적이 있다면 "오늘로부터 2년 후를 상상해 보세요."라는 시각화 질문을 받아본 적이 있을 것이다. 이러한 이야기는 청중을 특정한 사고방식이나 아이디어에 연결한다. 그리고 청중이 이미 알고 이해하는 내용과 그것들을 비교해 미래 가능성을 엿보게 한다.

나는 유명 엔지니어링 기업의 커뮤니케이션 책임자와 함께 일한 적이 있다. 그는 팀원들이 최고 경영진 개개인과 협력해 '메시지'를 개발하기를 원했다. 우리는 1년 후 그 기업의 성공에 대해 세세하게 담은 보도자료 형식의 이야기인 '만약 당신이'를 작성했다. 여기에는 최고 경영진들이 자기 업무에 관해 알리고 싶은 인용문도 포함됐다. 이 이야기를 통해 회사의 구성원들은 최고 경영진이 1년 후에 이루고 싶은 목표와 그 목표를 달성하는 데 필요한 변화를 파악할 수 있었다.

비교, 대조, 가정의 이야기는 청중이 변화를 받아들이고, 진행 상황을 인지하고, 열망하는 무언가에 공감하도록 만든다.

인상적인 도입부를 만드는 방법

책의 첫 페이지를 펼쳤다가 첫 문장에 매료돼 책에 빠져들어 읽게 된 적이 있는가? 이야기 첫머리에 매력적인 문장이 있으면 청중을 사로잡고, 흥미를 불러일으키고, 더 많이 듣고 싶게 한다.

이야기를 어떻게 진행하든 상관없다. 하지만 이야기의 시작이 어떠하나에 따라 청중의 관심을 끌 수도 있고, 흥미를 잃게 할 수도 있다. 독자의 관심을 사로잡아 당신의 이야기를 계속 읽게 만들고 싶다면 첫 페이지가 매력적이어야 한다.

질문으로 시작하기

질문은 뇌의 패턴을 가로막는다. 질문은 "어떻게 생각하세요?"라고 물어 뇌를 자극하고, 청중의 참여를 유도한다. 따라서 흥미로운 질문은 사람들의 호기심을 불러일으키고, 뇌가 칼로리를 소비하게 만든다.

주제에 관한 문장으로 시작하기

내가 좋아하는 TED 강연 중 하나는 행위 예술가 리브스Rives의 '새벽 네 시의 박물관The Museum of Four in the Morning'이다. 그는 강연을 이렇게 시작한다. "온라인에서 나에게 일어난 가장 낭만적인 일은 대부분의 일이 그러하듯 내가 없을 때 온라인이 아닌 곳에서 시작됐다." 그는 자신이 펼칠 이야기에 씨앗을 심고, 맨 마지막에 되돌아올 문장으로 이야기를 시작한다. 리브스는 이 문장으로 흥미를 불러일으키고, 맥락을 설정해, 그가 한 낭만적인 경험이 무엇인지 알고 싶게 만든다.

예상 밖의 내용 활용하기

나는 이 책을 "내 눈의 한쪽은 갈색, 다른 한쪽은 초록색이다."라는 문장으로 시작했다. 이 특성은 아주 드물지는 않아도, 흔하지 않은 예상 밖의 내용이다. 예상 밖의 시작은 주의를 집중시킨다. 첫 부분이 평범한 이야기를 골라서 시작 부분을 예상 밖의 내용으로 바꿔보자. 나는 가끔 창의력을 자극하기 위해 이야기 첫 부분을 다섯 가지 또는 열 가지 다른 문장으로 만들어본다. 최고의 아이디어는 보통 처음 몇 개의 문장에서 나오지 않는다. 계속해서 생각해 본 후에야 최고의 아이디어가 나온다.

호기심을 자극하기

마리아의 휴대폰이 엘리베이터 틈새로 떨어졌다는 이야기를 듣자마자, 당신은 아마도 '어떡하지?'라고 생각했을 것이다. 저 한 문장을 보고 바로 다음에 무슨 일이 일어났는지 궁금해졌을 것이다. 이야기 구조를 짜고 맥락에 관해 검토할 때 자문했던 질문을 다시 떠올려 보자. "청중이 왜 관심을 가져야 하는가?" 이 질문은 이야기의 흥미로운 점을 파악하는 데 도움이 된다. 호기심을 자극하려면 이야기의 첫 부분을 어떻게 만들어야 할까?

이야기의 순서를 고민해서 매력적인 도입부를 만들기 위해서는 여러 번의 시도가 필요하다. 청중에게 매력적인 이야기가 무엇인지 실험해 보고, 시간을 갖자. 또 무엇을 하고 싶은지 쓴 후에 그대로 두자. 우리 뇌는 불완전한 것을 싫어하기 때문에 뒤에서 계속해서 노력하고 있다는 사실을 명심해야 한다. 시도들이 쌓이며 새로운 통찰력과 관점이 생긴다. 이야기에 적합한 순서는 시간이 어느 정도 쌓이며 드러난다.

순서 하나 달라졌을 뿐인데

- 이야기가 캐릭터의 성장과 진화에 초점을 맞추고 있는가? 이야기의 줄거리에 치우쳐져 있는가? 아니면 둘 다인가?

- 이야기에 가장 적합한 순서를 선택하자. 주요 플롯 포인트를 포스트잇에 적고, 다양한 순서를 실험하면 최적의 순서를 찾을 수 있다.

  - 선형적 이야기: 시작, 중간, 끝으로 구성돼 있다.

  - 플래시백: 잠시 이야기를 멈추고 이야기를 진행하기 전의 맥락을 공유한다.

  - 순환: 주로 갈등에서 시작하고, 시작과 끝나는 부분이 같다.

  - 끝에서 시작하는 이야기: 결말부터 시작해 결말로 이르는 여정을 다룬다.

  - 병렬식 이야기: 인물, 줄거리, 주제를 공통으로 여러 개의 이야기를 전개한다.

  - 관점 바꾸기: 다양한 캐릭터의 관점에서 이야기를 전달한다.

  - 비교, 대조, "만약 당신이…": 비전 또는 전략 회의에 유용하다.

- 이야기를 가장 설득력 있게 전달할 수 있는 관점을 찾아라.

- 이야기의 시작은 매력적인 이야기, 질문, 서술 또는 청중의 호기심을 자극해 청중의 관심을 사로잡아야 한다.

에반 스콜니크Evan Skolnick

비디오 게임 작가 및 내러티브 디자이너

비디오 게임의 이야기는 어떻게 쓰이나요?

비디오 게임은 이야기를 개발하기에 가장 복잡하고 까다로운 형식을 띠고 있습니다. 매우 반복적이고 역동적이며 여러 사람과 협력해야 하죠. 작가가 쓴 대본을 스크린으로 옮기는 영화와는 다르죠. 내러티브 디자이너는 게임이나 인터랙티브 미디어에서 스토리텔링을 설계하고 구현하는 역할을 해요. 그러니 디자이너, 애니메이터, 프로그래머를 포함한 팀 전체와 협력하는 게 제가 하는 일의 핵심이죠.

영화나 TV의 스토리텔링과는 달리, 게임 개발에서는 이야기가 주가 되지 않습니다. 게임 플레이어는 보통 게임의 스토리보단 게임 그 자체를 생각하고 게임을 찾습니다. 제 역할은 게임 플레이를 발전시키는 것이지 그 위에 밟고 서는 것이 아니에요. 이야기는 좋은 게임을 훌륭하게 만들 수 있지만, 나쁜 게임까지 좋게 만들 수는 없죠.

이야기는 최대한 게임 플레이와 얽혀 있어야 해요. 새로운 프로젝트를 컨설팅할 때 제가 가장 먼저 하는 질문은 "플레이어는 누구이며, 무엇을 할 수 있는가?"입니다. 이야기는 게임 플레이와 플레이어에 관한 디테일을 중심으로 구축돼야 하거든요.

비디오 게임의 이야기에서 선택은 어떤 작용을 하나요?

게임 스토리텔링에서는 플레이어 에이전시player agency라는 개념이 중
요합니다. 우리는 플레이어에게 가능한 한 많은 통제권을 주거나 적
어도 선택권이 있다고 느끼게 하려고 하죠. 비교적 선형적으로 이야
기를 구축할 때도 완벽한 단 하나의 결말만을 준비하는 경우는 없어
요. 플레이어의 선택에 따라 전개가 달라지게 만드는 것은 아주 까다
로운 일이고, 디자이너들에게도 까다로운 작업이에요. 게임 하나를
만들 때는 모든 캐릭터와 그들의 스토리 라인을 추적하는 거대한 스
프레드시트를 벽에 붙여 놓았었죠. 제가 게임 스토리를 만들 때 가장
신경 쓰는 건 플레이어의 캐릭터가 아니에요. 죽은 캐릭터가 갑자기
다른 장면이나 레벨에서 튀어나오는 거였죠!

또 게임에서는 플레이어마다 이야기에 대한 관심도가 달라요. 〈마
블: 얼티메이트 얼라이언스 2〉의 작가로 일할 때, 플레이어를 스키퍼
skipper, 대블러dabbler, 익스플로어러explorer 세 가지 유형으로 분류했어
요. 스키퍼는 이야기에 신경 쓰지 않고 게임 중간 영상을 건너뜁니다.
익스플로어러는 이야기에 집착해서 사소한 지식도 빠짐없이 읽고 모
든 오디오 로그를 듣죠. 대블러는 그 중간에 있는 사람들입니다. 이야
기는 이 모든 유형의 플레이어에 맞춰 만들어집니다.

다른 미디어에서는 볼 수 없는 역동적인 요소도 있습니다. 예를 들면 군사 전투 게임에서는 다른 캐릭터가 "나 총 맞았어!"라고 외치는 소리를 들을 수 있죠. 그런데 총을 열다섯 번이나 맞는 경우가 있어요. 그럼 이 문장을 표현할 다양한 버전이 필요합니다. 한 캐릭터가 똑같은 말을 두 번 연속으로 하면 몰입감이 떨어지죠. 그래서 수만 개의 시스템 대화와 대사를 작성하고, 녹음하고, 적절하게 작동하도록 설정해야 합니다. 버거운 일이죠.

제대로 만든 게임 이야기는 게임 플레이 경험을 향상시키고 서사 부분에서도 플레이어의 욕구를 모두 충족시킵니다. 이야기는 모든 것을 관통하며, 게임 플레이 시나리오에 맥락을 제공하고, 플레이어를 방해하지 않으면서도 게임을 이해하기 쉽게 만들어요.

12장

· · · ·

완성도를 극대화하는 기술

데이미언 셔젤Damien Chazelle은 영화감독이자 제작자, 시나리오 작가다. 그는 〈위플래쉬〉, 〈라라랜드〉 등의 영화를 연출했다. 〈라라랜드〉를 편집할 당시 그는 일부 뮤지컬 장면이 이야기의 진행을 늦춘다는 느낌을 받았다. 그중 하나는 로스앤젤레스 고가도로에서 화려한 댄스곡으로 두 주인공을 소개하는 오프닝 장면이었다.

데이미언의 해결책은 영화 전체에서 가능한 한 많은 곡을 빼는 것이었다. 1년 동안 그는 줄거리를 편집하고 영화 속도를 조절하며, 청중이 캐릭터의 성장에 공감할 수 있는 스토리 아크를 만드는 데 집중했다. 모든 곡이 '이 곡이 이야기를 진행시키는가? 이 곡이 없으면 무언가 빠진 느낌이 드는가?'라는 필터링을 거쳐야 영화에 수록

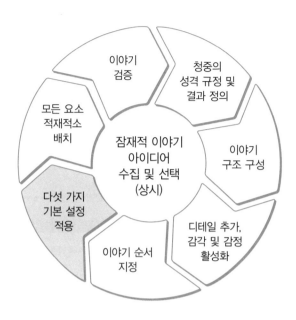

될 수 있었다.

　편집은 이야기를 만들기 위한 과정이다. 편집은 추가하고, 자르고, 실험하는 활동의 조합이며, 편집을 통해 진짜 이야기가 드러난다. 이야기 편집에는 두 가지가 있다. 하나는 뇌의 다섯 가지 기본 설정을 활용하는 것이고, 또 다른 하나는 모든 요소를 적재적소에 배치하는 것이다.

　이야기가 완성됐다면, 청중의 두뇌를 효과적으로 자극할 수 있게 다섯 가지 기본 설정을 활용했는지 확인할 시간이다. 이야기 만들기를 멈추고 잠시 시간을 가진 후에 편집을 시작한다. 1시간이든, 하루든, 또는 일주일 이상이든 좋다. 이야기 만들기와 편집 사이에 잠시 여유 시간을 가지면 이야기를 더 객관적으로 볼 수 있다.

게으른 뇌, 가정, 파일 라이브러리

뇌의 다섯 가지 기본 설정 중 세 가지를 먼저 살펴 보자. 첫 번째는 우리 뇌가 게으르다는 것, 두 번째는 우리 뇌는 가정을 좋아한다는 것, 세 번째는 뇌가 지식과 경험을 파일 라이브러리에 분류해 예측할 수 있게 한다는 것이다. 스토리텔링에서는 종종 이 세 가지가 함께 작동하는 경우가 있다. 뇌를 게으름 상태에서 벗어나도록 유도하기 위해 포함한 디테일은 뇌의 가정 속도를 늦추거나 파일 라이브러리에 보관 중인 내용과 연결될 수도 있다. 다음 항목을 검토해 이야기에서 두뇌가 효과적으로 자극됐는지 확인하자.

긴장감 조성 및 해소

이야기에는 전반적으로 한 번 이상 긴장을 조성하고 해소하는 스토리 아크가 필요하다. 이야기가 긴장감을 조성하는 방법에는 여러 가지가 있다. 예상 밖의 디테일이나 사건을 줄거리에 넣고, 사건이 갈등으로 향하도록 확장한다. 청중이 이야기 속에서 위험이 고조되고 있다는 느낌을 받게 만든다. 이때 주로 쓸 수 있는 수단은 시간의 제약, 마감일 등이 있다. 캐릭터가 스스로 또는 상대방에게 느끼는 문제점을 묘사한다. 재치 있는 문구나 유머로 긴장을 해소한다. 예상 밖의 디테일을 추가하고, 이야기가 예측 가능하다고 느껴지지 않도록 순서를 정한다.

이야기를 검토할 때 너무 뻔한 내용은 없는지, 그걸 예상 밖의 내용으로 바꿀 기회가 있는지 찾아보자. 핵심 내용이 드러나는 순간을 바꿀 수 있는가? 긴장감을 더하는 색다른 구성이나 관점이 있는가? 캐릭터가 놀라운 말이나 행동을 할 수 있는가? 캐릭터의 문제를 확장할 수 있는가? 이야기의 긴장감을 높이기 위해 변경하거나 추가할 수 있는 것이 무엇인지 확인해 보는 것이다.

공감할 수 있는 캐릭터

청중은 당신의 캐릭터에 얼마나 공감할 수 있는가? 설령 좋아하지 않는 캐릭터일지라도 말이다. 청중은 본인의 생각과 다른 결정을 하는 캐릭터의 상황, 선택, 결과를 이해할 수 있는가? 그렇다면 캐릭터가 그렇게 행동하는 이유는 무엇인가? 그들의 감정은 어떠한가? 그들은 이야기를 통해 어떻게 성장하고 변화하는가? 그들은 어디에서 어려움을 겪거나 곤란해지는가? 캐릭터가 가진 의미 있는 신체적 특성이나 성격은 무엇인가? 청중의 페르소나가 알고 있는 것에 비춰볼 때 캐릭터의 행동, 묘사, 사고방식이나 감정의 기반을 이해할 수 있는가? 공감할 수 있는 주요 캐릭터를 만들기 위해 추가할 수 있는 디테일은 무엇인가?

감각 자극하기

청중은 이야기라는 경험을 통해 무엇을 보고, 듣고, 느끼고, 냄새 맡고, 맛볼까? 이미 알고 있고 익숙한 것을 일깨우기 위해 어디에서 감각을 끌어들일 수 있을까? 그녀의 목소리가 작고 부드러워 방 안에 있는 모든 사람이 몸을 기울여 그녀의 목소리를 들어야 하는가? 상황이 주는 스트레스가 배낭에 책 열세 권을 넣고 다니는 것 같은 느낌인가? 회의실에서 오래된 팝콘 냄새가 나는가?

이야기에서 평범한 빨강, 파랑, 초록, 노랑을 넘어서는 역동적인 색상은 무엇인가? 파란색은 카리브해 섬 주위에서 찾을 수 있는 짙은 청록색인가? 휴대폰 케이스는 해바라기의 노란색인가?

캐릭터는 어떤 감정을 경험하는가? 그들이 슬프거나, 화나거나, 좌절하거나, 지쳤거나, 즐거운지를 간접적으로 보여주는 독특한 버릇과 표정이 있는가? 너무 지쳐서 작업복을 입고 소파에서 잠들었는가? 너무 좌절해서 몇 분 동안 자리에서 떠나 있었는가? 청중이 캐릭터의 상황을 역동적으로 경험할 수 있도록 이야기에 추가할 수 있는 한 가지는 무엇인가?

디테일

이야기의 주요 부분마다 한 가지 이상의 구체적인 디테일을 포함했는가? 파이를 호박파이로 바꾸거나, 로비 바닥에서 딸각대는 구두굽 소리를 묘사할 수 있는가? 회사의 공급망이 붕괴하는 건물처럼 무너졌는가? 고객과의 회의가 자동차에 연료가 떨어진 상태로 운전하는 것처럼 긴장감 넘쳤는가? 제품이 솜뭉치처럼 가벼운 느낌이었는가? 고등학교 정원이 100명도 안 될 정도로 작은 마을 출신의 캐릭터였는가? 구체적이고 기억에 남는 디테일이나 은유를 사용해 청중의 이해와 연결할 수 있는 부분은 어디인가?

흔한 문장 없애기

'빈대 잡다 초가삼간 태우지 마라', '거두절미하고', '눈엣가시 같은',

'미운 오리 새끼 같은 느낌', '솔직히 말해서'처럼 흔한 문구나 표현은 청중이 이야기를 듣지 않도록 만든다. 이렇게 남용된 문구는 소통을 단절하고 뇌가 게으름 상태에 빠지도록 베개를 건네는 것과 같다. 당신의 이야기에는 어떤 흔한 문구나 표현이 사용됐는가? 어떻게 하면 이 표현들을 대체하거나 완전히 제거할 수 있을까?

자기만의 독특한 관점 공유하기

이야기를 당신만이 할 수 있는 이야기로 만들었는가? 청중은 당신이 이 이야기를 하는 이유를 알고 있는가? 당신의 관점은 다른 사람의 관점과 무엇이 다른가? 이 이야기에서 당신만의 특징은 무엇인가? 이야기에서 중요한 점은 무엇인가? 어떤 통찰력을 얻었는가? 이야기의 어떤 점이 흥미로운가? 당신의 관점은 독특하다. 하지만 "내가 이 이야기를 하는 이유는…"이라는 식으로 이야기하지 말자. 대신 이야기를 하는 이유를 보여주자.

공감과 차이를 설계하는 이야기의 기술

내집단과 외집단은 소속감이나 차이점을 느끼는 데 도움이 된다. 신경 화학물질은 편안함이나 즐거움을 주는 경험을 강화하거나, 불편한 환경에서 벗어나게 해준다. 내집단과 외집단의 개념이 내 이야기에 어떻게 활용되었는지를 검토해 보자.

내집단과 외집단

당신의 이야기는 청중이 '그래, 나도 경험해 봤어.' 또는 '와, 내 인생이나 경험과는 너무 다르네.' 중 어떤 생각을 하게 만드는가? 청중이 이야기 속 캐릭터처럼 소속감을 느끼기를 바라는가? 아니면 그들이 차이점을 느끼기를 원하는가? 이야기의 줄거리나 캐릭터에 청중이 공감할 수 있는 감정을 포함했는가? 청중이 되고 싶거나 얻고자 하는 것과 연결하려고 의도했는가? 청중은 이야기에서 자기 상황, 생각, 경험의 유사점이나 차이점을 어떻게 인지할 수 있는가? 다른 관점에서 이야기하면, 청중의 경험이 달라지는가? 청중이 이야기에 소속감을 느끼거나 자신과의 차이를 느끼도록 돕기 위해 추가할 수 있는 한 가지 요소는 무엇인가?

익숙함 또는 불편함

청중이 엘리베이터 사이로 휴대폰을 떨어뜨렸을 때처럼 불편한 감정을 경험하기를 원하는가? 아니면 컴퓨터가 바이러스에 감염돼 데이터가 모두 삭제되는 것 같은 불편함을 느끼기를 원하는가?

당신은 문제를 해결하고 인정받은 사람의 이야기를 통해 청중이 편안함이나 친숙함을 느끼기를 원하는가? 이야기를 통해 청중이 자동차를 사는 것보다 라이프 스타일 구축에 더 높은 열망을 갖게 할 수 있는가? 당신의 이야기는 청중이 놓치고 있던 것이 무엇인지 깨닫게 만드는가? 청중이 이야기에서 친숙함이나 불편함을 느끼도록 만들 수 있는 요소는 무엇인가?

적재적소의 예술

훌륭한 이야기에서는 모든 요소가 적재적소에 배치된다. 모든 요소는 저마다 이야기를 진전시키거나, 캐릭터에 관한 무언가를 드러내거나, 뇌의 다섯 가지 기본 설정을 활용해 청중의 뇌를 자극해야 한다.

이야기는 다듬지 않고는 완성되지 않는다. 이야기를 다듬는 방법 또한 다양하다. 어떤 사람은 초고의 10%를 삭제한다. 또 어떤 사람들은 이야기를 검토하면서 튀는 부분을 다듬는다. 나는 초안은 자유롭게 쓴 다음, 특정 단어 수에 맞춰 줄여본다. 그리고 모든 것이 제자리를 찾았는지 확인하기 위해 마지막으로 한 번 더 수정한다.

이야기를 한 줄 한 줄 읽으면서 자문해 보자. 이 내용이 자리를 차지할 만한가? 이야기를 발전시키는가? 이 부분을 잘라내면 잃어버리는 내용이 있는가? 미연에 혼란을 방지하기 위해 추가하거나 제거할 내용이 있는가?

줄거리, 특정 디테일 또는 감정에 영향을 미치지 않는 항목이라면 제거하는 편이 좋다. 제거 전후로 무엇이 다르게 느껴지는지에 주목하라. 스토리텔러에겐 중요한 내용이 청중에게는 중요하지 않기도 한다. 이야기에서 뇌를 자극하는 모든 디테일과 감각을 제거할 필요는 없지만, 이야기의 속도를 늦추는 요소가 있다면 삭제해야 한다.

TED 강연에서는 엘리베이터 이야기의 결론을 말하지 않는다. 마리아가 휴대폰을 되찾을 거라고 암시하지만, 확실하게 말하진 않

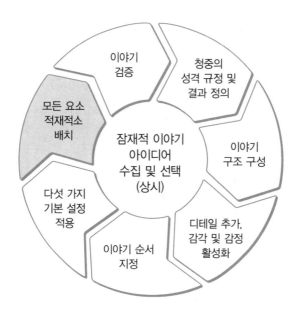

이야기 검증

청중의 성격 규정 및 결과 정의

모든 요소 적재적소 배치

잠재적 이야기 아이디어 수집 및 선택 (상시)

이야기 구조 구성

다섯 가지 기본 설정 적용

디테일 추가, 감각 및 감정 활성화

이야기 순서 지정

는다. 마리아가 레이의 도움에 뭐라고 답했는지도 알 수 없다. 요점을 말할 필요도 없다. 시험장에서 스스로에게 다짐하며 마무리하는 월터의 이야기로 전환하는 것이 더 효과적이다.

두 이야기 모두에 더 많은 내용을 추가할 수 있었지만, 그 대신 나는 청중을 마리아의 좌절과 월터의 부끄러움에 연결한다. 효율적으로 축약된 문장들은 이야기를 진전시켜 청중의 감각을 자극하고, 이야기가 말하고자 하는 바를 명확히 전달한다.

완성도를 극대화하는 기술

- 이야기를 구축한 다음에 뇌의 다섯 가지 기본 설정을 효과적으로 활용했는지 확인하자.
- 이야기를 한 줄 한 줄 살펴보면서 자문해 보자.
  - 이 부분을 잘라내면 잃어버리는 내용이 있을까?
  - 이 부분이 혼란을 일으키는가?
  - 이 부분이 이야기를 발전시키는가?
  - 추가하거나 삭제해야 할 내용이 있는가?
- 특정 항목을 삭제해 보고 속도나 결과에 영향을 미치는지 살펴보자.
- 청중이 무엇을 알고, 생각하고, 느끼기를 원하는지 자문하면 실시간으로 이야기를 수정할 수 있다.

페기 포겔만Peggy Fogelman

이사벨라 스튜어트 가드너 박물관Isabella Stewart Gardner Museum 디렉터,
노르마 진 칼더우드Norma Jean Calderwood 디렉터

**이사벨라 스튜어트 가드너는 어떤 사람이었고, 박물관에 대한
그녀의 비전은 무엇이었나요?**

이사벨라 스튜어트 가드너는 틀을 깨고, 독립적이며, 어떤 제약도 받
지 않는 여성이었어요. 남북전쟁과 제1차 세계대전 등 미국 사회의
많은 격변을 겪었죠. 이사벨라는 시민 리더십을 실천하고 미국 사회
에 공헌하려고 박물관을 설립했고, 사람들에게 아름다움을 선사하고
자 했습니다.

이사벨라는 예술 작품에 대한 감정적이고 개인적인 반응에 강한
끌림을 느꼈어요. 그래서 방문객들이 정원에 있는 꽃향기를 맡고, 분
수의 물 흐르는 소리를 듣고, 뛰어난 예술 작품을 감상하는 등 다양하
고 감각적이며 미적인 경험을 하기를 원했습니다.

박물관의 스토리텔링에는 어떻게 접근하셨나요?

이사벨라는 설치물과 예술 작품을 절대 영구적으로 변경하지 말라는
유언을 남겼어요. 우리는 수집하지 않는 미술관입니다. 우리의 책임

은 오늘날 우리의 삶을 이야기하는 예술 작품에서 더 깊은 의미를 찾아내는 것이죠. 저는 그 점이 매우 흥미로웠어요.

박물관 안에는 개별 전시물, 갤러리, 정원, 건축물 등 수많은 이야기가 있습니다. 이사벨라는 모든 사람이 작품의 의미를 강요받거나 결론을 미리 내리지 않고, 자기만의 해석을 할 수 있기를 원했습니다. 그래서 그녀의 의도에 따라 상설 갤러리에는 라벨이 없어요.

저는 '이사벨라에서 시작된 이 장소의 DNA는 무엇이며 오늘날 우리에게 영감과 깨달음을 줄 수 있는 잠재력은 무엇일까?'에 관해 많이 생각합니다. 한 번은 보스턴 아폴로Boston's Apollo 전시회를 열었어요. 여기에 사용된 그림은 보스턴 미술관의 원형 홀에 벽화를 그리기 위해 존 싱어 사르겐트John Singer Sargent가 그린 그림이었어요.

큐레이터가 컬렉션의 그림을 살펴본 후, 그림이 한 흑인 남성을 묘사하고 있다는 사실을 깨달았습니다. 조사해 보니 그 남성은 매사추세츠의 록스버리에 살던 토마스 맥켈러라는 청년이었어요. 그는 10년 동안 사르겐트의 모델로 활동했고, 친밀한 관계를 유지했어요. 사르겐트의 작품에서 중요한 인물이었지만 미술사에서는 지워졌죠.

우리는 지역사회 연구자들의 목소리를 통해 토마스 맥켈러의 이야기를 전달하며 역사의 사각지대를 조명했습니다. 사람들은 알지 못했지만 공공 예술과 보스턴 흑인 역사에 매우 중요한 인물을 소개할 수 있어 영광이었습니다.

1990년 3월, 박물관에서 열세 점의 예술품을 도난당했습니다. 그 이야기는 어떻게 전달됐나요?

그 사건은 저희 역사의 일부고, 여전히 수사가 진행 중입니다. 저희는 여전히 작품을 돌려받게 될 거라고 긍정적으로 바라보고 있어요. 이 이야기에는 두 가지 측면이 있습니다. 하나는 예술품 자체에 초점을 맞추는 것입니다. 이사벨라는 대중을 위해 이 작품들을 준비했어요. 그래서 작품의 도난은 단순히 가드너 박물관의 손실이 아닌 대중의 손실이기도 합니다. 대중의 마음속에 작품을 남겨두면 작품이 우리에게 돌아올 가능성 역시 높아지죠.

　다른 한 측면은 부재와 상실을 어떻게 구성할 것인지를 생각하는 것입니다. 우리 모두 이 질문에 공감할 수 있어요. 우리는 무엇을 잃어버렸는지 상기하고, 가슴 아픈 기억을 상상할 수 있도록 의도적으로 빈 프레임을 갤러리에 걸어 두었죠.

13장

· · · ·

데이터를 압도하는 스토리의 힘

건설회사 데이터 분석 책임자인 루카스는 수년간의 고객 만족도 데이터를 가지고 있었다. 그는 경영진이 데이터를 신뢰하고 데이터 기반의 의사 결정을 내리게 만드는 과정에서 계속해서 장애물에 부딪혔다. 그는 "고객들은 멍청하다. 그들은 자기가 무슨 말을 하고 있는지 모른다."라는 경영진의 의견에 가로막혀 있었다.

6개월 후에 고객 만족도는 70%에서 20%로 급락했다. 고객의 입장에서 간과할 수 없는 품질 문제를 계속해서 방치했기 때문이다. 그러나 루카스는 데이터를 활용한 자료를 띄우는 대신, 다른 방식으로 자신의 의견을 전달하기로 했다.

"최근 크루즈 여행에서 돌아온 트리사라는 여성에 관한 기사를 읽었습니다. 그녀는 여든한 살의 어머니와 두 자매, 그리고 세 아이와 여행을 가기 위해 수천 달러를 모았어요. 몇 년 동안 꿈꿔온 휴가를 계획하고 있었습니다. 열한 명의 가족은 마이애미에서 파나마 운하를 거쳐 로스앤젤레스까지 2주간 크루즈 여행을 떠났죠. 배에 탄 후, 트리시와 아이들은 수영복에 형광 녹색 수경으로 멋을 내고 수영장으로 향했습니다. 하지만 수건을 내려놓기도 전에 노란색 안전주의 테이프와 '보수를 위해 수영장 폐쇄'라고 적힌 표지판을 봤어요. 그들은 왜 크루즈 회사가 배가 출발하기 전에 보수 작업을 마치지 않았는지 이해할 수 없었고 당황했죠. 두꺼운 먼지가 난간과 바닥 전체를 뒤덮고 있었어요. 작업자들은 보호 마스크를 착용하고 있었지만, 손님들은 먼지를 들이마시거나 눈에 들어가지 않게 하려고 수건을 머리에 두르고 밖으로 나와야 했습니다. 갈고, 자르고, 사포질하고, 구멍을 뚫고, 망치질하는 연장 소리가 배의 옆면에서 울려 퍼졌어요. 공사 잔해가 승객들에게 날아들기 시작했죠. 갑판을 재포장하기 위해 사용한 니스 냄새가 진동을 했어요. 냄새가 너무 강해서 코가 아플 지경이었죠. 일부 승객은 결국 의무실까지 갔는데, 진료비까지 청구됐다고 하더군요."

이야기가 이쯤 진행되자 루카스 회사의 경영진들은 "정신이 나갔군! 환불받아야지."라고 한마디씩 거들기 시작했다.

루카스는 손을 들어 올리고 이렇게 말했다. "그게 다가 아니었어요. 여행 중반쯤엔 오백 명의 승객들이 선장에게 따지려고 식당에 모였습니다. 승객들은 곤혹스러웠고, 속았다는 생각을 했고, 건강을 위협받고 있었어요. 그들은 '왜 예약할 때 이런 사실을 밝히거나 할

인해 주지 않았죠?' 하고 여러 번 물었어요. 선장은 처음에 공감하면서 그들의 말을 들어주었지만, 대화가 계속될수록 짜증을 냈죠. 선장은 '그럼, 이만⋯.' 하고 자리를 떠났습니다. 승객들은 소셜 미디어를 통해 무슨 일이 벌어지고 있는지 공유했어요. 변호사는 크루즈 본사에 불만 사항을 접수했어요. 배의 상태를 알았다면 승객들이 크루즈를 예약하지 않았을 거라며 환불을 요구했죠. 본사에서는 기대치나 회사의 기준을 충족하지 못했다고 인정하며 승객들에게 사과문을 보냈어요. 향후 예약 시에 50% 할인을 제공하겠다고 약속했죠. 승객들은 격노했어요. 그들은 소셜 미디어를 통해 크루즈 회사를 맹비난했어요. 그제야 본사에서는 실수를 깨닫고 모든 승객에게 1년 이내로 사용할 수 있는 무료 크루즈 여행을 제공했죠."

루카스는 잠시 말을 멈추고 이야기에 여운을 두었다. 얼마 지나지 않아 경영진들은 반응하기 시작했다.

"누가 또 그 회사 크루즈를 예약하겠어요?" "정말 엉망으로 처리했군요!" "저라면 소송했을 겁니다." "고객을 그런 식으로 대하면 유지할 수 없어요!"

루카스는 테이블에 앉은 사람들이 크루즈 회사가 잘못된 이유를 말하는 동안 조용히 앉아 있었다. 그러다가 몸을 앞으로 숙이고 노트북의 버튼을 눌렀다. 회의실 정면의 스크린에서 한 남성의 영상이 재생되기 시작했다. 그 남성의 이름은 그렉으로, 본인을 이 건설회사의 고객이라고 소개했다. 그는 가족의 꿈인 맞춤형 주택을 마련하기 위해 수년간 저축해 왔다고 설명했다. 하지만 그 꿈이 악몽이 될 줄은 몰랐다. 가족이 입주하기로 한 날에, 그는 집이 완공되지 않았다는 사실을 알게 됐다. 아무도 그에게 말해주지 않았다. 집은 더럽고, 배관도 제대로 연결되지 않았으며, 가전제품도 설치돼 있지 않았다. 그는 문제가 해결될 때까지 얼마나 오래 걸릴지도 확실한 답을 얻지 못했다. 그의 가족은 완공된 집을 약속받았음에도 몇 개월간 공사가 진행 중인 집에서 지내야 했다. 자기 상황을 설명할 때 그의 표정은 침울하고 감정이 없어 보였다. 그는 "당신은 나에게 거짓말을 했고, 저는 당신을 믿었습니다. 저는 완공되지도 않은 집으로 이사했어요."라고 말했다.

녹화 영상이 끝나자 회의실은 적막에 잠겼다. 모든 사람이 크루즈 이야기의 핵심을 깨달았다. 크루즈 이야기는 경영진으로 하여금, 고객 데이터가 무시해야 할 대상이 아니라 분석해야 할 대상이라는 루카스의 생각에 공감하게 만들었다. 루카스는 다른 맥락의 이야기를 통해, 경영진이 데이터 이면에 있는 고객의 좌절감을 경험할 수 있게 도왔다. 그들은 처음으로 고객 데이터를 무시하지 않고, 경청하고 토론했다.

데이터에 관한 통념

사람들은 비즈니스에서 이야기와 데이터를 연결할 수 있다는 생각을 못 할 때가 많다. 우리의 이성은 이야기보다 데이터를 신뢰한다. 하지만 이야기는 청중과 데이터를 연결한다. 이야기는 데이터에 관한 이해를 높여 더 나은 통찰력, 토론, 그리고 결정에 이르게 한다.

사람들이 비즈니스에서 이야기를 사용하지 않는 이유 중 하나는 데이터만 제시하는 것이 불문율이고, 이야기가 들어갈 공간이 없다고 느끼기 때문이다. 하지만 우리 행동을 변화시키는 것은 데이터가 아니라 감정이다. 수많은 연구에서 커피를 마시는 것이 건강에 좋지 않다고 밝히지만 이 데이터가 우리의 습관을 바꾸지는 못한다. 우리는 카페인의 각성 효과나 문제점을 알고도 커피를 좋아하고 커피를 마신다. 혹은 커피 맛이나 커피를 마신 후 느낌이 싫어서 커피를 피한다. 우리의 선택과 행동을 이끄는 것은 우리의 감정이다.

데이터가 이야기보다 사람들을 설득하기 효과적이라는 통념이 있다. 하지만 데이터는 절대 우리를 변화시키지 못한다. 뇌는 경험을 바탕으로 가정하고 정보를 분류하는 특성을 갖고 있어, 사람들은 같은 데이터에도 저마다 다른 해석을 내린다.

우리는 그 어느 때보다 데이터가 풍부한 세상에 살고 있다. 또한 데이터에 관한 방법론도 늘어나고 있다. 기업들은 이제 데이터 기반 data-driven이 아닌, 데이터 분석 기반data-informed으로 접근하는 법을 배우고 있으며, 모든 데이터에 과도하게 의존하지 않는 방법을 찾고 있다.

한 팟캐스트 진행자가 내게 이런 말을 한 적이 있다. "데이터는 빠르게 공유할 수 있으므로 스토리텔링은 피해야 한다고 말하는 사람들이 있습니다. 이야기를 전달하려면 노력이 필요하니까요." 정보를 빠르게 공유할 수 있다고 해서 청중이 데이터를 이해하거나 기억하는 것은 아니다. 발표자의 경험이 청중의 경험과 일치하지 않는 경우도 많다. 발표자는 데이터의 소유자이자 분석가이기 때문에, 데이터에 담긴 뉘앙스를 충분히 이해한다. 청중은 발표자만큼 데이터에 접근해 있지 않아서 데이터를 이해하려면 안내가 필요하다. 데이터에 관해 알아야 할 것들을 청중에게 효과적으로 전달하려면 생각과 노력이 필요하며, 그렇지 않으면 청중이 다른 해석을 하게 된다. 모든 사람이 데이터를 서로 다르게 해석하면 의미 있는 토론을 할 수 없다.

한 번은 "단순한 데이터는 복잡한 대화로 이어진다."고 주장하는 리더와 함께 일한 적이 있다. 이해하기 쉬운 데이터를 제시할 때 사람들은 고려할 사항, 통찰력, 의사 결정에 관해 풍부한 대화를 나눈다. 반면 이해하기 어려운 데이터에서는 데이터의 타당성이나 해석을 주제로 논쟁이 벌어진다. 데이터를 공유한 사람의 신뢰도에 의문을 제기하는 경우도 종종 있다. 이런 혼란으로 인해 애초에 데이터를 수집한 목적이 망가진다. 바로 그때가 스토리텔링이 필요한 순간이다.

데이터를 활용한 이야기

모든 프레젠테이션과 데이터에 이야기가 필요하지는 않다. 하지만 이야기는 청중과 청중의 관심에 친숙하게 다가가, 데이터에 의미를 부여해 준다.

데이터를 이해시키고, 사고방식의 전환을 유도하는 경우

루카스는 사고방식을 전환하기 위해 크루즈 회사 이야기를 사용했다. 그는 경영진이 고객 인사이트 데이터를 탐색하길 원했다. 그의 이야기를 통해 경영진은 다른 관점을 받아들였다. 팀이 하나의 패턴에 갇혀 있거나 방어적인 태도를 지닌 경우, 이야기와 데이터를 결합해 제시하면 데이터를 다른 관점으로 이해시킬 수 있다. 데이터가 아닌 다른 주제에서도 마찬가지다.

새로운 사람에게 정보를 전달할 경우

새로운 팀원, 이해관계자 또는 의사 결정권자가 있는 경우, 데이터를 활용해 이야기를 전달하자. 데이터를 수집하는 이유, 지금까지 알아낸 데이터, 여전히 탐색 중인 데이터를 이해할 수 있게 만들자. 검증된 이야기는 새로운 사람이 그룹 내 다른 사람들과 동일한 이해 기반을 다질 수 있게 하고, 더불어 잘못된 가정을 방지할 수 있다.

의사 결정을 하거나 중요한 단계에 도달한 경우

의사 결정이나 중요한 단계에 가까워졌을 때, 결정의 틀을 잡는 데 도움이 되는 이야기를 공유하자. 이야기는 청중이 보고 느껴야 할 내용을 전달해 결정을 돕는다. 이때 이야기에는 이야기의 요점을 뒷받침하는 한두 가지 데이터 포인트만 있으면 된다.

데이터에서 통찰력을 확인한 경우

데이비드는 『포춘』 선정 500대 기업 중 하나인 기술 기업의 데이터 분석가다. 나는 그에게 스토리텔링을 사용해, 경영진과 함께 검토하는 월간 대시보드dashboard에 의미를 부여하라고 조언했다. 데이비드는 인재 유지 데이터를 분석하던 중, 놀라운 사실을 발견했다. 관리자, 특히 여성 관리자가 업계 평균보다 더 높은 비율로 사직하고 있다는 사실이었다. 이 정도 수준의 경력을 가진 여성 직원들은 가정을 꾸리고 업무 유연성을 더 많이 필요로 하는 시점에 도달한 경우가 많았다. 회사 전체적으로 봤을 때 직원 이탈 데이터는 정상 범위에 있었지만, 경력별로 세분화하면 그 수치가 급등했다.

나는 데이비드가 다음 회의에서 데이터를 제시하는 대신, 타이스의 이야기를 통해 효과적으로 데이터를 전달할 수 있게 도왔다. 타이스는 최고의 성과를 내던 관리자였지만, 출산 휴가에서 복귀한 지 3개월 만에 회사를 떠났다. 그녀는 업무 유연성이 부족한 점에 불만이었고, 선택의 여지가 없다고 판단해 사직서를 냈다. 이야기를 마친 후 데이비드는 회사 전체 관리자의 인재 유지 데이터를 공유했다. 사실 이전에도 경영진은 회사 차원에서 이 수치를 수차례 검토했으나 그냥 지나쳤다. 하지만 타이스의 이야기를 듣자 경영진들은 관리자를 지원하고 유지하기 위해 할 수 있는 일이 무엇인지 논의하기 시작했다. 때론 이야기를 통해 더 큰 문제를 인식할 수 있다.

아웃라이어outlier(평균에서 크게 벗어난 통계치 – 옮긴이)나 예상 밖의 결과 또는 패턴이 있는 경우, 이야기를 통해 청중의 공감을 끌어낼 수 있다. 이야기는 토론과 의사 결정의 출발점이다.

규모를 이해시키기 위한 경우

자선단체는 흔히 한 사람의 이야기를 들려준다. 적십자는 재난의 피해를 본 사람이나 한 가족의 이야기를 들려준다. 그들의 집이 파괴되고 음식, 물, 의복을 구하는 데 어려움을 겪는 모습을 보여준다. 청중은 그들이 느끼는 상실의 무게가 현실로 다가오고, 그들에게 마음을 쓰게 된다. 그러고 나면 화면에서 그들의 모습이 작아지면서, 재난의 규모와 피해를 본 인구 및 피해 통계가 공유된다. 그럼 이 문제의 전체 규모와 범위가 다르게 느껴진다. 피해를 본 사람들에게 필요한 도움과 지원의 양을 파악할 수 있게 된다. 그들 개인의 삶에 공감하기 전에는 규모를 실감하기가 쉽지 않다. 이야기는 이 규모를 이해하게 돕는다.

데이터를 활용한 스토리텔링에 접근하는 방법

사람들은 비즈니스 환경에서 데이터를 더 많이 공유할수록 더 큰 신뢰를 얻을 수 있다고 믿는다. 그 믿음 때문에 너무 많은 데이터를 제시하고 혼란을 초래한다. 데이터가 많아지면 분류해야 할 정보도 많아진다. 데이터를 제시하려면 다른 사람들이 이해하도록 도와야 한다. 그저 공유만 한다고 끝나는 일이 아니다.

데이터는 사람, 상황, 문제, 영향에 관한 것이며, 그것들은 감정을 통해 이해할 수 있다. 감정을 이야기에 녹여내야 한다. 데이터를 공유하기 전에 감정에 관해 이야기하자. 데이터가 알려주는 아이디어를 이해하기 위해 필요한 질문을 청중에게 던지는 것이다. 이야기는 사람들을 아이디어에 연결하고 데이터를 사용해 아이디어를 뒷받침한다.

데이터를 활용한 스토리텔링도 일반적인 이야기와 다르지 않다.

1. 문제 설정하기

데이터를 수집하기 전에 다음과 같은 사안을 정의하는 것이 가장 이상적이다. 데이터를 통해 어떤 문제에 답하고, 탐색하고, 결정하려고 하는가? 데이터를 어떻게 활용할 것인가? 이 질문들을 통해 문제점을 제시하자. 질문을 사용해 청중이 데이터의 목적과 용도를 이해하게 하면 된다.

예시: 경력별로 인재 유지 수준을 높이려면 어떻게 해야 할까?

2. 결정 유형 정의하기

데이터는 다양한 유형의 조치나 결정의 필요성을 알리는 데 유용하다. 설정된 문제에 어떻게 조처할 수 있는지 결정하자.

예시: 인재 유지 데이터의 패턴, 동향 또는 아웃라이어를 계속 모니터링한다. 이 데이터를 검토해 현재 일어나고 있는 상황을 파악하고 조정이 필요한지 살펴본다.

- 일회성 결정: 무슨 일이 일어나고 있는가?
- 지속적인 동향 모니터링 및 아웃라이어 식별: 왜 이런 일이 발생하는가?

- 미래 지향적 예측 정보 제공 전략: 앞으로 어떤 일이 일어날 수 있는 가? 다음에 고려할 사항은 무엇인가?

3. 청중 정의하기

데이터를 검토하는 청중은 누구인가? 그들은 현재 설정된 문제를 어떻게 이해하고 있는가? 데이터를 통해 그들이 알고, 생각하고, 느끼거나 행동하기를 바라는 한 가지는 무엇인가? 그들이 데이터를 이해하는 데 잠재적인 장애물은 무엇인가? 스토리텔링 구조에서 나온 이러한 질문은 청중이 이해하기 쉬운 데이터 이야기를 만드는 데 도움이 된다.

예시: 인재 유지 데이터는 사업부 경영진 및 인사팀과 공유된다. 경영진은 사업부 단위의 이탈은 알고 있었지만, 경력별 이탈 수준을 알지 못했다.

- 알아야 할 것: 경력별 이탈률
- 생각하고 느끼고 행동할 것: 수치가 우려할 만한 비율에 가까워진 다는 점을 깨닫고 해결 방안 모색하기
- 장애물: 어느 정도의 수치가 우려할 수준이 되는지 깨닫지 못할 때

4. 권장 사항 정의하기

데이터를 분석할 때 무엇을 보는가? 데이터는 어떤 통찰력을 제시하는가? 데이터에 관해 알아야 할 중요한 사항은 무엇인가? 놀랍거나 예상 밖의 사항은 무엇인가? 데이터에 관한 권장 사항은 무엇인가?

토론이나 의사 결정에 영향을 미치는가? 토론이나 결정을 설명하는 데 도움이 되는 구체적인 질문은 무엇인가?

예시: 회사나 사업부 수준에서 인재 유지 데이터는 업계 평균인 10% 이내다. 경력별로 분류하면 관리자의 경우 19%로 급증한다. 이 시기는 흔히 사람들이 가정을 꾸리고 유연성을 원하는 때다(권장 사항: 관리자의 인재 유지 데이터를 업계 평균 이내로 끌어올릴 수 있도록 지원하는 방법을 주제로 논의해 보자).

5. 최소한의 데이터 정의하기

문제 설정 및 권장 사항을 알리기 위해 공유할 수 있는 최소한의 데이터는 무엇인가? 청중에게 최소한의 데이터만 제시해 문제와 불만 사항을 이해하게 한 다음, 문제의 규모가 어느 정도인지도 인식시킨다.

예시: 타이스는 3년 동안 최고의 성과를 낸 관리자다. 그녀는 3개월 전에 출산 휴가를 마치고 복귀했다. 최근 그녀는 업무 유연성 부족으로 인한 번아웃과 좌절 때문에 사직서를 제출했다. 타이스는 비슷한 어려움을 겪고 있는 수많은 관리자 중 한 명이다. 이탈률은 이미 높고, 다른 접근 방식을 생각해 내지 않으면, 계속 증가할 수 있다.

- 개인, 팀, 프로젝트 등에 공유할 수 있는 최소한의 데이터는 무엇인가?
- 해당 데이터 내에서:
  ○ 어떤 문제에 직면하고 있는가?

- 어떤 불만 사항을 가지고 있는가?
- 어떤 조처를 하거나 또는 하지 않으면, 무슨 일이 발생하는가?

데이터 이야기를 위한 아이디어 파악하기

질문에 대한 답을 찾았다면, 스토리텔링 과정을 다시 시작하자. 청중이 데이터의 의미를 이해할 수 있는 최고의 이야기 아이디어를 선택하자.

데이터에 관한 이야기를 전하고 싶은가?

데이터 자체에 관한 이야기를 전할 때는, 최소한의 데이터를 이야기해야 한다. 이때 이야기는 청중을 예상했던 일, 일어난 일, 고려하거나 논의해야 할 일과 연결시킨다.

천 명에 관한 데이터인 경우, 한 사람에 관한 이야기를 한 후에 전체 천 명에게 미치는 영향을 설명하는 것으로 확장한다.

병렬식 이야기를 하고 싶은가?

병렬식 이야기는 비슷한 두 이야기를 다른 맥락에서 전달해 청중에게 데이터와 관련된 감정이나 주제를 이해시킨다. 방어적인 청중을 대하거나, 논쟁의 여지가 있는 주제를 다룰 때, 해당 데이터에 관한 직접적인 지식이 부족할 때 이 방법을 사용할 수 있다. 루카스는 유람선이라는 병렬식 이야기를 사용하여 경영진에게 고객 경험이라는 화두를 던지고, 그들이 고객 만족 데이터를 탐색하는 데 열린 자세를 갖게 했다. 병렬식 이야기는 다른 관점을 이해하거나 사고방식의 전환을 만드는 데 효과적일 수 있다.

데이터 이야기 구축하기

데이터 이야기 구조를 만들려면 아래 네 질문에 대한 답변 내용을 작성하자.

1. 맥락은 무엇인가? 해결하고자 하는 문제는 무엇인가?
2. 갈등은 무엇인가? 데이터에서 무엇을 보는가? 예상치 못했거나 놀라운 점은 무엇인가?
3. 성과는 무엇인가? 어떤 영향을 미치는가? 데이터가 설정된 문제에 어떤 정보를 제공하는가?
4. 핵심 메시지는 무엇인가? 권장 사항은 무엇인가? 조처하지 않으면 어떤 일이 생기는가?

데이터가 자아내는 감정을 살려 이야기를 구축하자. 청중이 데이터를 무심하게 바라보지 않고 문제로 인식하게 해 좌절감을 느끼게 돕자. 데이터를 청중이 자신에게 주어진 일에 대한 열망을 느끼도록 연결해 주자. 문제가 반복되면서 생기는 짜증을 경험하게 하자. 청중이 예상 밖의 내용을 깨닫고 놀라게 만들자. 아무 조처도 하지 않으면 어떤 일이 일어나는지 설명해 불편함을 조성하자.

데이터 이야기에도 순서는 중요하다. 이야기 순서는 해결하고자 하는 문제를 설정하는 것부터 시작하는 게 좋다. 처음에 가졌던 질문, 걸어온 여정, 배운 점과 권장 사항을 청중에게 설명한다. 아직 알려지지 않은 내용과 탐색 중인 내용을 공유해 문제점을 예측해도 좋다. 병렬식 이야기를 전달한다면, 데이터를 공유하기 전에 청중을 감정과 주제에 연결하는 일부터 시작해야 한다.

데이터를 활용한 스토리텔링을 할 때, 이야기는 맥락과 의미를 제공한다. 데이터는 아이디어나 핵심 메시지를 뒷받침하거나 강화한다. 그래서 45장짜리 슬라이드가 필요하지 않은 것이다. 문제를 설정할 때도 세 개의 데이터 포인트면 된다. 이때의 목표는 청중이 데이터를 이해하도록 도와 그들의 결정에 영향을 미치는 것이다.

데이터 시각화

데이터 시각화 접근 방식은 그 자체로 한 권의 책이 될 수 있다. 데이터의 내용을 시각화하는 방법은 데이터를 이해하는 방식에 영향을 미친다. 데이터 시각화는 데이터가 보여주는 이야기를 파악한 후에야 가능하다. 모든 시각 자료는 전달하려는 이야기와 공유되는 몇 가지 데이터 포인트를 뒷받침하는 연장선에서 생성돼야 한다.

소프트웨어와 애플리케이션 기반의 양방향 스프레드시트부터 차트와 그래프에 이르기까지 시각화된 자료는 데이터를 보는 다양한 관점을 알려줄 수 있다. 데이터의 이야기를 전달할 때 이처럼 복잡한 자료를 사용하지 않고 싶을 수도 있다. 모든 데이터 포인트를 보여줄 필요는 없으며, 이야기와 권장 사항에서 강조된 몇 가지 데이터 포인트만 보여주면 된다. 자세한 차트와 그래프는 필요한 경우 사용할 수 있게 부록에 첨부하면 된다.

페이지당 한 가지 아이디어에 집중한다.

대부분의 시각화된 데이터 자료에는 복잡한 차트와 그래프가 포함돼 있다. 보통은 청중이 그 내용을 보고 이해하려고 노력하는 동안 "이 내용을 다 읽어드리지는 않겠습니다."라는 설명을 덧붙인다. 이미지가 복잡할수록 청중은 당신의 말에 귀를 기울이지 않는다. 한 가지 아이디어를 공유할 때 시각 자료를 단순화해 청중이 동일한 이해에 도달하게 하자.

과정을 통해 청중을 안내한다.

당신이 데이터를 입수한 여정으로 청중을 안내하자. 요점이나 권장 사항을 나열하며 시작하는 대신, 데이터 수집과 분석을 시작하면서 가졌던 의문을 이야기하자. 이를 통해 청중을 안내하고, 예상 밖의 내용과 결론을 공유하자. 그렇게 하면 청중도 당신과 동일하게 이해하게 된다.

이야기를 전달할 때 차트나 그래프는 가급적 피한다.

시각화가 단순할수록 청중들이 더 빨리 이해한다. 차트나 그래프에 여러 데이터 포인트가 포함되면 청중은 그중 무엇을 이해해야 하는지 알 수 없게 된다. 인포그래픽, 한 문장, 백분율 등 한 가지 정보를 전달하는 시각 자료를 사용하면 인지에 부담을 덜 수 있다.

설명이 포함된 핵심 메시지를 표제로 사용해 이야기를 전달하자.
프레젠테이션 중에 슬라이드, 차트, 그래프 등의 시각적 보조 자료를 사용하면, 청중은 당신의 말과 영상 중 하나를 선택하게 되는데, 보통 영상이 이긴다. 사람들이 빠르게 이해할 수 있도록 설명이 포함된 표제로 핵심 메시지를 사용하자. 표제는 이전 슬라이드 내용을 바탕으로 이야기를 전달해야 한다. 이렇게 하면 사람들이 빠르게 이해하고, 주위의 도움 없이 혼자 프레젠테이션을 검토해야 하는 사람도 내용을 정확히 이해할 수 있다.

데이터를 활용한 스토리텔링은 청중이 의사 결정을 내리거나 토론할 수 있는 공통의 이해를 만든다. 준비하는 데 시간이 오래 걸릴 수는 있지만 청중에게는 훨씬 유익하다. 또한 데이터의 타당성에 대한 논쟁도 자제시킨다. 이야기를 전달해야 할지, 데이터를 공유해야 할지 분석하지 말고, 둘 다 해야 한다. 이 두 가지를 함께하면 청중에게 역동적으로 정보를 제시하는 강력한 효과를 낼 수 있다.

데이터를 압도하는 스토리의 힘

- 데이터는 절대 스스로를 설명하지 않는다. 이야기를 통해 설명하지 않으면, 서로 다른 해석과 오해가 발생한다.
- 단순한 데이터는 풍부한 대화로 이어진다.
- 모든 상황에서 데이터를 활용한 스토리텔링이 필요한 것은 아니다. 데이터에서 이야기가 필요한 상황은 다음과 같다.
  - 데이터를 이해시키고, 사고방식의 전환을 모색하는 경우
  - 새로운 사람에게 정보를 전달할 경우
  - 의사 결정을 하거나 중요한 단계에 도달한 경우
  - 데이터에서 통찰력을 확인한 경우
  - 규모를 이해시키기 위한 경우
- 데이터가 많다고 해서 좋은 것은 아니다. 많으면 많을수록 청중은 혼란스러워진다. 청중이 데이터를 이해하도록 도와야 한다.
- 데이터를 활용한 이야기를 전달할 때, 스토리텔링 과정을 따르자.
  - 문제 설정하기
  - 결정 유형 정의하기
  - 청중 정의하기
  - 권장 사항 정의하기
  - 최소한의 데이터 정의하기
- 데이터 스토리텔링은 데이터 자체에 관한 이야기일 수도 있고, 데이터에 기반해 청중에게 아이디어를 제시하는 병렬식 이야기일 수도 있다.
- 데이터를 시각화하면 혼란과 오해를 방지하고 이해하기 쉬워진다.

세레나 후앙 박사Serena Huang, PhD

피플 애널리틱스People Analytics 글로벌 책임자

데이터 분석 조직을 이끌고 구축해 오면서 배운 점은 무엇인가요?

저는 데이터 분석을 처음 접하는 사람들에게 데이터 인사이트에 관해
자주 이야기합니다. 데이터를 포함하지 않은 대화를 한 적이 거의 없
죠. 정보를 공유하는 순서는 차이를 만들어요. 일한 지 얼마 되지 않
았을 때는 데이터로 이야기를 시작하는 실수를 저질렀지만요. 데이터
만 제시하면 사람들로부터 신뢰받을 수 있을 거라고 생각했거든요.
숫자, 델타 변이, 기준점이 있는 표가 있으면, 보통 숫자에 관해 논쟁
하다가 대화가 끝나게 마련이죠. 이야기와 질문으로 데이터의 틀을
만들면 대화는 전혀 달라집니다.

데이터와 스토리텔링을 어떻게 통합하나요?

오늘날의 프레젠테이션은 데이터가 풍부하지만, 통찰력은 부족합니
다. 이야기는 데이터를 통해 실행할 수 있는 통찰력에 도달하기 위
한 맥락을 제공하죠. 저는 "우리가 해결하고자 하는 문제는 무엇인가
요?"라는 질문으로 청중에게 바라는 바를 내비치며 데이터를 제시해

요. 이해하기 어려운 내용이 더 빠르게 이해되는지 살펴보죠.

저는 스토리텔링과 데이터를 실험합니다. 청중이 무엇에 관심을 두는지, 어떤 부분에 공감하는지 살펴보죠. 제 팀원들은 경영진과 엘리베이터에 타서 1분 동안 맡고 있는 업무를 공유하는 '엘리베이터 훈련'을 합니다. 공유하는 모든 데이터는 실행 가능해야 하며, 그렇지 않으면 삭제해야 한다는 규칙이 있어요. 그다음 이야기를 5분 또는 10분 버전으로 확장하는데, 실행할 수 있는 내용만 허용하죠.

사람들이 스토리텔링과 데이터에 관해 잘못 알고 있는 점은 무엇인가요?

사람들은 자신에게 흥미로운 이야기만 공유합니다. 하지만 청중을 염두에 두고 시작하길 바라요. 저는 데이터를 보고 자신에게 이렇게 질문해요. '이 데이터가 어떤 의사 결정에 도움이 될까? 이 정보로 어떤 조처를 하게 될까?' 만약 질문에 대한 대답이 '없다.'라면, 슬라이드나 프레젠테이션, 이메일에 포함하지 않죠.

데이터에 대해 균형 잡힌 시각을 전달하는 것에도 유념하는 편이에요. 나쁜 것, 뜻밖의 부분, 권장 사항도 이야기해야 해요. 또한 세계적으로 누구나 공감할 수 있는 이야기를 하기 위해서 특정 스포츠 이야기나 비유는 피하려고도 하죠.

가장 중요한 결과는 데이터를 바탕으로 행동을 취하는 것입니다.

데이터가 너무 많으면 압도되고 사고가 마비된 느낌을 받아요. 청중이 항상 결론에 도달할 정도로 데이터에 대한 통찰력을 발휘하거나 시간이 있진 않아요. 데이터를 포함한 각 슬라이드에는 요점('그래서 결론은')이 명확하게 정리돼 있어야 하며, 행동('이제 무엇을')을 요구하는 내용이 포함돼야 합니다.

데이터를 어떻게 시각화하시나요?

데이터 시각화는 이야기를 강화하는 마지막 단계에 수행합니다. 저는 팀원들에게 대시보드와 차트를 흑백으로 만들라고 해요. 색이 다양하면 산만해지고 강조되는 부분이 많아지거든요. 또한 쉽게 읽을 수 있게 글꼴 크기를 최소로 하고 단어 수를 제한하죠. 사람들이 시각적으로 보기 좋은 이미지를 선호한다는 연구를 공부한 적이 있어요. 그렇게 하면 어려운 메시지가 있을 때 저항을 최소화할 수 있어요.

스토리텔링에 관해 어떤 조언을 해 주실 수 있나요?

데이터 분석 학위는 필요하지 않습니다! 제가 본 최고의 스토리텔러 중에는 이 분야에 관한 학위가 전혀 없는 사람도 있어요. 데이터를 사용해 감정을 불러일으킬 수 있는 능력이 필요합니다. 청중이 느끼는 감정이 행동과 변화를 만들거든요.

성과

리더십과 조직의 역량을
강화하는 공식

14장
· · · ·

사람들에게 잘 달라붙는 스토리

마리아와 월터에 관한 이야기는 내 이야기의 대부분이 그렇듯 글에서 시작됐다. 글쓰기는 내가 아이디어를 가장 잘 활용하는 방법이다. 나는 글을 쓰기 전까지는 스토리텔링을 잘 이해하지 못한다. 이 이야기의 경우 TED 무대에 오르기 3년 전에 블로그 포스트에서 처음 사용했다. 글을 올린 지 몇 달이 지났을 때 팟캐스트 진행자가 갑자기 이야기에 관한 인터뷰를 요청했다. 그때까지만 해도 생방송에서 그 이야기를 해본 적이 없어서 어떻게 전달해야 할지 몰랐다. 사건을 나열하는 것만으로는 이야기를 충분히 전달할 수 없었다. 이야기를 설명할 때 마리아와 월터를 어떻게 담아내야 할지도 잘 몰랐다. 이야기를 역동적으로 만들기 위해 억양을 어떻게 사용해야 할지, 목소리의 높낮이와 속도를 언제 바꿔야 할지, 또는 언제 멈춰야 할지도 생각해 본 적이 없었다. 종이에 글을 쓰는 방식과 이야기를 전달하는 방식은 달랐다.

한 형식에서 효과적인 방식이 다른 형식에서는 효과가 없을 수도 있다. 이야기가 설득력을 가지려면 어느 방향으로든 조정이 필요하다. 글로 쓴 이야기는 청중의 관심을 끌기 위한 설명과 디테일에 의존한다. 독자는 다양한 플롯 포인트와 문장 길이를 통해 속도감을 경험한다. 흰 여백으로 둘러싸인 짧은 문장은 숨 돌릴 공간을 만든다. 우리는 캐릭터의 생각과 감정을 읽어나가면서 그들의 머릿속으로 들어가게 된다. 텍스트가 그 일을 한다.

말로 이야기를 전달할 때 고려할 사항

말로 이야기를 전달할 때, 당신은 화자로서 캐릭터가 된다. 억양을 통해서도 극적인 효과와 긴장감을 구축하고 해소할 수 있다. 청중은 당신의 말하기 속도와 어조를 통해 이야기에 빠져든다. 이야기를 하다가 잠시 멈추면 이야기가 청중의 뇌리에 박히는 데 도움이 된다. 말을 멈출 때마다 청중은 들은 내용을 느끼고, 감정을 경험한다. 제스처와 표정은 언어를 사용하지 않고도 캐릭터의 감정을 표현한다. 생방송에서 이야기를 전달할 때 청중은 당신이 말하는 내용뿐만 아니라 몸짓과 목소리 등 비언어적 요소를 통해서도 이야기를 경험한다.

이야기 시작하기

"이야기를 하나 들려드릴게요." 아담이 말했다. "잠깐만요." 나는 손으로 타임아웃 사인을 만들며 말을 끊었다. "그렇게 시작하지 마세요. 이야기를 시작하겠다고 알릴 필요는 없어요. 그냥 시작하시면 돼요."

아담은 중견 기술 회사의 CEO로, 곧 있을 프레젠테이션을 위해 내게 코칭을 받고 있었다. 많은 사람과 마찬가지로 아담은 이야기를 어떻게 시작해야 할지 막막해했다.

"이야기로 바로 시작하면 어색하거나 혼란스럽지 않을까요?" 그가 물었다.

"전혀요. 오히려 관심을 끌 수 있어요. 그걸 원하시는 거잖아요."

사람들은 흔히 "이야기를 하나 들려 드릴게요." "상황을 설명해 줄게요." "무슨 일이 있었는지 알려드릴게요." "당시 상황을 말씀드리겠습니다." "이야기를 들을 시간이에요!" 등의 문구로 이야기를 시작한다. 그래선 안 된다.

허락은 필요 없다. "내가 이야기를 하나 해줄게."라는 말은 상대방이 이야기를 듣지 않게 하는 가장 빠른 방법이다. 마치 뇌가 "어, 그래? 할 수 있으면 내 관심을 끌어봐!"라고 말하면서 게으름 상태로 들어가는 것과 같다. 하지만 바로 이야기를 시작하면 이런 예상이나 기대가 없기 때문에 호기심이 생기고, 청중은 무슨 말이 이어질지 궁금해한다.

코미디언은 "이제 농담을 하나 하겠습니다."라고 선언하지 않는다. 바로 농담을 시작한다. 이로 인해 농담하는 모든 단계에서 청중의 관심과 함께한다. 당신의 이야기도 마찬가지다. 이 규칙은 디테일에도 적용된다. "그 사람을 ○○○이라고 부르겠습니다."라는 문장은 넣지 말자. 청중은 익명성을 유지하기 위해 이야기에 사용될 이름을 지어내든 말든 관심 없다. 이런 문구는 관심을 분산시킬 뿐이다.

"이게 좋은지 모르겠지만"과 같은 한정적 진술도 마찬가지다. 청중의 판단에 영향을 주지 말고, 그냥 당신의 이야기를 하자. 어떤 말을 할 때 당신이 꺼내려는 문장이 이야기에 도움이 되는지부터 살펴야 한다. 대부분은 도움이 되지 않는다. 그냥 당신이 이야기를 시작하고, 캐릭터의 이름을 지정하면 된다. 청중은 당신의 말을 따라갈 것이다.

브랜든 스탠튼Brandon Stanton은 전 세계 사람들의 이야기를 소개하는 웹사이트와 소셜 미디어 계정인 휴먼스 오브 뉴욕Humans of New York을 만들었다. 한 사람과 하나의 간단한 이야기로 시작한 휴먼스 오브 뉴욕은, 이제 여러 사람의 이야기를 담은 여러 사진과 캡션을 게시하는 데까지 발전했다. 이 게시물들은 맥락을 설정하지 않고 한 개인의 갈등 순간에서 시작한다.

그의 인기 게시물 중 하나는 머리부터 발끝까지 녹색 옷을 입은 한 여성의 사진과 "녹색 옷을 입을 때 가장 행복하다는 사실을 알게 됐어요. 그래서 15년간 풋내기로 살아왔죠."라고 적힌 캡션이었다. 게시물을 보는 순간 그 사진에 매료돼 더 많이 알고 싶어진다. 왜 녹색인가? 녹색 옷을 입으면 왜 행복할까? 다른 색 옷을 입으면 어떤 기분이 들까? 이 게시물이 이곳저곳으로 재게시되면서, 녹색 옷을 입은 여성과 다른 사람들의 이야기가 더해진다. 게시물이 증가할수록 갈등에 빠져들고 배우면서 흥미를 느낀다. 청중이 원하는 것은 한정적 진술이 아니라 훌륭한 이야기임을 보여주는 예시다.

신체 사용하기

그래픽 퍼실리테이터graphics facilitator를 본 적이 있는가? 그래픽 퍼실리테이터는 제시되는 단어를 실시간으로 시각적 아이콘과 그림으로 바꾼다. 이 아티스트들은 연설가의 말을 따라가며 그 내용을 시각적으로 표현하는 완벽한 그래픽을 그린다. 그들에게는 이미지가 그들의 어휘이므로 이 작업을 할 수 있다. 연설가가 '아이디어'라고 말하면, 그래픽 퍼실리테이터는 전구를 그린다. '생각'이라는 단어는 뇌라는 이미지로 바뀔 수 있다. '신체'라는 단어는 바벨 그림으로 표현한다. 각 그래픽 아티스트는 해당 주제에 관한 이미지 라이브러리를 가지고 있다. 그들은 계획된 이미지를 사용해 핵심 개념과 단어를 강화할 수 있게 미리 준비한다.

이야기할 때, 제스처 라이브러리를 준비하자. 팔, 몸통, 표정을 사용하면 이야기에서 일어나는 일을 역동적으로 표현할 수 있다. 몇 가지 보편화된 움직임은 메시지를 강화하는 감각, 감정, 생각을 표현한다. 이러한 움직임은 사람들 앞에서 발표할 때 느끼는 긴장감을 해소시켜 주기도 한다.

스토리텔링 워크숍을 할 때 나는 참가자들에게 가장 좋아하는 이모티콘을 몸으로 표현해 보라고 한다. 각자의 이야기에서 키워드를 골라 다양한 동작을 연습한다. 마치 제스처 게임과 같다. 말로 이야기를 전달하는 것은 단순히 단어를 공유하는 것이 아니라 이야기를 뒷받침하는 움직임을 계획하는 것이다. 감각 또는 감정을 묘사하는 모든 디테일은 그에 맞는 동작을 통합할 때 강화된다. 모든 단어에 관련 제스처가 필요하지는 않다. 하지만 이야기의 주요 부분에는 제스처가 필요하다.

스탠포드 대학원생 린지 샐리는 불안하거나 각성이 증폭되는 순간에 앞으로 나가는 동작을 하면 뇌에서 도파민이 분비된다는 사실을 발견했다. 이는 용기에 대한 개인적인 보상과 같다. 제스처, 기대기, 앞으로 나아가는 동작으로 도파민을 분비시킬 수 있다. 또한 다시 이야기할 수 있는 동기와 에너지를 만든다. 앞으로 나아가는 동작을 계획하면 스토리텔링이 역동적으로 될 뿐만 아니라 더 많은 도파민이 분비된다.

TED 강연에서 나는 마리아의 행동을 묘사하기 위해 앞으로 나아가 엘리베이터 버튼을 누르는 흉내를 낸다. 나는 손을 툭 떨어뜨려 휴대폰이 떨어지는 모습을 상상하게끔 한다. 레이의 행동을 묘사할 때는 엘리베이터 점검 증명서가 어디 걸려 있는지 보여주기 위해 손을 옆으로 들어 올린다. 이야기에 새로운 인물을 등장시킬 때마다 나는 다른 방향으로 움직인다. 대화를 이리저리 이끌어 갈 때 내 손도 이쪽저쪽으로 움직인다.

월터가 시험에 낙제하는 장면을 묘사할 때, 나는 충격과 수치심을 전달하기 위해 눈을 크게 뜬다. 숫자가 나올 때면, 손가락으로 해당하는 숫자를 표시한다. 이 동작은 청중이 내가 말하는 내용에 더욱 몰입할 수 있도록 고안된 것이다. 내 제스처는 구체적인 이미지를 설명하기도 하고, 감정을 강조하기도 한다.

말로 이야기를 전달할 때 당신은 이야기의 일부가 된다. 당신의 신체는 당신이 말한 내용을 강화하고 청중을 이야기 속으로 끌어들인다. 움직임은 당신의 긴장을 완화하는 데 도움이 된다. 이야기를 준비하면서 의도적으로 어떤 동작을 사용할지 정리해 두면 좋다.

멈춤

몇 년 전, 나는 교회 절기 음악회에서 플루트를 연주했다. 같은 프로그램, 음악, 설교 내용으로 두 번의 예배가 있었다. 첫 번째 예배에서 목사님은 어린 시절 집에서 보낸 크리스마스이브 이야기를 했다. "하루 종일 기대감으로 들떴어요. 시계 바늘이 의도적으로 느리게 움직이면서 시간을 천천히 흐르게 만든 것 같았습니다. 할머니가 만든 맛있는 음식과 입안에서 녹아내리는 따뜻한 버터 롤…."

설교에는 더 많은 내용이 있었지만, 내 머릿속에는 크리스마스이브에 가족들이 식탁에 둘러앉은 모습이 그려졌다. 그리고 명절의 따뜻함과 웃음소리로 윙윙거리는 집을 상상했다. 사랑하는 가족들이 상록수, 호랑가시나무, 흰색 반짝이는 조명으로 장식된 타원형 테이블 주위에 둘러앉아 있었다. 나는 고소한 으깬 감자, 크랜베리 소스, 구운 칠면조 냄새를 맡을 수 있었다. '입안에서 녹아내리는 따뜻한 버터 롤'이라는 말을 들으니 그 빵을 한 입 먹은 것 같은 기분이 들었다. 나는 버터가 줄줄 흐르는 따뜻하고 쫄깃한 반죽을 느꼈다.

두 번째 예배에서 목사님은 똑같은 설교 대본을 읽으며 똑같은 이야기를 전달했다. 하지만 청중에게 다른 경험을 선물했다. 첫 번째 예배보다 속도가 거의 두 배나 빨랐다. 천천히 흘러가는 시간에 대한 지루함이나 어린 시절 명절을 기다리면서 느꼈던 기대감은 전혀 없었다. 버터 롤에 대한 언급은 너무 빨리 지나가서 마치 나중에 덧붙인 내용처럼 느껴졌다. 그런 이유에서 '입안에서 녹아내리는 따뜻한 버터 롤을 놓치고 있잖아!'라는 생각이 들었다. 같은 이야기였지만, 전혀 다른 경험이었다.

차이점은 이야기를 전달하는 방식에 있었다. 특히 이야기 중간에 멈춤을 사용하는 방식이 달랐다. 첫 번째 예배에서는 그가 말하는 속도와 억양이 느렸다. 각 문장이 끝날 때마다 말을 멈추고 청중의 뇌리에 문장이 자리 잡기를 기다렸다. 문장 사이의 리듬에서 그날의 기대감을 느낄 수 있었다. 그 이야기에서는 시곗바늘이 느리게 움직이고, 시간이 천천히 흘러갔다. 식탁에 둘러앉은 가족의 모습을 상상하는 데 도움이 됐다. 입안에서 버터가 녹아내리는 맛있고 따뜻한 롤의 맛을 상상할 수 있었다. 하지만 두 번째 예배에서는 멈춤이 없었다. 이야기의 차이는 말이 아니라 전달하는 방식에 있었다.

멈춤은 단어를 이해하는 데 시간을 준다. 또한 게으른 뇌를 차단한다. 잠시 이야기를 멈추면 듣는 사람의 뇌가 알아차린다. 그리고 내면의 대화와 가정 속도가 느려진다. 침묵하는 순간 단어가 자리를 잡는다. 뇌가 내용을 소화하는 동안 청중은 감정과 경험을 느낀다. 멈춤은 스토리텔링의 훌륭한 도구 중 하나다.

모든 멈춤이 같지는 않다. 문장이나 전환 사이에는 짧은 멈춤을 사용해야 한다. 긴장감을 조성하거나, 요점, 아이디어 또는 예상 밖의 사건이 나온 후에는 긴 멈춤을 사용해야 한다. 짧은 멈춤은 대략

1초 정도일 것이다. 긴 멈춤은 "1초, 2초, 3초…"라고 셀 수 있을 정도의 시간이다.

월터의 기말고사를 설명할 때, "이 방을 청소하는 분의 이름은 무엇인가요?"라는 질문 뒤에 길게 침묵했다. 이렇게 하면 청중은 내가 말한 내용을 처리하고 '나라면 그 답을 알았을까?'라고 생각하게 된다. 또한 월터가 그녀의 이름을 알고 있었는지 알아내려고 기다리는 동안 긴장감이 조성된다.

이야기를 전달할 때 어디에서 멈춰야 할지 파악하자. 짧은 멈춤은 뇌에 도움이 된다. 긴 멈춤을 사용하면 긴장감이 조성된다. 멈춤을 통해 묘사된 감각과 감정을 음미할 수 있는 경험을 마련해 주자.

속도와 높낮이

속도는 이야기의 리듬이다. 속도에 변화를 주면 듣는 사람의 흥미를 유지할 수 있다. 그리고 긴장감을 조성한다. 작곡가 존 윌리엄스가 영화 〈죠스〉에서 두 음의 빈도를 번갈아 높인 것처럼, 이야기의 속도를 높이면 무언가가 발생할 거라는 미묘한 신호를 뇌에 주게 된다.

나는 이야기 속에 예상 밖의 사건이나 핵심 아이디어를 구축할 때 종종 말하는 속도를 높인다. 속도를 높이고, 생동감 있게 말하고, 말의 높낮이나 억양을 더한다. 그다음 잠시 멈춘다. 그리고 기다린다. 청중이 이야기를 충분히 이해할 때까지 기다린다.

아이디어를 공유한 이후에는 더 느린 속도와 저음으로 다시 시작한다. 속도와 높낮이를 바꾸면 뇌가 게으름 상태에서 벗어나므로 다음 이야기에 호기심을 가진다. 각 이야기에는 에너지 아크가 있다.

270

속도, 높낮이, 억양, 멈춤을 다양하게 활용하면 에너지를 구축하거나 천천히 방출할 수 있다. 이러한 요소를 결합하면, 캐릭터에 몰입하게 되어 이야기가 더 효과적으로 자리 잡힌다.

이야기를 준비할 때, 언제 어디에서 속도를 늦추거나 높일지 생각해 보자. 어떻게 속도와 멈춤을 결합해 아이디어가 청중의 머릿속에 자리 잡히게 할 것인가? 어떻게 높낮이와 억양을 바꿔서 다양한 감정을 표현할 수 있을까?

대화

여러 사람이 등장하는 이야기에는 대화가 포함된다. 이 경우 스토리텔러가 방향을 설정하기가 까다로울 수 있다. 청중을 혼란스럽게 해서는 안 되기 때문이다. 대화문을 사용할 때는 편안하고 자연스럽게 느껴져야 한다. 거기에는 두 가지 방법이 있다.

첫 번째는 캐릭터마다 다른 목소리를 사용하는 것이다. 이 방식은 까다로워서 신중하게 사용해야 한다. 사람이나 인종, 문화, 성별을 절대 조롱하지 말자. 목소리나 억양이 부자연스러우면 청중은 이야기가 아니라 화자에게 집중하게 된다. 특히 묘사하려는 인물의 억양이 제대로 녹아있지 않으면 청중의 신뢰를 잃게 된다. 말하는 속도, 억양을 조절해 대화를 다채롭게 할 수 있다.

두 번째는 움직임을 포함하는 것이다. 나는 다양한 목소리를 자연스럽게 이어가지 못한다. 그 대신 움직임을 사용해 다양한 캐릭터의 대화를 표현한다. 한 캐릭터의 말을 전달할 때 시선을 한쪽에 고정시켰다면, 다른 캐릭터가 말할 때는 반대 방향을 쳐다본다. 대화가 길면 대사마다 방향을 바꾸는 것이 어색해 보일 수 있다. 청중은 마치 테니스 경기를 보듯이 당신을 보게 된다. 이런 어색함을 최소화하기 위해 움직일 때는 발을 고정시킨다. 어깨 정도만 움직여 몸을 트는 방식으로 대화를 표현할 수 있다.

시작, 전환, 끝 파악하기

어떤 사람들은 말로 이야기를 전달할 때, 모든 단어를 대본으로 써야 가장 편하다고 느낀다. 몇 가지 주요 포인트만 표시하며 이야기를 구성하는 사람도 있다. 대본을 쓰든 이야기의 개요를 작성하든, 시작 문장, 끝 문장, 전환 문장은 확실히 파악해야 한다. 이렇게 하면 변칙적인 상황에서도 이야기를 힘 있게 시작하고 마무리하며 부드럽게 전환할 수 있다.

나는 이야기를 전개하면서 대본을 작성한다. 그다음에 대본을 내려놓고 이야기 전반에 걸쳐 요점을 정리한다. 나는 이야기가 독백이 아닌 대화처럼 느껴지길 원하기에, 요점만 유지하며 이야기를 매번 다르게 전달한다. 그리고 항상 시작, 끝, 전환을 의미하는 세 가지 문장으로 정리해 본다. 내가 이야기의 중심을 숙지해 두면 청중이 더 밀접하게 이야기를 따라갈 수 있다.

이야기를 하다 보면 순간적으로 무언가를 시도해 보고 싶은 충동이 들곤 한다. 말하는 속도를 높이거나, 다른 제스처를 사용한다거나, 큰 소리로 방백하고 싶은 충동이다. 나는 이런 충동적인 영감을 말리기보단 믿어보라고 권한다.

TED 강연 중에 이런 일이 생겼다. 계획대로라면 "이쯤 되면 궁금해질 겁니다. 저 사람이 무슨 이야기를 하려는 거지?"라는 문장을 말해야 했다. 그런데 갑자기 한 번도 해보지 않았던 것을 시도해 보고 싶은 충동을 느꼈다. 나는 "저 사람이 무슨 이야기를 하려는 거지?"라는 문장을 방백으로 처리하기로 했다. 나중에 몇몇 청중은 그 방백이 관심을 끌었다고 말했다. 이야기를 전달하다가 무언가를 하고 싶은 충동이 들면 그냥 하자! 이미 이야기 위한 모든 준비는 끝났다. 어떤 충동이 든다면, 당신은 훌륭한 이야기를 만드는 직감을 얻은 것이다.

말하기 의식

운동선수들은 경기 전에 행하는 일종의 의식이 있다. 야구 선수들은 타석으로 걸어 나가면서 듣는 음악이 정해져 있고, 테니스 선수들은 서브를 넣기 전에 공을 세 번 튀기기도 한다. 골프 선수들은 종종 한두 번 연습 스윙을 한다. 이러한 습관은 긴장을 완화하고 신체가 경기하기에 적합하도록 준비시킨다. 말하거나 이야기를 전하기 전에 자기만의 의식을 만들자. 좋아하는 노래를 듣든, 구석에서 자신감 넘치는 자세를 취하든, 좋아하는 시계를 차든, 마음을 다잡을 준비를 하자.

마지막으로, 말로 이야기를 할 때 할 일이 두 가지 있다. 첫 번째는 들뜬 아이처럼 에너지를 쏟아내는 것이다. 자신의 장난감이나 그림을 자랑할 때 아이들은 잔뜩 흥분하고 설렘을 느낀다. 그런 상태가 바로 공유와 연결의 순간이다. 이 설렘의 에너지를 이야기를 전달할 때 활용해야 한다. 아이디어를 공유할 때 느끼는 설렘에 집중하자.

두 번째는 자신에게 '대화를 하자.'고 말하는 것이다. 나는 기조연설을 하러 무대에 오를 때마다 내게 그렇게 말한다. 이야기를 위한 연습을 한 번 했든 수십 번 했든, 이야기가 친근하고 신선하게 느껴지기를 바란다면 대화를 해야 한다. 청중은 마주 앉아 커피를 마시며 이야기를 나누는 것 같은 경험을 해야 한다. 그렇게 하면 긴장을 풀고 대화하듯 이야기할 수 있고, 청중과 함께 그 순간을 즐기게 된다.

실험하고 검증하는 것도 스토리텔링의 일부다. 이야기를 청중에게 전한 뒤, 스토리텔링 방법론의 각 단계에서 이야기가 다음 단계로 넘어갈 때 충분히 설득력이 있었는지 생각해 보자. 이야기를 진행하는 데 있어서 미흡한 점이 있다고 생각되면, 적합할 때까지 이야기를 다듬으면 된다.

사람들에게 잘 달라붙는 스토리

- 이야기를 시작하겠다고 예고하지 말고, 바로 시작하자.
- 이야기를 뒷받침하는 제스처 라이브러리를 만들자. 청중의 관심을 끌 수 있도록 앞으로 나아가는 제스처도 포함하면 좋다.
- 멈춤을 활용하면 긴장을 조성하고 완화할 수 있다.
- 속도, 높낮이, 멈춤을 다양하게 사용하면 이야기의 에너지를 높이거나 낮출 수 있다.
- 이야기의 시작과 마무리를 강렬하게 만들기 위해서 시작, 끝, 전환의 문장을 정리해야 한다.
- 이야기를 하다가 무언가를 시도하고 싶은 영감이 떠오르면 그냥 하자!
- 본격적인 이야기를 시작하기 전에 자기만의 스토리텔링 의식을 만들면 마음을 다잡을 수 있다.
- 어린아이처럼 설렘의 에너지를 쏟아내면 이야기에도 에너지가 생긴다.

존 쿠싱John Cushing

애니씽 벗 푸티Anything But Footy 오디오 및 팟캐스트 진행자 겸 프로듀서,
전 글로벌Global 뉴스 운영 책임자

**런던의 글로벌 뉴스 운영 책임자로서 왕실에서 어떤 업무를
담당했나요?**

엘리자베스 여왕 재임 동안, 영국 전역에 방송되는 모든 글로벌 라
디오 방송국에서 영국 왕실 인사의 사망 소식을 전달하는 역할을 맡
았습니다. 왕실의 사망에는 일주일간의 장례 의식과 의전이 포함되
죠. 제 궁전 브리핑은 종이 한 장에 불과했어요. 저는 경험과 지식, 그
리고 몇 가지 가정에 의존해야 했습니다. 승진할 때마다 책임감이 커
졌죠.

　　여왕이 사망할 경우 전달할 이야기는 몇 년에 걸쳐 썼음에도 실수
할 가능성이 컸어요. 제가 이야기를 전달하는 방식이 국가가 겪을 경
험에 전적으로 영향을 줄 거라는 사실을 알고 있었죠. 대부분의 기자
는 기자 생활 동안 왕실의 죽음이나 대관식 이야기를 할 일이 없어요.
그래서 이 일은 무겁게 제 어깨를 짓눌렀죠. 실수라도 하면 제 경력에
오점을 남기게 될 테니까요. 정신이 번쩍 들었죠. 이미 몇 년 동안 뉴
스 속보 때문에 식사를 제대로 못 하거나 약속을 취소하는 일이 잦았

어요. 밤에 잠자리에 들 때도 언제 전화가 울릴지 걱정했어요.

그 과정에 다른 사람들을 참여시켰죠. 책임은 저에게 있었지만, 여러 사람들과 함께 일하면 실수를 최소화하고 생각과 행동을 검증할 수 있을 거로 생각했어요. 오랫동안 고민했어요. '어떻게 이야기를 전달하고, 적당한 어조를 사용하고, 존경을 제대로 전달할 수 있을까? 이야기를 하며 발생할 수 있는 실수를 어떻게 피할 수 있을까?' 제 계획은 이야기하는 모든 순간에 동일한 질문에 집중하는 것이었어요. "무엇이 청취자의 관심을 사로잡고 그들을 계속 듣게 할 것인가?"라는 질문이었죠.

저는 여왕이 서거하기 전에 직장을 옮겼습니다. 글로벌 팀은 찰스 왕세자가 국왕으로 즉위할 때부터 여왕이 서거할 때까지 열흘이라는 긴 시간 내내 발표하고, 깊이 생각하고, 보도를 이어나가는 큰 역할을 했습니다. 저는 전 동료들에게서 제가 작업한 브리핑, 의전, 준비 작업에 대해 도움을 많이 받았다는 감사 인사를 받았어요. 정말 의미 있는 일이었죠. 그 정도로 광범위한 장기 보도는 없었을 거예요.

팟캐스트 진행자로서 스토리텔링 기술을 어떻게 발전시켰나요?
저는 〈애니씽 벗 푸티〉 팟캐스트의 공동 진행자입니다. 올림픽과 패럴림픽에서 선수들이 대회를 준비하는 4년 동안 무슨 일을 겪었는지를 이야기하죠. 저는 아이들이 사인을 요청하는 선수들의 이야기를 전달하는 일을 좋아합니다.

팟캐스트 진행은 시간을 두고 특정 청중과 이야기할 수 있게 해줍니다. 스토리텔링은 대중의 관심을 끌려고 하지 않을 때 더 쉬워지죠. 뉴스에서 그랬듯이 인터뷰를 단단하고 밝게 유지해야 한다고 믿어요.

뉴스 기자들은 헤드라인을 찾아 헤매지만, 팟캐스트에서는 사려 깊은 질문으로 대화의 흐름을 만들어요. 인터뷰를 많이 할수록 더 잘 들을 수 있게 되죠. 저에게는 그 점이 인터뷰 진행자로서 가장 중요해요. "기분은 어떠세요? 어떤 목표를 달성하고 싶으신가요?" 이러한 인터뷰는 정형화되기 쉬워요. 누군가 당신에게 말을 꺼낸 이유 뒤에는 늘 배경이 되는 이야기가 있어요. 표면 아래로 파고들어 그들의 이야기를 들어보세요. 그들과 청취자 사이에 연결 고리를 만들어야 합니다.

15장
· · · ·
공감은 의도적으로 설계된다

"그녀의 휴대폰이 손에서 떨어져서 바닥에 튕기더니 '쉭!' 하고 엘리베이터와 바닥 사이 작은 통로로 떨어졌죠."라고 말했을 때였다. 객석 두 번째 줄에 앉은 사람이 숨을 내쉬더니 "안 돼!"라고 외쳤다. 소리가 너무 커서 극장 앞쪽의 모든 사람이 들을 수 있을 정도였다. 나는 간신히 웃음을 참고 무표정하게 말을 이어갔다. 하지만 내심 청중이 이야기에 빠져들었다는 사실을 알게 돼 신이 났다.

나는 종종 이야기의 효과를 어떻게 아느냐는 질문을 받는다. 물론 알지 못한다. 다양한 청중을 대상으로 검증하면서 배울 뿐이다. 이야기를 검증하면 어떤 이야기가 공감을 불러일으키는지 알 수 있다. 또한 이야기의 모든 요소가 제자리를 찾았는지, 어떤 부분이 매

끄럽지 못해 혼란을 불러오는지 알게 된다.

훌륭한 이야기의 신호

각 이야기는 당신이 전달하는 버전과 청중이 받아들이는 버전 두 가지로 구성된다. 사람들은 각자 이야기를 듣고 경험에 따라 자기만의 방식으로 해석한다. 나는 이야기를 검증하면서 청중이 나의 이야기에서 무엇을 경험하는지 알게 된다. 그리고 이야기를 더 의미 있게 만드는 아이디어를 얻는다.

물리적 효과

나는 기업이나 회의에서 기조연설을 자주 한다. 대학에서 초청 강연을 한 적도 있다. 초기에는 퍼듀 대학교에서 스토리텔링에 강연을 했다. 그런데 강연에 참석한 학생들은 모두 고개를 숙인 채 노트북을 펴고 필기를 하고 있었다. 내가 이야기를 시작하자마자 100쌍의 눈이 내게 고정됐다. 마치 전기 충격기에 쏘인 것처럼 모두가 몸을 앞으로 숙인 채 가만히 얼어붙어 있었다. 내가 이야기를 마치자, 고개를 숙이고 재빨리 자기 생각을 타이핑하기 시작했다. 이 강연에는 열두 가지 다른 이야기가 포함돼 있었다. 하지만 이야기가 하나하나 끝날 때마다 매번 같은 일이 일어났다. 학생들은 타이핑을 멈추고, 머리를 들었다가, 얼어붙은 채 내 이야기를 들었다.

이야기를 전달할 때는 청중에게 주목해야 한다. 그들은 무엇을

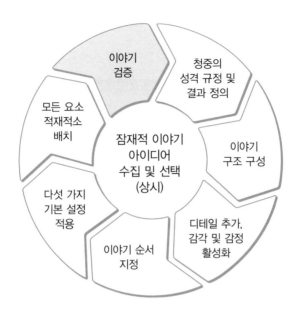

이야기
검증

청중의
성격 규정 및
결과 정의

모든 요소
적재적소
배치

잠재적 이야기
아이디어
수집 및 선택
(상시)

이야기
구조 구성

다섯 가지
기본 설정
적용

디테일 추가,
감각 및 감정
활성화

이야기 순서
지정

하고 있는가? 당신을 바라보고 있는가? 고개를 끄덕이는가? 이야기를 전할 때 눈에 띄는 신체적 변화는 무엇인가?

청중이 당신을 바라보지 않아도 초조해할 필요는 없다. 종종 당신의 이야기가 그들의 생각을 자극하고 경험을 떠올리게 할 것이다. 청중이 고개를 들어 슬라이드를 바라보며 반응하는 모습을 발견할 수도 있다. 청중이 잠시 생각에 잠기기도 한다면, 이는 좋은 현상이다! 흥미를 완전히 잃은 청중은 보통 멍한 눈빛을 하거나 구부정한 자세를 취한다. 스토리텔링을 지속적으로 하다 보면 청중의 생각을 자극했을 때나 완전히 흥미를 잃게 했을 때의 차이를 알게 된다.

패턴 깨기

나는 『포춘』 선정 500대 기업 중 하나인 헬스케어 기업의 최고 경영진을 위한 리더십 수련회를 진행한 적이 있다. 이 회사는 서로 소통하지 않으며 일하고 있었다. 그들은 서로를 비난하는 일은 빠르면서, 협업하는 속도는 느렸다. CEO인 미겔은 사내 분위기에 대단히 좌절했다. 그는 리더십 수련회를 통해 문제를 분석하고 해결할 수 있을지 회의적이었다.

미겔과 나는 워크숍을 계획하려고 만났다. 나는 그 만남에서 그가 나를 테스트하고 있다는 사실을 금방 알아차렸다. 수련회나 안건을 논의하려고 할 때마다 미겔은 질문을 던져 말을 막았다. 그는 내가 까다로운 그룹을 다루고 어려운 토론을 할 수 있는지, 능력을 테스트하려 했다. 그가 던지는 모든 질문은 나를 신뢰할 수 있는지 확인하기 위한 도전이었다.

"제가 비현실적인 매출 목표를 설정했다고 팀원들이 불평합니다. 매출 목표를 낮춰야 한다고 생각하나요?"라고 미겔이 물었다.

미겔에게 필요한 건 목표를 낮춰야 하는지 아닌지에 대한 내 의견이 아니었다. 그는 내가 팀을 이해하고 있는지를 평가하려 했다. 이미 팀원들과 충분한 시간을 보내 그들의 불만이 매출 목표가 아니라, 전반적인 상호작용에 있다는 사실을 충분히 알고 있었다. 나는 문제를 해결하기 위해서는 미겔이 고려하지 않은 관점, 즉 팀의 역학관계에서 그의 역할에 있다고 생각했다.

"고등학교 때와 대학교 때 육상하셨죠?" 나는 미겔에게 물었다.

"맞아요. 4년 중 3년은 주경기state tournament에 출전했죠."

"멋지네요! 각 경기에서 목표 속도를 몇 번이나 달성하셨나요?"

미겔이 웃기 시작했다. "한 번도 못 했어요. 코치님이 목표를 정하면 저는 그 목표를 달성하기 급급했어요."

"연습할 때 컨디션이 어땠는지 코치님이 물어본 적 있었나요? 잠은 잘 주무셨어요? 식사는 어떻게 하셨어요? 대답에 맞춰서 코치님이 훈련 계획을 조정하자고 했나요? 코치가 충분한 휴식 시간을 보장해 줬나요? 목표를 달성할 수 있도록 코치했나요? 아니면 당신에게 목표를 제시하고 스스로 알아서 하라고 했나요?"

미겔은 조용히 나를 바라보더니 천천히 고개를 끄덕였다. 나는 이렇게 말을 덧붙였다. "팀의 목표와 관계없이 당신이 팀을 조금 더 코치해 보면 어떨까요? 무엇이 필요한지 알아내기 위해 팀원들을 토론에 참여시킬 수 있나요? 당신의 도움으로 제거할 수 있는 장애물이 있나요? 코치가 그랬던 것처럼 실적을 높이기 위한 조정을 제안할 수 있나요?"

나는 미겔의 경험을 활용하여 그가 익숙하게 느끼는 이야기와 현재 비즈니스의 해결 방안을 연결시켰다. 이 이야기는 미겔이 논의에 마음을 열도록 하는 패턴 방해pattern interrupt 역할을 했다.

그는 나를 검증하려던 것을 멈추고 말했다. "무슨 말을 하려는지 알겠어요. 당신 말이 맞습니다. 제가 그 역할을 충분히 하지 못했네요. 이번 수련회를 통해 어떻게 이 목표를 이룰 수 있을지 함께 이야기해 보죠."

이야기는 익숙한 패턴을 차단한다. 반복되는 행동이나 대화를 저지한다. 이야기는 새로운 문을 열어주고, 더 건설적인 논의를 하게 만들고 팀의 에너지를 바꿔준다. 사고가 확장되거나 새로운 아이디어를 받아들일 수도 있다. 어떤 이야기가 어떤 행동의 변화를 일으키는지 보고, 의도적으로 패턴을 깨는 데 이야기를 활용하도록 하자.

인상 깊은 지점

"엘리베이터를 탈 때 휴대폰을 조심스럽게 잡아요." "제 도티의 이름은 빈센트예요." "마리아의 휴대폰을 구한 아이폰 케이스의 브랜드가 뭐예요?"

청중이 구체적인 디테일을 이야기한다면 이야기가 공감을 불러일으켰다는 증거다. 사람들은 좋아하는 노래 가사를 읊조리듯이 가장 좋아하는 부분을 이야기하고 싶어 한다. 사람들에게 어떤 점이 인상 깊었는지 물어보면 어느 부분이 공감을 일으켰는지 알 수 있다. 공감이 되지 않았다면 "마음에 들었어요. 좋았어요." 또는 "색달랐어요."라는 무난하고 모호한 답을 듣게 될 것이다. 공감되는 이야기였다면 어떤 부분에 공감했는지 매우 구체적인 예시를 든다. 이야기를 검증할 때는 "어떤 점이 인상 깊었나요?"라는 질문을 활용하면 좋다. 그 질문에 어떤 대답이 돌아오는지, 그 디테일에 귀 기울여야 한다.

다른 경험과의 연결

어떤 이야기를 듣고 다른 이야기가 떠오른 적이 있는가? 누군가 당신의 이야기를 듣고 다른 이야기를 공유할 때는 두 가지 의미가 있다. 첫 번째, 당신의 이야기에 공감했다는 것이다. 그 이야기가 청중의 뇌를 자극해 다섯 가지 기본 설정이 작동했다. 두 번째, 연결성을 보여준다. 당신의 이야기가 그들이 알고 있던 아이디어, 사람, 상황 또는 순간과 연결돼 그들의 삶에 영향을 미치는 것이다.

당신이 이야기한 후에 사람들이 어떤 일화나 이야기를 공유하는지 주목하자. "제 이야기를 듣고 어떻게 이런 생각을 하셨나요?"라고 묻자. 이 질문에 대한 대답은 당신의 이야기에서 무엇이 가장 가치 있고 공감을 불러일으키는지 알려준다.

지지의 표시

한 기술 기업에서 스토리텔링 기조연설을 한 후, 한 소그룹과 대화를 나눴다. 한 사람이 먼저 "오늘 오전에 동물 구조에 대한 강연을 들으면서 그들에게 기부해야 하는 이유를 이해하게 됐어요. 유기 동물을 지원해 달라는 요청을 받은 적도 없었고, 심지어 기부를 요청받은 적도 없었어요. 그들은 그저 한 강아지에 관한 이야기를 들려줬을 뿐인데 어느새 '기부하기' 버튼을 누르고 있더라고요."라고 말했다.

이야기를 통해 우리는 스토리텔러에게 공감과 신뢰를 느낀다. 그리고 종종 돈과 시간, 자원이나 인지도를 통해 지지의 표시를 한다. 청중의 반응에 주목하자. 그들이 말로 지지를 표시했는가? 자원을 투입했는가? 그들이 도움을 제공했는가? 추가로 정보를 요청하거나 소셜 미디어를 팔로우했는가? 청중이 다른 사람들을 설득하기 시작했는가?

사고의 확장과 변화

나는 한 미디어 기업의 경영진과 새로운 문화 전략을 세우기 위해 외부 회의를 진행하고 있었다. 그들은 직면한 문제를 해결하지 못하는 현재의 전략을 개선하기를 원했다.

나는 앞바퀴가 크고 뒷바퀴가 작은 1800년대 후반의 자전거 중 하나인 페니파딩penny-farthing의 사진을 띄웠다. 자전거의 진화 이야기를 들려주며, 속도를 올리기 위해 앞바퀴가 어떻게 더 커졌는지 설명했다. 어느 순간 바퀴는 더 커질 수 없었고, 자전거를 타는 사람의 다리가 길어지지도 않았으며, 자전거는 더 빨리 달릴 수 없었다. 자전거를 발전시키기 위해서는 새로운 디자인이 필요했고, 결국 같은 크기의 두 바퀴를 달되, 뒷바퀴와 페달을 체인으로 연결한 현재의 자전거 디자인이 탄생했다. 나는 이 은유를 문화 전략과 연결했다. 새로운 결과를 가져올 새로운 디자인이 필요한 시점이었다. 이 이야기는 그들의 사고를 변화시켰다. 경영진은 현재 문화 전략의 한계를 논의했고 새로운 접근 방식을 정의했다.

훌륭한 이야기는 청중의 생각을 형성하는 데 도움이 된다. 사고, 이해, 토론에서 주목할 만한 변화가 일어난다. 이야기를 전달한 후 그들이 새로운 대화를 할 의지가 있는지 주목하자.

공간의 에너지 변화

이야기를 발전시키고 전달하는 방법론은 대면 전달과 가상 전달 모두 동일하지만, 경험하는 방식에는 차이가 있다. 대면으로 이야기할 때는 에너지가 공유된다. 하지만 비디오나 가상 연결을 통해서는 같은 강도의 에너지가 전달되지 않는다. 대면으로 회의하는 경우, 감정이 격렬해지면 공간의 에너지가 변하기도 한다. 공유된 이야기는 마법처럼 느껴질 수 있다. 감정 교류와 신경 결합으로 공간의 에너지가 변화한다.

청중의 반응 확인하기

피드백 요청하기

이야기를 마친 후 나는 사람들에게 "어떤 점이 인상 깊었나요?"라고 묻는다. 저마다 대답이 달라서 항상 흥미롭다. 그들의 경험을 이해하기 위해서는 보다 구체적인 질문을 하자. "어땠어요?" 같은 질문은 아이들에게 학교에서 어떤 하루를 보냈는지 물어보면 돌아오는 "좋았어요."라는 대답을 끌어낼 뿐이다.

다음과 같은 질문이 있다. "좋았어요? 어떤 점이 인상 깊었나요? 어떤 점에 공감이 갔나요? 어떤 일이 일어나기를 기대했나요? 어떻게 하면 더 나아질 수 있을까요? 어느 부분에서 에너지가 떨어졌나요? 속도가 너무 떨어진 지점은 없었나요? 혼란스러웠던 점은 없었나요? 어떤 점이 놀라웠나요?" 또한 "제가 검증 중인 새로운 이야기예요. 다시 이야기할 때는 어떤 점을 다르게 하면 좋을까요?"라는 질문도 좋다. 이야기가 원하는 성과를 얼마나 잘 달성했는지, 어떤 점을 수정해야 할지 궁금하다면 피드백을 받아야 한다.

이야기의 에너지 측정하기

각 이야기에는 이야기 전반에 걸쳐 변동하는 에너지 아크가 있다. 이러한 변동은 정상적이며 꼭 필요하다. 에너지가 낮고 밋밋한 이야기는 청중의 뇌를 게으르게 만들고 흥미를 잃게 한다. 또 에너지가 계속해서 높은 이야기는 청중을 압도하고 지치게 한다.

이야기를 만들 때, 플롯 포인트와 예상치 못한 디테일로 긴장감을 조성하고 해소하는 것은 에너지 변화와 연동돼 있다. 이야기를 전달할 때 제스처, 속도, 높낮이, 멈춤을 사용하여 에너지의 양을 조절해야 한다.

이야기의 에너지 아크가 계획대로 구현되는지 이야기를 검증할 필요가 있다. 이야기의 에너지 변화를 그래프로 표현해 보자. 가로축에는 이야기의 핵심 내용을 적는다. 세로축은 에너지의 높음, 중간, 낮음을 나타낸다. 핵심 내용마다 이야기를 전달할 때 에너지가 어디에 속하는지 표시하자. 다음 표는 TED 강연에서 내가 전달한 마리아 이야기의 각 부분이 차지하는 에너지다.

이야기를 검증할 때 나는 청중에게 축이 표시된 빈 그래프를 제공한다. 이야기를 들려주면서 에너지 레벨을 표시해 달라고 요청한다. 나는 보통 내가 신뢰하는 사람에게 먼저 이 일을 부탁한다. 그다음 청중 중 일부에게 이야기 검증을 요청한다. 그래프는 후속 질문을 통해 그들의 경험과 요점에 다가가는 데 도움을 준다.

그래프는 변화를 보여줘야 한다. 당신이 예상한 위치에 최고점과 최저점이 있는가? 속도, 억양을 다르게 사용하거나 멈춤이 필요한가? 이야기의 순서를 바꿔야 하는가? 색다른 요소를 추가하면 청

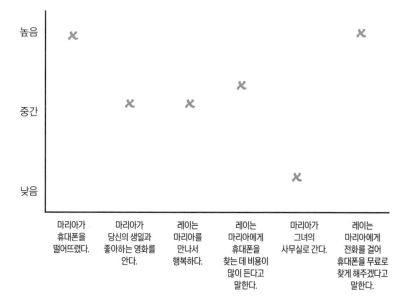

높음	✕
중간	
낮음	

마리아가 휴대폰을 떨어뜨렸다.

마리아가 당신의 생일과 좋아하는 영화를 안다.

레이는 마리아를 만나서 행복하다.

레이는 마리아에게 휴대폰을 찾는 데 비용이 많이 든다고 말한다.

마리아가 그녀의 사무실로 간다.

레이는 마리아에게 전화를 걸어 휴대폰을 무료로 찾게 해주겠다고 말한다.

중이 다른 경험을 하게 될까? 이렇게 이야기를 테스트하면 적합한 요소가 들어갔고, 순서가 적절한지 파악할 수 있다. 물론 모든 이야기를 테스트할 필요는 없다. 하지만 중요한 이야기라면 더 많은 시간을 투자해 이야기를 계획하고 테스트해야 한다. 이 테스트를 통해 이야기의 문제점을 발견할 수 있다.

공감은 의도적으로 설계된다

- 이야기에는 당신이 의도하는 이야기와 청중이 받아들이는 이야기, 두 가지가 있다. 청중은 자기 경험을 바탕으로 이야기를 이해한다.
- 당신의 이야기가 공감되는지 보여주는 몇 가지 단서가 있다.
  - 청중이 몸을 앞으로 숙이거나, 미소를 짓거나, 고개를 끄덕이거나, 심지어 언어적 반응을 보이는 등 신체적 신호를 보인다.
  - 이야기는 패턴 깨기 역할을 해서 틀에 갇힌 대화나 행동에 변화를 준다.
  - 당신의 이야기 일부를 청중이 인용한다.
  - 청중이 다른 사람의 이야기를 들려준다.
  - 이야기 이후에 원하는 성과를 얻거나 조처한다.
  - 대화가 다른 아이디어, 고려 사항, 생각으로 확장된다.
  - 이야기가 전달되는 공간의 에너지 변화가 느껴진다.
- 청중에게 "어떤 점이 인상 깊었나요?" 같은 구체적인 질문을 하자. 이런 질문을 통해 더 깊은 통찰력을 얻고, 어떤 부분이 진심으로 공감을 불러일으켰는지 파악할 수 있다.
- 각 이야기의 에너지는 변화한다. 에너지 변화 지점을 파악하면 어느 부분에서 이야기 전달 방식을 수정해야 하는지 알게 된다. 이야기를 개발하고 검증하는 동안 에너지를 효과적으로 배분할 방법도 연습하자.

앤토니 윌리엄스 박사Dr. Anthony Williams

의사, 미네소타 대학교 의학 예술센터 부센터장,
메드페즈Med-Peds 레지던스 프로그램 부소장,
헬스 파트너스 메드페즈 전문의

미네소타 대학교 의학 예술센터에서는 어떤 스토리텔링을 하나요?
우리는 의학교육과 실습 과정에서 학생들의 호기심과 창의력을 키우고자 합니다. 예술과 인문학은 과학 및 과학적 추론과 분리돼 있지 않죠. 의사와 수련의들이 진료 전반에서 회복탄력성을 높이는 데 스토리텔링이 도움이 됩니다.

스토리텔링은 공동체를 형성해서 번아웃과 고립을 막아내죠. 우리가 하는 일은 매우 힘들고 진이 빠지는 일이에요. 의대생도 힘들지만, 레지던트 때와 그 이후에는 더 힘들어요. 그래서 고립감을 느끼기 쉽죠. 우리는 의대생과 레지던트에게 스토리텔링 방법을 가르쳐요. 그리고 스토리 슬램Story Slam이나 히포크라테스 카페Hippocrates Cafe 같은 행사로 공동체를 만들어서, 희망을 주고 외로움을 덜어주죠. 이런 행사에서는 휴지를 많이 준비해야 해요. 행복한 이야기에도 슬픈 부분이 있거든요.

의료계는 역사적으로 구성원들의 나약함이나 취약성, 정신 건강 문제를 인정하지 않습니다. "의료진은 영웅이다."라는 미사여구의 어두운 이면이죠. 좋은 의도를 가지고 있지만 비인간적인 표현이에요. 우리도 병원 밖에서는 가족과 삶이 있는 평범한 사람이에요. 상처를 받고 트라우마를 겪으며 정신 건강 문제로 어려움을 겪죠. 이야기를 나누며 공동체를 느끼지 않으면, 번아웃이 오거나, 자살하거나, 다른 많은 문제를 겪게 됩니다.

누군가 너무 긴장돼서 이야기를 하기 어렵다고 하면, 감각 격자 sensory grid로 글쓰기를 권유합니다. 그리고 행복하거나 슬프거나 감정이 격해지는 상황을 떠올리게 하죠. 격자에는 이런 유도 질문이 있습니다. "어떤 광경을 봤나요? 어떤 소리를 들었나요? 어떤 냄새를 맡았나요? 무엇을 맛보았나요? 누가 거기 있었나요?" 이 질문들은 이야기를 구성하는 것이 아니라 아이디어 목록을 만드는 과정입니다.

이 방법은 경쟁심이 강한 타입의 의대생에게 딱 맞는 방식이에요. 그다음에 감각 격자를 사용해서 55개 단어로 된 이야기를 작성합니다. 학생들 대부분이 이 방법을 좋아해요. 처음에는 불가능하다고 생각했던 이야기를 구성하게 되거든요.

환자와 공감하기 위해 이야기를 어떻게 활용하나요?
의대생과 레지던트에게 가르치는 내용 중 하나는 정보를 어떻게 포장하느냐에 따라 환자가 의사에게 느끼는 감정과 의사의 권고를 따를지 말지가 결정된다는 것입니다.

의사가 환자에게 정보를 전달할 때는 보통 자신이 생각하는 방식을 이야기하죠. 엔지니어는 자세한 데이터와 문제 발생 시간을 나열할 수 있어요. 저도 예전에는 환자에게 권장 사항에 관해 이야기할 때 엔지니어의 방식과 같이 매우 논리적이고 순차적으로 데이터를 제시했어요. 이렇게 하면 안 됩니다.

많은 환자가 자신의 병 때문에 삶에서의 책임을 다하지 못한다고 이야기합니다. 그러면 저는 "손녀의 고등학교 졸업식에 참석하실 수 있게 이 약을 드시면 좋겠어요."라는 식으로 권유하죠. "당뇨병을 치료하시려면 이 약을 복용하세요."라는 권유는 효과가 없어요.

저는 환자가 들려주는 이야기의 유형에 따라 권장 사항의 모습도 바꿉니다. 환자를 처음 대면할 때부터 환자의 경험을 통한 치료 권유를 하기까지, 이야기가 엮여 있죠.

16장

. . . .

이야기는 어디에서 잘못될까?

겁 없는 소녀상Fearless Girl을 처음 보게 된 건 뉴욕에서 열리는 하프 마라톤을 막 끝낸 후였다. 나는 센트럴 파크를 가로질러 타임스퀘어를 지나 웨스트사이드 고속도로를 달려 월스트리트 근처의 결승선을 통과했다. 메달과 물을 받은 후에 몸을 식히려고 걷기 시작했다. 고개를 숙이고 있어서 소녀상을 마주하기 전까지 소녀상의 존재를 알아차리지 못했다.

나는 한참 동안 서서 소녀상을 바라보다가 갑자기 왈칵 눈물을 쏟았다. 소녀상은 나보다 약 50센티미터 정도 작았지만, 위엄 있는 모습 때문에 더 커보였다. 소녀의 표정에는 자신감, 결단력, 용기가 섞여 있었다. 나는 옆에 있던 여성에게 휴대폰을 건네며 사진을 찍어줄 수 있냐고 물었다. 엉덩이에 손을 얹고 어깨를 쫙 펴고 미소를 지은 채 고개를 들어 올렸다. 소녀와 완벽하게 똑같은 포즈였다. 나는 조용히 소녀상을 향해 경례하고 목례했다. 우리는 닮은 구석이 전혀 없었지만, 그 순간 나는 그녀였다. 그 소녀상은 내가 결승선을 통과할 때 느꼈던 모든 것을 상징했다.

사진을 찍은 후, 사진을 찍어준 여성과 자리를 바꿨다. 그녀는 똑같은 자세를 취하고 조용히 경례했다. 내가 사진을 찍는 동안 그녀의 뺨과 미소 위로 눈물이 흘러내렸다. 휴대폰을 돌려주려고 발걸음을 내디뎠을 때 동상과 함께 사진을 찍으려고 모인 사람들을 보았다. 한 아버지가 어린 딸에게 여성이 리더십을 발휘하고 자기 목소리를 내는 것이 얼마나 중요한지 이야기하는 것을 들었다. 한 임산부는 배를 문지르며 자기 딸도 이 동상이 상징하는 자신감과 결단력을 가진 여성으로 자라면 좋겠다고 다른 여성에게 말하고 있었다.

그곳에 모인 사람들의 에너지는 조용하고 감동적이었다. 그곳은 관광지가 아니라, 방문객 각자가 원하는 것을 비는 순례지였다. 겁 없는 소녀상은 희망의 상징이자 또 다른 미래를 위한 서약이었다. 많은 사람이 밀려오는 감동에 놀라 눈물을 닦았다. 이 동상의 원래 의도는 더 이상 중요하지 않았다. 그 소녀상은 방문객 개개인의 수백만 가지 사연을 대변했다.

사실 겁 없는 소녀상은 희망의 상징으로 탄생하지 않았다. 그보다는 비극적인 실수로 생겨났다고 볼 수 있다. 스테이트 스트리트 글로벌 어드바이저스State Street Global Advisors는 'SHE'라는 티커ticker(증권 종목을 나타내는 코드 - 옮긴이)로 새로운 펀드를 출시하고 있었다.

그들은 사람들의 이목을 끌고 리더의 성별 다양성에 관한 인식을 제고하고자 했다. 몇 달 동안 논의를 거친 끝에, 동상을 세우기로 했다. 동상 바닥에는 "여성 리더십이 가진 힘을 깨닫자. 'SHE'가 변화를 만들 것이다."라는 문구가 새긴 명판을 두기로 했다.

이 동상은 여성의 에너지와 여성 리더십을 상징하려 했다. 그리고 월스트리트의 돌진하는 황소상Charging Bull의 반대편에 세울 계획이었다. 몇 달 동안의 작업 끝에 동상의 디자인이 완성됐고, 계획이 승인됐으며, 또 하나의 돌진하는 황소상에 대한 허가가 신청됐다. 그렇다. 여성의 리더십을 상징하기 위한 원래 디자인은 실물 크기의 청동 소였다.

정말 황당한 생각이지만, 돌이켜보면 돌진하는 황소상 맞은편에 다른 소를 배치하겠다는 뻔한 아이디어였다. '제2의 황소상'이라는 개념과 디자인에 치우치느라 여성 리더십이라는 초기 의도는 흐릿해져 있었다. 광고팀이 소가 여성을 비하하기 위해 사용되기도 한다는 사실을 깨닫는 데는 무려 8개월이 걸렸다. 거대한 실수를 깨달았을 때 회의실이 얼마나 무거운 적막에 잠겼을지를 어렵지 않게 상상할 수 있다. 그들은 어린 소녀 동상으로 방향을 돌려 새로운 디자인 작업에 착수했다.

높이가 약 130센티미터에 이르는 겁 없는 소녀상은 2017년 세계 여성의 날 전야에 자기 자리를 찾았다. 그녀는 엉덩이에 손을 얹고 휘날리는 치마에 포니테일을 흔들며 돌진하는 황소상을 내려다보고 있었다. 당당하게 턱을 치켜들고 자신감 넘치는 표정을 했다. 소녀상의 포즈를 따라 하며 사진을 찍으려는 사람들로 매일 북적였다. 이

용감한 소녀는 단순한 상징 그 이상이 되었다.

원래는 월스트리트 황소상 건너편에 일주일만 설치할 예정이었다. 하지만 그 일주일이 한 달이 되고, 일 년이 되며 월스트리트 건너편에 영구적으로 자리잡았다. 겁 없는 소녀상의 인기는 전 세계로 확장돼 호주, 노르웨이, 영국에도 복제품이 설치됐다. 그녀의 인기는 소셜 미디어에 이야기가 공유될 때마다 높아졌다. 설치 후 단 12주만에 46억 건의 트위터 노출과 7억 4,500만 건의 인스타그램 노출을 기록했다.

스토리텔링은 때때로 제2의 돌진하는 황소상처럼 잘못된 아이디어, 잘못된 청중, 잘못된 시간으로 빠진다. 바라던 결과만 쫓다 보니 중요한 디테일을 빠뜨리고 청중은 혼란스러워 머리를 긁적이게 된다. 스토리텔링에 많은 시간을 소요할 필요는 없지만, 약간의 준비는 필요하다. 치우치지 않고 단계별로 준비하면 훌륭한 이야기를 만들 수 있다. 단계를 건너뛰거나, 준비나 계획에 소홀하면 이야기도 실패한다. 어쩌면 더 나쁜 결과를 낳을지도 모른다.

스토리텔링의 흔한 실수

이야기를 그냥 전달하는 것과 청중을 사로잡는 훌륭한 이야기를 전달하는 것 사이에는 큰 차이가 있다. 스토리텔링 과정을 소홀히 하면, 이야기에 실수가 생기고 더듬거리게 된다. 흔히 하는 실수의 대부분은 준비 과정에서 미리 인식하고 피할 수 있다.

실수 1. 식탁에 마주 앉은 삼촌

: 하고 싶은 이야기가 아닌, 청중에게 필요한 이야기를 하자.

사실 나는 TED 강연에서 다른 이야기를 할 뻔했다. 강연에서 전달할 메시지는 정했지만, 적절한 이야기를 찾지 못했기 때문이다. 기조연설에서 큰 호응을 받았던 이야기, 개인적인 의미와 기쁨이 담긴 이야기, 가장 많이 요청받은 이야기 등 담고 싶었던 내용 또한 많았다.

하지만 그 이야기를 넣으려고 할 때마다 오히려 아이디어만 잃어버리는 것 같은 느낌이 들었다. 초점을 맞출 수 없는 카메라 렌즈를 들여다보는 것만 같았다.

강연 준비할 때의 감정에는 패턴이 있다. 처음에는 내 아이디어를 공유할 생각에 설렌다. 그 무렵에는 약간 흐릿하긴 해도 모네의 작품처럼 아이디어가 사랑스럽고, 전반적으로 뚜렷하다. 아이디어를 종이에 적으면서 질문이 시작된다. 그리고 얼마나 초점이 맞지 않는지 깨닫는다. '이게 분명한가? 다른 이야기를 하고 있지는 않은가? 아이디어를 만들고 있긴 한 건가?'

그다음에는 강연을 하기 싫어지면서 어떻게 아이디어를 하나로 모을 수 있을지 고민하는 단계로 접어든다. 바로 그때 마법이 일어난다. 의심이 고개를 드는 시기에는 뇌가 집중한다. 남길 내용과 버릴 내용에 관해 무자비해진다. 내 경우에는 아서 퀼러쿠치Arthur Quiller-Couch(영국 평론가 겸 소설가 – 옮긴이)가 1세기 전에 작가들에게 조언했던 것처럼, 사랑하는 것(순간)들을 죽일 때와 같은 느낌이 든다.

하지만 나는 이 이야기들을 강연에 억지로 끼워 넣으려고 했다. 내가 하고 싶었던 이야기였지만, 청중이 아이디어를 이해하기 위해 들어야 할 이야기는 아니었다. 청중이 아니라 나에게 초점을 맞추고 있었던 것이다. 이야기를 갈아치우자 모든 것이 명확해졌다. 엘리베이터 이야기가 아이디어에 생명을 불어넣었고, 전혀 다른 강연이 탄생했다.

가끔 우리는 이야기를 전달하는 행위에 사로잡힌 나머지 청중을 망각한다. 기본적으로 의사소통은 정보를 주고, 영향을 미치고, 영감을 주는 것을 목적으로 한다. 청중의 입장에서 원하는 성과를 정의하지 않으면, 이야기가 엉뚱한 곳으로 흘러간다. 그렇게 되면 당신은 명절에 지루한 이야기를 반복하는 삼촌과 다를 바 없어진다. 삼촌은 상대를 배려하지 않고 자신만을 위해 이야기를 반복하기 때문이다.

자신이 좋아하는 이야기만 하느라, 듣는 사람에겐 지루한 이야기를 하고 있는 사람을 본 적 있을 것이다. 무의미해 보이거나 허무맹랑한 이야기라고 느껴지기도 한다. 이런 스토리텔러는 청중을 완전히 간과했을 가능성이 높다.

이야기를 전달하려 할 때는 청중을 염두에 두고 시작하자. 사람들은 자신의 이해와 경험을 통해 이야기를 필터링한다. 청중의 입장에서 원하는 성과를 염두에 두고 시작하지 않으면, 당신이 말하는 버전과 청중이 이해하는 버전이 달라진다. 청중의 관점에서 이야기하자. 그들의 감정, 신념, 가치, 사고방식을 활용하자. 핵심 아이디어를 뒷받침하는 이야기를 구축하자. 하고 싶은 이야기만 공유하지 말자. 스토리텔러는 청중이 들어야 할 이야기를 만들어야 한다.

실수 2. 척추 없는 뼈대

: 이야기의 구조를 소홀히 하지 말자.

내가 토드를 만난 건 그의 스타트업 펀딩, 시리즈 A Series A의 런칭 프레젠테이션이 있기 한 달 전이었다. 처음 만났을 때, 나는 그에게 프레젠테이션을 보여 달라고 부탁했다. 그 후 5분 동안 시리즈 A의 초기 고객에 관한 일화를 연이어 들었다. 그의 이야기는 이해하기에 어려웠고 구체적인 메시지가 없었다. 고객이 어떤 문제를 갖고 있는지, 제품이 어떻게 그 문제를 해결하는지 이해할 수 없었다. 그의 프레젠테이션은 혼란스러운 디테일로 가득했고, 의식의 흐름대로 진행됐다. 머릿속이 혼란스러워졌다가 관심이 사라지는 것을 느꼈다.

프레젠테이션에 등장할 첫 이야기는 고객들이 토드에게 공감을 형성하는 데 도움이 되는 이야기여야 했다. 나는 토드가 느꼈던 좌절감을 느끼고 싶었다. 혹은 토드의 제품이 다양한 문제를 해결할 수 있다는 희망을 심어주길 바랐다. 고객이 제품을 사용하면서 느꼈던 안도감을 나도 경험하고 싶었다.

토드의 이야기에는 맥락을 만들고, 갈등과 긴장을 유발하며, 결과와 핵심 메시지를 보여주는 구조가 없었다. 나는 토드가 이야기의 구조를 갖추길 원했다. 구조가 없는 이야기는 척추 없는 뼈대다. 서로 연결이 안 되기 때문에 형태가 없고, 해석의 여지를 남긴다. 이야기의 구조는 청중이 주요 디테일을 통해 원하는 성과에 다다를 수 있도록 안내해 준다.

실수 3. 의미 없는 디테일

: 관련 없는 정보를 지나치게 주지 말자.

나는 스토리텔링 워크숍에서 참가자들의 이야기를 들려달라고 요청한다. 누가 자원하든 어떤 이야기를 전달하든, 같은 패턴이 나타난다. 그들은 자신에게만 의미 있는 디테일이 가득 담긴 이야기를 전달한다. 하지만 그런 디테일은 청중에게는 그렇게 의미 있지 않다. 그들은 구체적 날짜, 장소, 사건의 순서를 떠올리느라 이야기의 줄거리와 구성을 잊는다. 심지어 갑자기 옆길로 새서 완전히 다른 이야기를 하기도 한다. 마치 자신에게는 생생하고 중요하지만, 다른 사람에게는 무의미한 꿈을 이야기하는 것과 비슷하다.

중요하지 않은 디테일을 나열하면 이야기의 흐름을 방해하고, 이야기를 이해하기 어렵게 만든다. 이야기와 관련 없거나 이야기를 발전시키지 않는 디테일은 청중의 관심을 분산시킨다. 이로 인해 이야기가 어수선해지면, 정작 중요한 디테일이 잘 전달되지 않는다.

의미 있는 디테일은 감각을 자극하고, 긴장감을 조성하고, 행동하게 한다. 이야기에 생동감을 불어넣고, 무언가를 느끼게 하며, 기억에 남게 만든다. 너무 많은 디테일과 너무 적은 디테일 사이에서 균형을 찾아야 한다. 디테일을 빼도 잃는 것이 없다면 과감히 잘라내야 한다. 청중이 이야기에 공감하지 않는다면 디테일이 너무 많아서가 아닌지 검토해 보자.

실수 4. 놓쳐버린 타이밍

: 이야기를 만들고 연습할 시간을 충분히 확보하자.

매년 5월 나는 로한에게서 걸려올 전화를 기다린다. 그는 내가 수년간 함께 일한 국제 전문 서비스 회사의 CEO다. 매년 6월, 로한은 500명의 최고위 리더들을 모아 다음 해의 전략과 서비스를 발표하는 대면 회의를 진행한다.

로한과 처음 일하게 됐을 때, 그는 새로운 시장과 고객으로 확장한 회사의 새로운 전략과 방향을 발표할 계획이었다. 그는 프레젠테이션으로 리더들의 관념에 도전하려 했다. 문제는 그가 발표를 3일 앞둔 시점에서 내게 연락했다는 것이다.

프레젠테이션은 구조와 감정이 부족했고, 47페이지에 이르는 분석 데이터와 차트로 가득했다. 리더들이 접근 방식에 흥미를 느끼도록 하려면 이야기가 필요했다. 리더들은 팀이 어떤 문제를 해결할 때 고객이 안도감을 느끼는지 알아야 했다. 이야기를 짜고, 프레젠테이션을 재구성하고, 검증하고, 로한이 다른 일을 하면서 동시에 프레젠테이션을 연습하도록 하기에 3일이라는 시간은 촉박했다. 나는 로한의 다른 일정을 비우게 하고 3일 내내 그를 준비시켰다. 둘째 날 로한은 "제가 월초에 전화했어야 했네요."라고 말했다.

대부분의 사람은 프레젠테이션을 준비할 때 슬라이드 구성에는 몇 시간을 투자하지만, 무슨 말을 할지 생각하는 시간은 5분 남짓이다. 훌륭한 이야기는 준비 없이 만들어지지 않는다. 반복과 수정을 거쳐야 가능하다. 이야기를 만들 시간을 남겨두자. 최고의 아이디어는 처음부터 나오지 않고, 세 번째, 네 번째, 심지어 일곱 번째 수정할 때까지도 안 나오기도 한다. 성공적인 이야기를 만들려면 아이디어를 생각하고, 구조를 계획하고, 연습할 시간이 충분히 필요하다.

실수 5. 감정 부족
: 청중은 감정이 부족한 이야기에 공감하지 않는다.

제이미 뒤의 스크린에는, 사무실 건물 뒤로 석양이 지는 사진이 떠워져 있었다. 그녀는 며칠 전 집으로 가던 중에 이 아름다운 저녁노을을 찍기 위해 차를 세웠다고 말했다. 그녀에게 이 사진은 회사가 경험한 모든 변화와 성장, 그리고 앞으로의 기회를 상징했다.

그녀가 청중을 바라봤을 때, 청중들은 무표정한 얼굴이었다. 분명 이야기를 들려줬고, 심지어 사진도 사용했는데 왜 이야기가 실패했을까? 그녀는 청중을 사진 속으로 끌어들이지 못했다. 저녁노을의 색깔, 공기의 냄새, 건물이 신기루처럼 보인다는 설명으로는 청중의 감각을 끌어들일 수 없었다. 제이미는 회사가 수많은 변화를 겪으면서 좌절감이 어떻게 자부심으로 바뀌었는지, 그 변화의 수와 다양성이 저녁노을의 여러 가지 색에 어떻게 반영됐는지를 설명하지 않았다. 그녀는 감정을 배제한 채 건조한 사실만 나열했다. 감정에 치우친 두세 문장만 있어도 청중과 공감대를 형성할 수 있었을 것이다.

스토리텔링은 우리가 접하지 못한 것을 보고, 듣고, 느끼고, 맛보고, 감정적으로 경험할 수 있게 해주는 독창적인 인공 현실이다. 감각과 감정을 활용하지 않으면 연결하고 이해하는 우리의 능력은 제한된다. 최고의 이야기는 이전에 그 상황에 부닥친 적이 없더라도 직접 이야기를 체험하도록 초대한다.

실수 6. 비밀 유지자

: 정보를 숨기는 데 에너지를 낭비하지 말자.

존은 내 글쓰기 멘토 중 한 명이다. 그의 제안은 내 생각을 확장하고 내가 완전히 놓치고 있던 것들을 발견하게 도와준다. 그는 내게 이런 말을 한 적이 있다. "핼러윈 의상에 관한 리더십 기사를 쓸 때 급하게 썼나요? 시간이 좀 더 있었다면 그 가려운 의상의 감촉과 불편함을 느낄 수 있게 만들었을 텐데요."

나는 웃으며 "급하게 쓰지 않았어요. 프랑스 가정부 의상이라고 말하지 않으려고 노력한 것뿐이에요!"라고 말했다.

그 대화를 통해 내가 의도적으로 어떤 이야기를 나누려고 할 때 적절한 디테일과 감정을 충분히 포함하지 않는다는 사실을 깨달았다. 종종 리더들도 이와 같은 실수를 저지른다. 공유하고 싶지 않은 정보를 피하거나 숨기려다가 정작 공유해야 할 정보는 얼버무리고 넘긴다. 이야기를 만드는 데 사용해야 하는 에너지가 정보를 숨기는 데 쓰였기 때문이다. 결과적으로 이야기는 밋밋해지고 매력이 떨어진다.

이런 상황이 가장 흔하게 나타나는 부분이 바로 이야기의 캐릭터다. 캐릭터는 이야기에서 갈등을 일으키고 줄거리를 진행시킨다. 그들의 문제, 욕망, 불편함, 기쁨 또는 좌절은 이야기 전반과 다른 캐릭터들에게 영향을 미친다. 그런데 이런 캐릭터는 우리 인생에서 만나는 사람들에 기반하는 경우가 많다. 그들에 대해 드러내고 싶지 않은 부분이 있겠지만, 지나치게 숨기다 보면 캐릭터의 공감대와 역동성이 떨어진다.

적어도 첫 시도에서는 이야기를 자유롭게 만들어야 한다. 캐릭터와 설명, 정보를 포함한 후, 나중에 바꾸거나 잘라내면 된다. 숨기지 말고 이야기를 만들자. 우선은 모든 요소가 적재적소에 배치될 수 있게 "청중을 끌어들이기 위해 어디에서 디테일을 확장할 수 있을까?"라고 자문해야 한다.

실수 7. 검증되지 않은 이야기
: 검증된 이야기가 완성된 이야기다.

나는 스페인의 한 회의실에 서 있었다. 회의실을 가득 메운 관리자들이 어리둥절한 표정으로 나를 바라보았다. 나는 리더십 세션 중반쯤에 몇 주 동안 생각해 온 은유를 바탕으로 이야기하기로 결정했다.

"스파게티 한 접시를 상상해 보세요. 변화를 마주했을 때 직원들의 뇌가 그런 모양일 겁니다. 뒤죽박죽이죠. 이제 와플을 떠올려 보세요. 사각형이 줄줄이 늘어서 있죠. 한 번에 한 개에 집중할 수 있어요. 이것이 바로 리더의 역할입니다. 직원을 위해 스파게티가 아닌 와플을 만들어주세요. 직원들이 중요한 일에 집중하고 나머지는 무시할 수 있도록 도와주세요."

이야기를 전하는 동안, 나는 청중이 관심을 잃었다는 사실을 깨달았다. 순간, 언어 장벽 때문이 아닌가 하는 생각이 들었다. 하지만 스파게티와 와플 사진을 띄운 후에도 청중은 어리둥절한 표정을 했다. 이야기를 미리 검증하지 않았더니 이야기가 제대로 효과를 거두지 못한 것이다. 수정이 필요했다.

1년 후, 다시 같은 회의실로 들어섰을 땐 더 많은 사람이 있었다. 이번에는 변화에 대처하는 방법에 관한 세션을 진행했다. 나는 여러 번 준비하고 검증했던 새로운 버전의 같은 이야기를 시도해 보기로 했다.

　　"저는 여러분과 마찬가지로 변화에 직면한 리더들과 일하고 있었습니다. 회의실을 둘러봤더니 그들이 그 자리에 있고 싶지 않다는 사실을 알 수 있었죠. 직원들에게 도움을 주고 싶지 않아서가 아니라, 과거에 변화를 모색하다 실패한 경험에서부터 오는 패배감 때문이었습니다. 저는 그들이 다른 접근 방식을 취하게 만들기 위해 이렇게 말했습니다. 스파게티 면이 담긴 접시를 상상해 보세요. 면이 온통 엉켜 있죠. 면을 한 가닥 집으려면 다른 아홉 가닥이 엉켜 있어요. 그나마 한 가닥을 집어냈다 해도, 먹다가 면으로 턱을 치게 되죠. 이렇게 마구 뒤섞인 스파게티는 변화를 마주한 직원들의 뇌와 같습니다. 그들은 명확하게 사고하고 우선순위를 정해야 한다는 도전에 직면해 있죠. 때로는 변화에 한 대 얻어맞은 것 같은 느낌을 받기도 해요. 리더로서 여러분의 임무는 직원을 위한 와플을 만드는 것입니다. 와플은 깔끔하게 정리된 사각형이 줄줄이 늘어서 있습니다. 한 번에 하나씩 집중해서 시럽이나 버터를 채우면 됩니다. 다른 사각형이 있다는 것을 알지만, 준비될 때까지는 신경 쓰지 않아도 됩니다. 직원이 할 수 있는 일에 집중하고 통제할 수 없는 일은 무시하게 도와주세요. 잡음과 혼란을 없애고 그날 필요한 일에 집중할 수 있게요."

　　리더 중 한 명이 자리에서 일어나 "전 이탈리아인이라 매우 힘들겠지만, 스파게티가 아니라 와플을 만들겠습니다."라고 말했을 때, 나는 이야기를 제대로 해냈다는 사실을 알았다.

이야기를 마치자마자 청중들은 "멋진 이야기예요! 왜 더 일찍 말하지 않았어요?"라고 말했다. 이야기 요소는 똑같았다. 하지만 지난번의 실패를 통해 그 이야기에 무엇이 더 필요한지를 알게 됐다. 나는 청중이 스파게티를 돌돌 말고, 와플 냄새를 맡고, 직원들의 좌절감을 느껴야 한다는 사실을 깨달았다. 스파게티의 꼬인 면은 변화의 혼돈스러움을 은유했고, 와플의 구조는 명확한 업무에 대한 직원들의 갈망을 은유했다. 나는 이들의 관심을 유지하기 위해 말하는 속도와 멈춤에 변화를 주기도 했다.

이야기를 전달했는데 효과가 없을 때는 항상 같은 결론에 도달했다. 스토리텔링 절차를 따르지 않았거나 급하게 단계를 건너뛰었기 때문이었다. 사실 나는 이야기를 시작하는 순간, 잘못된 방향으로 가고 있다는 것을 직감하기도 한다. 이야기가 효과가 없는 이유는 절대 미스터리하지 않다.

이야기는 어디에서 잘못될까?

- 이야기를 그냥 전달하는 것과 청중의 관심을 끄는 훌륭한 이야기를 전달하는 것 사이에는 큰 차이가 있다. 이야기를 어떻게 전달하느냐에 따라 원하는 성과를 달성할 가능성이 달라진다.

- 스토리텔링에서 나타나는 흔한 실수는 다음과 같다.
  - 청중이 들어야 할 이야기가 아닌 자신이 하고 싶은 이야기를 한다.
  - 이야기 구조를 계획하지 않아서 청중이 이해하기 어렵게 만든다.
  - 이야기 또는 청중과 관련 없는 디테일을 포함한다.
  - 이야기를 개발, 수정, 연습할 시간을 충분히 확보하지 않는다.
  - 감정이나 감각과 연결되지 않는 밋밋한 이야기를 한다.
  - 이야기를 완성하는 대신 특정 정보를 숨기는 데 집중한다.
  - 이야기를 검증하지 않는다.

17장

· · · ·

당신을 조종하려는 스토리의 실체

이런 질문을 종종 듣는다. "이야기를 통해 사람들을 조종하는 것 아닌가요?" 엉뚱한 사람의 손에 들어간 이야기가 사람들을 조종할 수 있을까? 물론이다. 데이터도 조종할 수 있을까? 당연하다. 이야기나 데이터는 어떤 요점을 전달하기 위해 변형될 수 있다. 하지만 이야기나 데이터로 소통할 때 이뤄지는 모든 변형을, 조작이라 단정하기는 어렵다. 소통은 한 손으로는 정보를 공유하고 다른 손으로는 청중을 조종하는 연속선상에서 이루어진다. 그 중간 어딘가에 영향력과 설득력이 있다.

심지어 사회적 환경에서 이야기를 전달할 때도 스토리텔러는 어떠한 목적이 있다. 청중을 위해 우리가 원하는 핵심 메시지는 항상 존재한다. 정보와 데이터를 공유하든, 이야기를 전달하든, 우리는 누군가가 행동하도록 정보를 주고, 영향력을 행사하고, 설득하고자 한다.

그래서 스토리텔링 과정은 청중에게 원하는 성과에서 시작된다. 청중을 설득하려는지 조종하려는지는 우리가 청중에게 원하는 성과가 무엇이냐에 달려 있다. 우리가 공유하는 정보와 우리가 청중을 정보에 연결하는 방식에 따라 메시지를 설득하려는 건지, 다른 사람을 조종하려는 건지가 결정된다.

다른 사람을 조종하려는 메시지

영화 예고편을 보다가 '저 영화 꼭 봐야겠다.'라고 생각한 적이 있는가? 아니면 친구가 마라톤을 준비하는 모습을 보고 마라톤 준비 애플리케이션을 다운로드한 적이 있는가? 어디에서 식사할지 정하려고 식당 리뷰를 확인한 적이 있는가? 이 경험들은 누군가 당신의 생각과 결정에 영향을 미친 영향력의 사례다. 영향을 받는다는 건 다른 사람의 정보를 바탕으로 무언가를 하기로 결정한다는 것이다.

한 회사에서 일을 시작한 지 얼마 안 됐을 때였다. 동료 잉그리드가 내 책상으로 다가왔다. 그녀는 마치 중고차 딜러처럼 인위적으로 만들어낸 열정적인 모습으로 내게 좋은 기회가 있다며 무언가를 열심히 설명했다. 결론은 이것이었다. 잉그리드는 내게 팀을 위한 야유회를 계획해 달라고 했다. 나는 조용히 앉아 그녀가 인생 연기를 펼치는 모습을 봤다. 그녀는 이번 일이 어떻게 내 경력에 도움이 되고 인지도를 높일 수 있는지 자세히 설명했다.

아무도 야유회를 계획하고 싶어 하지 않았기 때문에 그녀는 새로 들어온 나에게 그 일을 넘겨주면 되겠다고 판단했을 것이다. 내가 일을 맡는 것은 괜찮았다. 하지만 잉그리드가 나를 조종하려는 접근 방식은 받아들일 수 없었다. 그녀는 내 경력이나 인지도에는 관심이 없었고, 그저 그 업무를 떠넘기고 싶었을 뿐이다. 잉그리드는 정교하지 않고 진실하지 않은 이야기를 꾸며냈고, 나는 재빨리 절대 믿지 말아야 할 사람 목록에 그녀의 이름을 올렸다.

조종에는 정보 선택, 청중의 불이익에 대한 인식, 심지어는 권력의 통제가 포함된다. 조종한다는 것은 무언가를 숨기고 있다는 의미다. 정보는 계산되거나 꾸며진 방식으로 제공되고, 진정성이 사라진다. 결과에 영향을 미치는 대신, 결과를 통제하려는 의도가 보인다. 사람들은 자신이 조종당하는지를 예민하게 감지한다. 그들은 가짜 매력, 잘못된 정보, 가스라이팅, 불안의 대상을 감지하고, 조종하는 사람들 주위에서 신체적 불편함을 느끼기도 한다.

설득의 끝과 조종의 시작은 어디인가?

설득하는 이야기는 의도한 결과를 향한 진실된 관점을 공유한다. 조종하는 이야기는 의도적으로 정보를 호도, 누락, 조작해 결과를 통제한다.

맥락의 중요성

자선단체는 개인이 마주한 어려움에 기대어 그들의 이야기를 전달한다. 이러한 이야기는 관심을 끌고 감정을 사로잡는다.

나는 미국동물학대방지협회ASPCA의 광고를 보지 못한다. 슬픈 발라드 음악이 흐르면서 눈병에 걸려 떨고 있는 새끼 고양이와 우리에 갇힌 채 영양실조에 걸린 강아지들을 카메라로 찍는 상황이 너무 불편하기 때문이다. 하지만 이 광고는 불편한 감정을 활용해, 동물학대를 방지하고 동물들에게 좋은 가정을 찾아주기 위해 인식을 재고하고 기금을 모금한다.

조종은 정보, 의도, 맥락이 투명하지 않을 때 시작된다. 소셜 미디어는 이런 방식으로 조종이 이뤄질 수 있는 대표적인 공간이다. 사람들은 소셜 미디어 게시물로 음식, 여행, 건강 또는 책을 선택하는 데 영향을 받는다. 이 과정에서 신중하게 구성되고 편집된 이미지에 조종당할 수도 있다. 실제 장소나 사람을 보고 있다고 생각하지만, 실제로는 그렇게 보이지 않거나 존재하지 않는 대상에 설득되고 있는 건지도 모른다.

공감과 조종은 다르다.

잘 만들어진 이야기는 캐릭터와 공감하고 관계를 맺는 데 도움을 준다. 설령 당신이 외집단에 속해 있어도 캐릭터와 그들이 처한 상황을 이해할 수 있다. 청중의 감정을 사로잡는 이야기를 한다고 해서 그들을 조종하는 것은 아니다. 이야기가 청중을 사로잡게 해야 한다. 조종은 특정 결과를 만들기 위해서 의도적으로 정보를 추가하거나 감춰서 이야기를 바꿀 때 발생한다.

기후 변화처럼 자신이 가진 확고한 신념을 떠올려 보자. 누군가 반대 의견을 제시하면 그 정보를 이해하려 해보지만 자연스럽게 회의적인 생각이 들 수 있다. '저 사람들은 잘 정리된 생각을 공유하는 걸까? 저 사람들이나 저 정보를 얼마나 믿어야 할까? 숨은 동기가 있는 건 아닐까?' 격앙된 감정을 느낄수록 상대에 대한 정신적인 반발이 더 많이 일어난다.

누군가가 당신과 다른 신념과 데이터를 가지고 일한다고 해서 그들이 당신을 조종하고 있다는 의미는 아니다. 신념은 정보를 바라보는 방식을 정하는 데 큰 역할을 한다. 옥시토신은 우리가 누군가를 신뢰하라는 무언의 명령을 보낸다. 신뢰하는 사람과 함께 있으면 더 편안하고 상대방의 말에 귀를 열게 된다. 스트레스를 받거나 방어적인 감정이 생기면 옥시토신 생성이 억제된다. 청중의 감정이 격해질수록 신뢰를 구축하는 데 더 많은 노력이 필요하다.

서로 다른 관점의 사람들이 상대방의 관점에 열린 마음을 갖도록 이야기를 활용해야 한다. 이때 한 가지 이야기로 모두를 설득할 수 있는 것은 아니다. 관심을 많이 받는 주제일수록 하나의 이야기로 모든 것을 해결하지 못할 가능성이 커진다. 서로에 대한 공감, 신뢰, 이해를 구축하려면 충분한 시간과 대화가 필요할지도 모른다.

좋은 소식은 이야기가 대화를 시작하고, 다른 관점을 받아들이는 문을 열어주고, 공통의 이해를 만든다는 것이다. 사람들이 이야기의 메시지에 공감하지 않을 때도 마찬가지다. 여기서 핵심은 이야기의 의도와 원하는 성과를 명확하게 전달하는 것이다.

스토리텔러의 책임은 무엇인가?

의도를 가지고 리드하라.

이야기에 의도와 관점을 분명히 하자. 특히 민감한 주제나 다양한 신념에 관한 이야기라면 더욱 그렇다. 이야기가 끝날 때쯤에는 왜 이야기하는지, 청중이 무엇을 알거나, 생각하거나, 행동하거나, 느끼는지를 우리가 알 수 있어야 한다. 이야기는 다른 사람의 관점을 물어보는 출발점이다.

데이터와 관련된 이야기를 전달할 때는 투명해야 하고 데이터의 범위를 설명해야 한다. 예상되는 질문, 반대 의견, 아직 탐색 중인 내용을 언급하자. 긍정적인 그림만 그리지 말고 문제점도 설명하자. 이야기를 사용하면 대화를 유도할 수 있다.

내가 협업했던 한 회사의 인사팀에는 분기별로 검토하는 데이터 대시보드가 있었다. 그들은 데이터 세트 내의 몇몇 개인에 관한 이야기를 뽑아 데이터를 축소했고, 회사 차원에서 논의할 수 있도록 데이터에 의미를 부여했다. 그들의 의도는 분명했다. 데이터에 대한 이해 수준을 설정해 깊이 있는 토론을 뒷받침하려는 것이었다. 만약 몇몇 개인의 이야기만 공유하고 광범위한 토론을 조성하지 않았다면, 그들의 접근 방식은 조종하는 것으로 보였을 수도 있다. 하지만 그들은 이야기와 데이터를 대규모 토론과 결합함으로써 다른 방법으로는 얻을 수 없었을 풍부하고 미묘한 대화를 나누게 됐다.

감정을 조종하려고 하지 말자.

한 행사에서 나는 사람들을 울릴 수 있는 이야기를 만들어 달라는 요청을 받았다. 그 요청을 듣고 도리어 내가 울고 싶어졌다. 상대를 울리고 싶은 이야기를 할 수 있을까? 물론 할 수는 있다. 하지만 감정을 자극하는 이야기에 반응해서 진심으로 눈물이 나오는 것과 목적 자체가 울게 하려는 이야기 사이에는 차이가 있다. 스토리텔링에서 핵심은 감정이지만, 감정 자체가 목적이 되어서는 안 된다.

사람들을 성인으로 대하자.

모든 정보 전달에 이야기가 필요한 것은 아니다. 정책, 명령, 복장 결정에서는 스토리텔링을 사용하면 안 된다. 특히 지원 특전이나 혜택에 관해서는 더욱 그렇다. 누군가에게 원치 않는 일을 요청할 때는 솔직하게 말해야 한다. 그 일이 유익할 거라고 생각하는 모든 이유를 화려하게 설명할 필요가 없다. 오히려 그 화려한 설명으로 인해 듣는 사람의 입장에서는 자신을 조종하는 것처럼 느껴지고, 당신이 진실하지 않아 보인다. 기껏해야 회의에 찬 비난을 받고 신뢰가 약화될 수 있다. 사람들을 성인답게 대하라는 뜻은 그들이 스스로 이해하고 결정할 수 있다는 사실을 명심하라는 뜻이다.

이야기는 공통의 이해를 만든다.

이야기는 아이디어, 관점, 선택, 데이터 세트에 대한 맥락을 제공한다. 이야기를 시작점으로 사용해 정보에 대한 공통의 이해를 만들자. 그다음 사람들에게 다양한 관점을 공유하도록 요청하면 된다.

당신을 조종하려는 스토리의 실체

- 원하는 성과를 얻기 위해 이야기를 전달하는 것과 조종을 하기 위해 통제된 이야기를 전달하는 것에는 차이가 있다.

- 조종에는 통제가 수반된다. 정보, 선택, 인식, 권력은 종종 왜곡된다.

- 이야기에서는 맥락이 중요하다. 이야기에는 투명한 의도가 제시돼야 한다. 선전이나 조작된 메시지는 이야기를 뒷받침하는 의도를 숨기거나 왜곡한다.

- 감정에 기대어 공감을 불러일으키더라도 의도가 진실되다면 조종하는 것이 아니다.

- 사람들이 스스로 이해하고 결정할 수 있는 상황에서 그들을 조종하기 위해 이야기를 사용하지 말자. 정책, 명령 또는 요구 사항을 이야기로 위장해서는 안 된다.

18장
• • • •

때론 취약성이 무기가 된다

사람들 앞에서 이야기해야 하는데 순간적으로 머릿속이 새하얘지는 경험을 해본 적 있는가? 아무리 뭔가를 떠올리려 애써도 머릿속이 텅 비어버린 경험 말이다. 나도 그런 경험을 했다. 역시 TED 무대에 서였는데 끔찍하고 이상했지만, 의외로 멋진 기억이었다.

나는 TED에서 기업용으로 개발 중이던 마스터클래스MasterClass 애플리케이션의 베타 테스터로 선발됐다. 테스터들은 뉴욕 본사로 초청돼 피드백을 제공하기로 했다. 행사 일주일 전, 나는 베타 테스터 대표로 TED 무대에 오르게 됐다. 대체로 TED 강연은 준비에만 6개월 이상이 걸린다. 그런데 내게 주어진 시간은 고작 일주일이었다. 나는 차 안, 뒷마당, 동료들 앞, 헬스장, 심지어 뉴욕 공립 도서관 등 모든 곳에서 강연을 연습했다.

강연 당일, 차례를 기다리는 동안 긴장감이 커졌다. 주위에서 많은 대화가 오갔지만, 머릿속에는 오로지 내가 무대에 오르는 것뿐이었다. 마음에 여유가 전혀 없었다. 나는 정기적으로 기조연설을 했지만, TED 강연은 기존에 내가 했던 경험들에 비할 수 없을 정도로 부담이 큰 연설이었다. 내 인생의 첫 TED 무대였다. 내 이름이 불렸고, 나는 빨간 원 안에 올라섰다. 청중들이 첫 번째 이야기에 웃음을 터뜨렸고, 나는 강연에 집중할 수 있었다.

강연이 4분의 3 정도 진행됐을 때 그 일이 일어났다. 머릿속이 하얘진 것이다. 당황하지는 않았다. 하지만 2초가 5초가 되고, 10초가 되자 무슨 말을 해야 할지 모르는 상태에 빠졌다. 내가 상상했던 모습의 강연이 아니었다.

TED 강연에는 강연자들이 도움받을 수 있는 스크립트 모니터가 없다. 청중은 나를 바라보며 내 강연이 다시 시작될 때까지 참을성 있게 기다렸다. 내가 기억할 수 있는 거라고는 머릿속이 하얘졌을 때 즉흥 연설에서 권장하는 방법뿐이었다. 바로 누군가의 눈을 바라보며 생각이 떠오르도록 뇌를 자극하는 것. 마침 친구 한 명이 두 번째 줄에 앉아 있었다. 친구의 눈을 바라봤지만, 아무것도 떠오르지 않았다. 오른쪽으로 고개를 돌려 낯선 사람의 눈을 바라봤지만, 역시 아무것도 생각나지 않았다. 이 시점에서 이미 30초가 지났다. 청중이 점점 나를 불편해하는 것이 느껴졌다.

그러다가 머릿속이 텅 비었을 때 즉흥 연설을 위한 두 번째 규칙을 떠올렸다. 바닥에 넘어지기. 나는 발밑에 깔린 빨간 카펫을 바라보며 넘어지는 척해야 할지도 모르겠다고 생각했다. 청중들은 격려의 박수를 치기 시작했다. 정신이 번쩍 들면서 "아니에요, 아직 안 끝났어요!"라고 외쳤다. 다행히 나는 다음 문장을 기억해 냈다.

무대에 오르기 전까지만 무대에 오르는 시간을 카운트다운 하고 있었다. 말문이 막혔다가 강의가 재개됐을 때부터는 무대가 언제 끝날지를 카운트다운 했다. 나는 강연 전체를 망쳤다고 생각했다. 강연의 목적은 청중에게 아이디어를 구축하는 것이었는데, 성공하지 못했기 때문이었다.

강연이 끝난 후 TED 직원인 스테파니가 내게 다가왔다. "강연 정말 좋았어요." 나는 그 말이 듣기 좋으라고 하는 말이라는 생각이 들어 눈을 굴렸다. 스테파니가 말을 이어갔다. "정말 좋았어요. 당신은 아주 강하게 회복했어요. 할 말을 깜빡한 다른 사람들이 멍하니 있을 때보다 훨씬 잘했어요."

일주일 후, 링크드인LinkedIn을 훑어보다가 행사에 참석한 사람의 게시물을 보았다. 그의 게시물에는 내 강연에서 인용한 내용이 포함돼 있었다. 깜짝 놀랐다. 강연이 끝났을 때 나는 완전히 실패했다고 확신했다. 그런데 일주일 후에 낯선 사람이 내가 한 말을 인용하고 있었다. 결국 나는 아이디어를 구축하는 데 성공했다는 생각을 하기 시작했다.

두 달 후, 나는 다른 워크숍에서 피드백을 제공하기 위해 TED 본사로 돌아갔다. 그 자리에서 다른 참가자가 TED 베타 테스트에서의 내 강연을 들었다고 말했다. 그는 내 강연의 내용을 인용하면서 지난 몇 달 동안 그 아이디어를 어떻게 사용했는지 설명했다.

몇 시간 후, TED 사무실을 둘러보고 있는데 가이드가 이렇게 말했다. "여기서 강연을 편집합니다."

"잠시만요. 강연을 자주 편집하나요?"

내 질문에 그녀는 "네, 당연하죠. 항상 해요."라고 대답했다. "섹션을 다시 시작하는 사람도 많아요. 무슨 말을 하려고 했는지 잊어버리기도 하고요. 어떤 사람들은 어디까지 했는지 알아보려고 무대 밖으로 나갔다가 다시 시작하기도 해요. 사람이니까 있을 수 있는 일이죠. 그런 부분들은 편집 과정에서 삭제해요."

그때 스테파니가 강연이 끝난 후 내가 다른 사람들보다 더 잘 회복했다고 했던 말이 떠올랐다. 사람들은 TED 무대에서 항상 할 말을 잊는다. 영상으로 완벽하게 편집된 강연을 보기 때문에 그것을 깨닫지 못할 뿐이다.

나는 강연에 관해 혼자 갖고 있던 강박이 사실이 아니라는 사실을 깨달았다. 나는 할 말을 떠올리지 못했지만, 청중은 나를 지지해줬다. 그들은 내 모습을 흠으로 보지 않았다. 그래서 나를 진정성 있게 본 것이다. 그들은 내가 성공하기를 바랐다. 순간적인 공백은 오히려 내 아이디어를 더 빛나게 만들었다.

그 무대에서의 경험은 내게 교훈을 남겼다. 나는 관객이 내 편에서 나를 응원한다는 것을 깨달았다. 취약한 순간에 가장 큰 호응을 얻었다. 성공은 완벽함에 있지 않다. 성공은 진정성 있는 순간에 존재한다.

2년 후, 퍼듀 대학교에서 TEDx 강연 초대를 받았을 때, 나는 다른 방식으로 강연에 접근했다. 이번에는 몇 달 동안 강연을 준비했다. 내 목표는 청중을 위한 아이디어를 재미있게 만드는 것이었다. 무대에서 멍해지거나 실수하는 것이 두렵지 않았다. 이미 실수했었지만 괜찮았기 때문이다. 나는 그 순간 취약함에 기대어 진정성을 보여야 한다는 사실을 알게 됐다.

스토리텔링 속 취약성을 다루는 방법

이처럼 스토리텔링은 머릿속이 새하얘지는 취약성을 드러낸다. 달리 방도가 없다. 당신은 종종 안전지대 밖에서 소통하게 된다. 슬라이드나 데이터로 이야기하는 것보다 더 사적인 이야기를 한다는 느낌을 받으며, 마치 자신이 청중의 판단 대상이 됐다는 생각을 한다. 청중이 당신이나 당신이 공유한 아이디어를 좋아하지 않을지도 모른다는 두려움이 따라온다. 당신의 뇌는 심박수를 높이고 코르티솔과 아드레날린을 분비해 위험 신호를 보낸다. 모든 것이 망가진 듯하다.

앤드류 휴버만Andrew Huberman 박사는 신경과학자이자 스탠포드 대학교의 교수다. 그는 우리가 두려워할 때의 신체적 반응이 우리가 흥분할 때와 같다고 설명한다. 차이점은 우리가 감정에 적용하는 맥락과 의미에 있다. 불안한 순간을 흥미진진하게 느끼지 못하는 유일한 이유는 우리의 마음가짐이다. 그러니까 다가오는 강연이나 프레젠테이션이 불안해지면 청중을 위한 최고의 아이디어와 이야기를 구축할 수 있다는 설렘에 집중하자.

누군가를 실망하게 해도 될까?

에드와 나는 사람들로 가득한 강연장 안에 서 있었다. 에드는 한 영국 회사의 인재 개발 책임자였다. 우리는 몇 주 동안 이 순간을 위해 준비했다. 그는 계속해서 옷깃과 벨트, 머리를 매만지며 불편한 기색을 내비쳤다. 나는 그에게 기분이 어떠냐고 물었고, 그는 "사람들이 내 이야기나 프레젠테이션을 좋아하지 않을까 봐 걱정돼요."라고 대답했다.

"에드, 만약 저를 집으로 초대해 저녁 식사를 하게 된다면 어떤 요리를 하시겠어요?"라고 묻자, 그는 "단순해요. 소시지와 으깬 감자죠."라고 답했다.

"좋아요, 이 방에 있는 모든 사람이 소시지와 으깬 감자를 좋아할 확률이 얼마나 되죠?"

"별로 높지 않겠죠."

"아마 그럴 거예요. 채식주의자도 있을 거고, 당신의 음식이 너무 짜다고 느낄 수도 있을 거예요. 충분히 짜지 않다고 생각하는 사람도 있겠죠. 그러면 기분이 나쁠 것 같나요?"

"아니요. 사람마다 선호도가 다르니까요. 개인적으로 받아들이지 않을 거예요."

"맞아요! 이 상황에도 같은 사고방식을 적용해 보세요. 이야기를 좋아할 사람들에게 최고의 강연을 하면 되는 거예요."

모든 사람이 당신을 좋아할 수 없듯이 당신의 이야기도 마찬가지다. 이미 당신이나 당신이 한 일을 싫어하는 사람도 있을 것이다. 그래도 괜찮다! 그게 사실이라 해도 당신은 지금까지 잘 살아냈다.

당신을 사랑하고 당신의 이야기를 듣고 싶어 하는 사람도 있기 때문이다. 사람들은 저마다 취향과 관심사가 다르다. 모든 사람에게 의미 있고 호감 가는 이야기를 만들려고 한다면 누구에게도 어필할 수 없을 것이다.

소통하거나 이야기를 전달할 때마다 자신에게 던지는 가장 무의미한 질문은 '누군가를 실망하게 해도 될까?'이다. 당신의 이야기는 모든 사람을 위한 것이 아니므로 이야기를 좋아하지 않을 사람에게 집중하지 말자. 소수의 사람들에게 가장 큰 공감을 선사할 수 있게 여러 가지 방법으로 이야기해 보자. 특히 당신이 대상으로 삼은 청중이 아닌 경우, 이야기해 봤자 에너지 낭비일 뿐이다.

스토리텔링 방법론은 바로 이러한 이유로 청중에게서 시작된다. 매력적인 이야기를 전달하기 위해서 누구를 대상으로 이야기하고 있는지에 집중해야 한다. 페르소나와 원하는 성과 방법론은 청중을 명확하게 파악할 수 있게 만든다. 또한 의도한 메시지 수신자가 아닌 사람들의 소음을 잠재운다. 같은 청중석에 앉아 있다 해도 마찬가지다.

아웃라이어에 집중하지 않는다.

이야기를 준비하다 보면 자신이 청중 중에 회의론자나 아웃라이어에 집중하고 있다는 사실을 알게 될 수도 있다. 그들이 가장 큰 목소리를 내기 때문에 자연스러운 일이다. 하지만 당신의 목표는 아웃라이어나 가장자리에 있는 사람들에게 이야기를 전달하는 것이 아니다. 당신은 대다수의 청중에게 집중해야 한다.

아웃라이어의 생각을 바꾸려면 다른 이야기와 후속 대화가 필요한 경우가 많다. 메시지에 대한 광범위한 청중의 공감을 확인한 후에는 이 작업이 훨씬 쉽다. 당신이 설득하지 않아도 그들은 '내가 놓치고 있는 것이 무엇일까? 내가 이런 부분을 다르게 보고 있구나.'라고 생각하며, 대화의 문을 연다. 만약 회의론자와의 소통이 목표라면 별도의 대화를 계획해야 한다.

실패하는 이야기

이야기 전달에 실패하기도 한다. 우리 모두에게 일어날 수 있는 일이다. 실패도 과정의 일부다. 스토리텔링을 통해 훌륭한 이야기를 만들 수도 있지만, 당연히 실패할 수도 있다. 청중이 피곤하거나, 배고프거나, 개인적인 문제를 겪고 있을 수도 있다. 실내 온도가 너무 높거나 낮을 수도 있다. 사운드 시스템이나 미디어가 고장 났을 수도 있다. 이야기 준비 방법은 통제할 수 있지만, 현장에서 이야기가 어떻게 전달되는지까지 통제할 순 없다.

실패의 순간이 불편하게 느껴질 수 있지만, 대부분의 불편함은 머릿속에 있다. 청중은 완벽함을 기대하지 않는다. 공감되지 않는 이야기를 하면, 청중은 '어, 저건 내 이야기가 아니구나.' 혹은 '저 이야기는 별로야.'라고 생각하고 넘긴다. 이야기 전달에 실패할 때를 극복하는 비법은 당신도 그들과 똑같이 넘기는 것이다.

코미디언의 농담이 관중을 웃기지 못한 경우를 본 적 있는가? 그들은 그 상황을 인정하고 계속 이야기를 이어간다. 때로는 스스로 조롱거리가 되기도 한다. 코미디언은 자신의 농담이 실패하는 일을 깊이 생각하지 않는다. 7시 쇼에서 성공했던 농담이 10시 쇼에서는 실패할 수 있다. 그렇다고 그 농담이 나쁘다는 뜻은 아니다. 그 순간에 맞지 않았을 뿐이다. 코미디언의 이야기가 마음에 들지 않는다고 코미디에 대한 공감이 약해지지는 않는다. 그런 농담은 잊히고, 당신은 공감받은 농담으로만 기억된다. 이야기도 마찬가지다.

모든 이야기가 당신의 머릿속에 그려진 것처럼 명확하게 전달되지는 않는다. 이야기가 실패하면 인정하고 넘어가자. 대부분은 실패한 원인을 알 수 있다. 어떻게 다르게 이야기할 수 있는지 배우되, 그 경험에 집착해선 안 된다.

취약성 화상

취약성에는 물리적 측면이 있다. 마치 햇볕으로 입은 화상과 비슷하다. 햇볕에서 하루를 보내면 피부는 몇 시간 동안 열기를 발산한다. 옷이 피부를 스칠 때마다 따가워 움찔하게 되는데, 이때마다 피부가 햇볕에 노출됐음을 떠올리게 된다.

이야기를 하면 취약한 모습이 드러난다. 심지어 마음속으로 이야기를 되풀이하면서 움찔할 수도 있다. 이것은 자신을 드러낸 결과다. 이야기가 성공하든 실패하든 당신은 이런 경험을 할 수 있다. 대부분 신경 화학물질이 이상 상태에서 정상 수준으로 제자리를 찾을 때 이런 경험을 하게 된다.

하지만 생각보다 다른 사람들은 당신에게 관심이 없다. 내가 처음 TED 무대에서 이야기를 잊어버렸을 때, 나는 마치 "그녀는 무대에서 머릿속이 새하얘졌어요!"라는 문장이 적힌 광고판에 내 얼굴이

박혀 전시되고 있는 것처럼 느껴졌다. 하지만 시간이 흐른 후 확인해 보니, 그 자리에 있던 사람들은 내가 순간적으로 멍해졌던 일은 기억하지 못하고 내가 강연에서 제시한 아이디어만 기억했다.

훌륭한 스토리텔러가 되는 과정에는 실패한 이야기를 들려주는 경험도 필요하다. 또한 그것이 바로 성공하는 이야기를 찾는 방법이다!

취약성 받아들이기

취약성은 진실하고, 공감할 수 있으며, 인간적이기 때문에 우리는 취약성에 반응한다. 취약성 없이는 멋진 이야기를 만들 수 없다. 사적인 정보를 과도하게 공유하는 것과 상관없이 스토리텔러는 취약해질 수 있다.

당신의 취약성이 바로 청중이 반응하는 지점이 될 것이다. 이야기를 어려워하는 리더들과 일할 때마다, 나는 그들이 이야기할 수 있는 작은 기회를 발견하도록 돕는다. 취약성을 극복할 수 있는 유일한 해결책은 이야기하는 것이다. 동기 부여는 기다림이 아닌 행동에서 나온다. 청중의 반응을 일단 한 번 경험한 리더들은 두 번째에는 더 마음을 열고 취약성을 활용하며 이야기하게 된다.

주변 사람들이 이야기하지 않는 상황에서 당신이 이야기를 전달하려고 하면 불안할 수도 있다. 특히 직장에서는 더욱 그렇다. 당신의 동료들에게 스토리텔링이 어떻게 소통하고, 이해하고, 대화하는 방식으로 이어질 수 있는지 보여주는 롤 모델이 되자. 효과적인 스토리텔링 방식은 회사 내부 소통 문화를 발전시킨다. 다른 사람들이 일방적으로 말하거나 50장의 데이터 슬라이드를 보여준다고 해도, 당신은 스토리텔링의 영향력을 보여주면 된다.

당신만이 할 수 있는 이야기

내 스토리텔링 워크숍은 이따금 같은 활동으로 시작한다. "행복을 그려보세요. 여러분이 생각하는 행복을 어떤 모습으로든 그려보세요." 참가자들은 이 간단한 설명을 듣고서 창작을 시작한다. 그림을 보면 많은 사람이 가족, 휴가, 취미 등 같은 주제를 떠올린다는 것을 알 수 있다. 하지만 동시에 모든 그림은 고유하다. 이 활동은 그 점을 강조하기 위해 한다. 스토리텔링은 개인적이다. 당신은 독특한 관점을 가지고 당신만이 할 수 있는 이야기를 해야 한다. 우리는 같은 것을 반복적으로 마주하면서 배우는 것이 아니라 차이점을 통해 배운다. 당신의 이야기는 다른 누구에게도 없는 관점을 제공한다.

이야기는 더 많은 이야기를 하게 한다.

스토리텔링을 할 때는 이번이 유일한 기회인 것처럼 부담스럽게 느껴질 수 있다. 하지만 이야기를 단 한 번만 하는 경우는 거의 없다. 이야기는 청중에게 더 많은 이야기를 전달하는 기회를 제공한다. 그리고 하나의 이야기로 원하는 모든 것을 할 수 있는 경우는 드물다. 청중에게는 다양한 이야기가 필요할지도 모른다.

제품과 서비스를 판매하는 회사는 여러 가지 이야기를 통해 다양한 청중을 설득하곤 한다. 불만 사항, 도전 과제, 문제 해결 방법은 다양한 이야기를 통해 다뤄진다. 이런 구체적인 이야기 중 하나를 통해 고객은 '저 사람이 경험한 것을 나도 경험하겠구나.' 하고 받아들인다. 영향력을 미치고 행동을 고취하는 데 필요한 모든 일을 하나의 이야기로 해결하는 회사는 없다. 회사는 특정 고객을 위한 구체적인 이야기를 사용해 원하는 성과로 연결한다.

청중은 당신을 응원한다.

청중은 당신이 잘하기를 원한다. 당신의 이야기가 기대에 못 미쳐도 청중은 외면하지 않는다. 그들은 완벽함이 아니라 진정성과 공감대를 원한다.

청중은 당신의 이야기를 통해 무언가를 느낄 준비가 돼 있으며, 그들을 그곳으로 이끄는 것은 당신의 몫이다. 청중의 에너지에 의지하자. 페르소나를 사용해 청중 개개인과 직접 대화하자. 감각 형성 및 긴장감 조성과 완화를 통해 몰입감 있는 경험을 만들 수 있다. 청중의 호기심을 활용하고, 아이디어로 청중을 끌어당기자. 밀고 당기는 에너지의 균형을 완벽하게 만들면 이야기가 끝날 때쯤 당신과 청중 모두 새로운 곳에 이르게 된다.

가장 중요한 이야기는 나에게 하는 이야기다

열한 살 때 우리 가족은 버지니아에서 휴가를 보내고 있었다. 우리는 윌리엄스버그의 부시 가든 놀이공원에 들렀는데, 거기에는 '빅 배드 울프The Big Bad Wolf'라는 새로운 롤러코스터가 있었다. 이 롤러코스터는 트랙 위를 달리는 일반적인 방식이 아니었다. 트랙 아래에 의자가 매달려 있어 다리가 허공에 뜬 상태로 탑승하는 구조였다. 용기를 내서 놀이 기구를 타기까지 몇 분이 걸렸다. 지금도 롤러코스터를 탈 때면 긴장감과 설렘을 느끼는데, 그때는 설렘보다는 긴장감이 압도적으로 컸다. 손잡이를 꽉 잡은 나머지 손가락이 하얗게 변할 정도였다.

롤러코스터는 마치 타이머가 초 단위로 똑딱거리듯이 찰칵거리는 소리를 내며 천천히 올라갔다. 심장이 목구멍에서 튀어나올 것 같았다. 첫 번째 꼭대기에 올랐을 때, 너무 오랫동안 그 자리에 기구가 멈춰 있어서 '내가 지금 뭐 하는 거지?'라는 생각이 들었다. 놀이 기구는 불시에 앞으로 뚝 떨어졌고, 나는 무중력 상태가 됐다. 두려움과 기대감이 웃음으로 바꼈다. 그때부터 기구를 타는 동안 내 안의 게이지는 긴장에서 설렘으로 바뀌어 있었다. 마지막에 기구가 멈췄을 때는 한 가지 생각이 들었다. '한 번 더 타자.'

이야기하는 것은 롤러코스터를 타기 위해 용기를 내는 것과 비슷하다. 긴장감과 기대감이 공존한다. 하지만 이야기를 끝내고 사람들의 반응을 보면 다시 하고 싶어진다. 이것이 스토리텔링에 빠져드는 가장 좋은 방법이다. 취약성은 이야기를 피해야 할 이유가 아니라 이야기를 해야 할 이유다. 청중과 함께할 때의 에너지 변화와 그들과 공감과 신뢰를 쌓을 때의 느낌을 맛보자. 얼마나 재미있는지 경험해 보길 바란다.

청중이 당신에게 줄 수 있는 가장 소중한 것은 그들의 관심이다. 청중에게 정보를 마구 던져 그 관심을 낭비하지 말자. 이야기를 통해 정보를 제공하고, 영향을 미치거나 영감을 줌으로써 그들의 관심을 존중할 수 있다. 취약성을 포용하고, 가장 자신다운 모습을 보여주자. 청중은 당신의 이야기에 긍정적인 반응을 보일 뿐만 아니라, 더 많은 이야기를 요구할 것이다.

나는 이야기를 전달할 때 여전히 취약성을 경험한다. 당신도 그럴 것이다. 그 경험을 피하는 대신, 더 열심히 활용하라는 신호로 받아들였으면 한다. 이야기를 전달하고 받은 반응과 경험은 늘 가치가 있다. 두렵거나, 불안하거나, 취약하다고 느끼거나, 설레더라도 상관없이 이야기하자. 이야기를 할수록 두려움은 설렘이 된다. 누군가는 당신의 이야기를 듣는다.

가장 중요한 이야기는 자신에게 하는 이야기다. 당신의 이야기가 취약하게 느껴진다고 해서, 시작도 전에 포기하지 않길 바란다. 이미 흔한 이야기라는 생각이 들 수도 있다. 하지만 당신의 목소리로, 당신의 경험과 당신만의 방식으로 공유한 이야기로서는 처음이다. 그 속엔 당신만의 고유한 관점이 있다.

때론 취약성이 무기가 된다

- 이야기를 준비할 때 누구를 대상으로 한 것인지 자문해 보자. 당신의 이야기는 모든 사람을 대상으로 한 것이 아니다. 누구를 위한 이야기인지, 누구를 공감시키지 않아도 되는지 정확히 결정해 자유로워지자.

- 실패한 이야기도 전달하자. 그렇지 않으면 훌륭한 스토리텔러가 될 수 없다. 이야기가 실패하면 인정하고, 그 경험에서 배워서 앞으로 나아가자.

- 스토리텔링 실패는 햇볕에 화상을 입는 것과 같다. 이야기를 전달하고 나면 신경 화학물질 수준이 정상화되면서 불편한 느낌을 받기도 한다. 이를 인지하고 다시 도전하면 된다.

- 당신만큼 자신에 관해 잘 아는 사람은 없다.

- 흔한 이야기라도 당신이 한 이야기로서는 처음이다. 청중은 당신의 관점을 듣고 싶어 한다.

- 청중은 당신을 응원한다. 그들은 당신의 훌륭한 이야기를 듣고 감동받기를 원한다.

- 이야기할 기회를 기다리지 않고 이야기를 시작할 때 이야기를 하기 위한 동기가 생긴다.

- 가장 중요한 이야기는 자신에게 하는 이야기다.

핵심 메시지

유일한 브랜드를
구축하는 법

반복과 연습이
이기는 스토리를 만든다

몇 년 전 샌프란시스코 외곽의 해변에서 오후를 보냈다. 날씨가 흐려서 선글라스 대신 재킷이 필요한 날이었다. 사람 없는 해변을 나혼자 독차지하고 있었다. 떠내려 온 큰 유목 위에 앉아 모래에 부딪히는 파도 소리를 들었다. 파도 하나하나가 심벌즈 소리로 충만했다. 수평선을 바라보고 있는데 재킷이 바람에 펄럭였다. 회색 하늘은 소용돌이치며 하얗게 일어나는 어두운 바다와 닿아 있었다. 그날 태평양은 그 격렬한 명성에 걸맞게 파도치고 있었다.

그런데 검은 잠수복을 입은 한 서퍼가 파도 라인 쪽으로 노를 저어가고 있는 게 아닌가? 그는 서프보드를 해안 방향으로 돌리고 곧바로 파도를 타려고 했다. 나는 서프보드에 서본 적이 없었지만, 그가 하는 모든 행동이 잘못됐다는 사실만은 알 수 있었다. 그는 너무 늦게 패들링을 시작했고, 파도에 올랐을 때는 균형을 잡으려고 몸부림쳤다. 파도의 감각을 느끼는 대신, 그는 오른쪽으로 틀어 바다에 얼굴을 박았다.

그는 다시 보드에 올라 엎드린 후 노를 저어 자세를 잡았다. 하지만 다음 세 번의 시도도 다르지 않았다. 타이밍이 맞지 않았고, 완벽한 파도를 탈 수 없었다. 서퍼는 한마디 말도 하지 않았지만, 그가 한 걸음 내디딜 때마다 그의 마음속 소리가 들리는 것 같았다.

'패들, 패들, 패들! 지금 일어나! 어깨 내리고, 무릎 구부리고, 오른쪽으로!'

파도가 연이어 치는 동안 나는 그 남자가 일어서려고 노력하는 모습을 지켜봤다. 하지만 결과는 같았다. 바다에 얼굴을 박고, 서프보드가 공중에서 빙글빙글 돌고, 바닷물이 깔때기 모양을 그리며 위로 튀어 올랐다가 다시 그의 위로 쏟아져 내렸다.

일곱 번의 시도가 더 이어졌고, 그는 더 이상 파도를 타려 하지 않았다. 그 대신 그는 각 단계를 연습하기 시작했다. 먼저 파도를 잡기 위해 노 젓는 타이밍을 연습했다. 그다음 적절한 때에 보드로 튀어 오르는 연습을 했다. 다음은 균형 잡기를 익히는 것이었다. 나는 그가 동작마다 배운 내용을 마음속에서 체크리스트로 만들어가며 연습하는 모습을 지켜봤다. 그는 연습을 거듭하며 실력이 좋아졌지만, 여전히 파도를 잡지 못했다.

한 시간 더 흘렀다. 그는 물결치는 차가운 물속에 양다리를 늘어뜨리고 보드 위에 앉아 있었다. 그의 지친 어깨는 구부정했고, 거친 숨을 몰아쉬고 있었다. 파도에 맞춰 보드가 오르내릴 때마다 그는 코를 꼬집고 얼굴에서 물기를 닦아냈다. 나는 오늘 서핑을 그만둬야 하나 고민하는 그의 마음을 느낄 수 있었다. 또한 그의 내면에서 '한 번만 더 시도해 보자.'라는 문장이 내게 말을 거는 것 같았다.

이번에는 모든 것이 달랐다. 그는 한 단계씩 내면화했고, 몰입한 상태였다. 그의 몸은 경직되지도, 긴장되지도 않고 자유로웠다. 적절한 순간에 패들링을 시작했고, 튀어 오르는 동작도 완벽했다. 편안하게 움직이고 보드를 조작했다. 이번에는 오른쪽으로 도는 대신 왼쪽으로 능숙하게 돌았다. 보드가 모래에 닿자, 그는 활짝 웃으며 보드를 들어 차로 옮겼다.

그는 각 단계별로 서핑을 연습하는 방법을 알아냈다. 보드를 상대로 싸우는 대신 보드와 함께 움직였다. 그리고 연습한 모든 것을 바탕으로 본능에 의지해 실전에 써먹었다. 그는 완벽한 파도를 기다리지 않고, 모든 단계를 하나하나 모아서 파도를 잡아챘다.

사람들은 완벽한 파도를 기다리듯이 완벽한 이야기를 찾으려고 노력한다. 하지만 모든 이야기는 청중에게 아이디어를 전달하기 위해 하나하나 쌓아가는 과정에서 완성된다. 이것이 바로 이야기를 완벽하게 만들고, 청중에게 원하는 성과를 얻기 위해 청중에게 정보를 제공하고, 영향을 주며, 영감을 주는 방법이다.

스토리텔링 모델은 청중을 위해 완벽한 이야기를 만들어 가는 과정이다. 뇌의 다섯 가지 기본 설정과 네 가지 스토리텔링 법칙을 활용하면, 청중으로 하여금 당신 이야기 속의 캐릭터가 된 것처럼 몰입하게 만들 수 있다. 그리고 청중을 당신이 의도한 감정으로 연결한다. 청중의 뇌는 칼로리를 소비해 이야기를 이해하고, 매력적으로 기억한다. 서핑처럼 스토리텔링은 복합적인 기술이다. 더 많이 이야기할수록 더 잘하게 된다. 과정과 단계를 내면화시키다 보면 완벽한 이야기를 전달하는 자기만의 스타일을 찾게 될 것이다.

사람이 할 수 있는 가장 가치 있는 일은 상대에게 관심을 기울이는 것이다. 훌륭한 이야기는 청중에게 정보를 제공하고, 영향을 미치고, 영감을 주는 아이디어를 구축시켜, 그 관심에 대해 존중을 표한다.

완벽한 아이디어나 상황 또는 이야기할 기회를 기다리지 않아도 된다. 당신에게 필요한 유일한 것은 시도하겠다는 결심이다. 이야기는 관계를 형성하고, 문을 열고, 사람들을 변화시킨다. 누군가에게는 당신의 이야기가 필요하다. 부족한 것은 당신이 아직 이야기를 하지 않았다는 것뿐이다.

서퍼는 반복과 숙달의 과정을 거쳐 파도를 이겨낸다. 스토리텔러도 마찬가지다. 스토리텔링을 반복하고 숙달하는 과정을 거쳐 우리는 이기는 이야기를 만들 수 있게 된다. 「법칙 4. 핵심 메시지」에서는 지금껏 다룬 내용을 한 번 더 점검하는 시간을 가질 것이다. 체크리스트를 통해 자기만의 스토리를 만들기 위한 스토리텔링 실전 연습을 해보길 바란다.

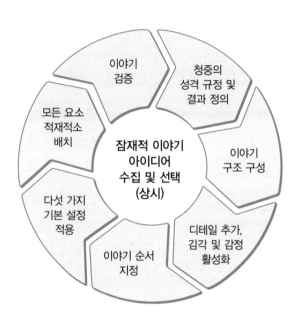

스토리텔링 시작 과정 체크리스트

- **이야기를 위한 최고의 아이디어를 어떻게 찾을까?**
  - ☐ 자신에게 질문을 던지고 산책한다.
  - ☐ 다른 사람을 인터뷰한다.
  - ☐ 대화를 찾아본다.
  - ☐ 고객 후기나 피드백을 자세히 살펴본다.
  - ☐ 의뢰인과 고객이 자주 하는 질문을 검토한다.
  - ☐ 휴대폰, 온라인 검색, 사진 자료 웹사이트에서 사진을 살펴본다.
  - ☐ 온라인 검색을 한다.
  - ☐ 박물관, 영화, 공연 등을 통해 세계를 경험한다.
  - ☐ 기사, 책, 팟캐스트를 찾아본다.
  - ☐ 뮤즈와 대화한다.
  - ☐ 기타: _____

- **잠재적인 이야기 아이디어를 어디에 기록할 것인가?**
  - ☐ 노트
  - ☐ 온라인 도구, 애플리케이션
  - ☐ 스프레드시트
  - ☐ 포스트잇
  - ☐ 기타: _____

- **이야기를 구성할 때 당신은?**
  - ☐ 누구와 상의하는가?
  - ☐ 개요부터 시작하는가?
  - ☐ 전체 내용을 쓰는가?

☐ 요점을 목록으로 작성하는가?

☐ 큰 소리로 읽거나 녹음하는가?

☐ 시각 자료를 사용해 이야기를 뒷받침하는가?

스토리텔링 프롬프트 체크리스트

- **개인적 경험**

☐ 인생에서 결정적인 사건은 무엇이었는가?

☐ 그때는 진지했지만 시간이 흐른 지금에는 웃음이 나는 상황은 무엇인가?

☐ 가능하다면 무엇을 다르게 하고 싶은가?

☐ 휴가 중에 모험을 한 적은 언제였는가?

☐ 어렸을 때 어떤 반려동물을 키웠는가?

☐ 숨겨진 재능이 있는가?

☐ 가장 좋아하는 선생님은 누구였나?

☐ 첫 콘서트, 자동차 또는 데이트는 무엇이었나?

☐ 자동차가 고장 난 경험이 있는가? 무엇을 배웠는가?

☐ 집에 불이 난다면 무엇을 구하겠는가?

☐ 받았던 최고의 조언은 무엇이었나?

☐ 버렸어야 했지만 버리지 못한 물건은 무엇인가?

☐ 친구나 가족에게 다음과 같이 질문해 보자.

- 나의 어떤 점이 가장 좋은가?

- 어렸을 때 나는 어떤 아이였나?

- 내가 어떤 직업을 가질 거라고 예상했는가?

- **직업적 경험**

☐ 첫 직업은 무엇이었나?

☐ 깨달음을 준 실수나 실패는 무엇이었나?

☐ 힘들었던 팀이나 프로젝트는 무엇이었나?

☐ 어떤 변화 때문에 무언가를 잃거나 얻는 것을 두려워한 적이 있는가?

☐ 최고의 리더 또는 최악의 리더는 누구였는가?

☐ '이래서 내가 이 일을 하는 거지!'라고 생각했던 순간은 언제였나?

☐ 자신이 무엇을 하고 있는지 전혀 모르겠던 순간이 있었는가?

☐ 재도전하고 싶은 일은 무엇인가?

☐ 어린 시절 자신에게 해주고 싶은 말은 무엇인가?

☐ 자신의 가장 자랑스러운 점은 무엇인가?

☐ 받았던 최고의 조언은 무엇이었나?

- **의뢰인, 고객, 이해관계자**

☐ 고객이 직면한 문제는 무엇인가? 무엇을 불평하는가?

☐ 고객이 미래에 되고 싶고, 하고 싶고, 또는 갖고 싶어 하는 것은 무엇인가?

☐ 고객을 위해 해결한 불만 사항은 무엇인가?

☐ 귀사의 제품이나 솔루션의 어떤 점을 고객이 좋아하는가? 그 이유는?

☐ 고객은 귀사를 어떻게 생각하는가?

☐ 고객의 불만을 수집할 수 있는 온라인 사이트에는 어떤 것들이 있는가?(검색 엔진, 사진 자료 사이트, 소셜 미디어 등)

☐ 제품 또는 솔루션의 발전을 통해 무엇을 배웠는가?

☐ 고객이 알아야 할 10가지 원칙이나 아이디어는 무엇인가?

☐ 특정 제품이나 서비스를 출시한 이유는 무엇인가?

- **뮤즈 찾기**

☐ 어떤 사람이 이상적인 뮤즈인가?

☐ 그들은 어떤 문제로 고민하는가?

☐ 당신은 그들을 어떻게 도왔으며, 그 과정에서 그들이 깨달은 점은 무엇인가?

☐ 그들은 어디에서 성공했는가?

☐ 그들에게 수월한 일은 무엇인가?

☐ 그들은 어느 부분에서 성장하고 싶은가?

☐ 그들은 어떤 포부를 가지고 있는가?

- **세상에서**

☐ 영화나 예술 작품 중 당신에게 가장 감동적인 작품은 무엇인가? 그 이유는?

☐ 질리지 않는 음악(아티스트, 노래 또는 장르)은 무엇인가?

☐ 하루 종일 이야기할 수 있는 주제는 무엇인가?

☐ 방문해 보고 싶은 야외 공간은 어디인가?

☐ 기억에 남는 제품, 회사의 시작에 대해 들어본 적이 있는가?

☐ 좋아하는 박물관이 있는가?

☐ 눈에 띄는 기사나 팟캐스트 에피소드가 있는가? 그 이유는?

☐ 가장 좋아하는 도시나 방문하고 싶은 장소는 어디인가? 그 이유는?

☐ 좋아하는 책이 있는가?

☐ 기억에 남는 연설이나 연사가 있는가?

- **시간의 흐름**

☐ 수년간 다양한 회의나 행사가 열렸던 회의실이나 건물이 있는가?

☐ 여러 경험을 함께한 인형, 담요 또는 옷이 있는가?

- [ ] 시간의 흐름에 따라 진화한 물건은 무엇인가?
- [ ] 가족을 통해 전해 내려온 물건이 있는가?
- [ ] 청중이 평생 목격했던 세계적인 사건이 있는가?
- [ ] 다양한 경험을 말해줄 수 있는 물건은 무엇인가?

• 추도사

- [ ] 이 사람의 어떤 점을 존경하는가?
- [ ] 이 사람은 언제 가장 '그 사람답게' 행동했는가?
- [ ] 이 사람의 어떤 점을 가장 좋아했는가?
- [ ] 이 사람과 함께한 가장 즐거웠던 상황은 무엇인가?
- [ ] 이 사람과 다시 하루를 살 수 있다면 언제로 돌아가고 싶은가?
- [ ] 아무도 모르는 이 사람에 관한 이야기는 무엇인가?
- [ ] 이 사람이 특별히 신경 썼던 것은 무엇인가?
- [ ] 이 사람을 어떻게 만났는가?
- [ ] 이 사람과 어떤 휴일, 휴가 또는 경험을 함께했는가?
- [ ] 이 사람이 가진 웃기고 별난 점은 무엇인가?

• 결혼식 축사

- [ ] 언제 이 커플을 만났는가?
- [ ] 이 커플에게 무엇을 배웠는가?
- [ ] 하객 대부분이 알지 못하는 약혼의 뒷이야기는 무엇인가?
- [ ] 개인으로서 또는 커플로서 두 사람에 대한 첫 기억은 무엇인가?
- [ ] 두 사람이 커플로 성장하는 모습을 어떻게 보았는가?
- [ ] 두 사람이 운명이라는 걸 언제 알게 됐는가?
- [ ] 그들이 어떤 커플인지 보여주는 예시는 무엇인가?
- [ ] '사랑'이나 '장수'처럼 건배사를 위한 구체적인 주제가 있는가? 그렇

다면 그 주제를 상징하는 그들에 관한 이야기는 무엇인가?

구직 면접

• 면접 준비하기

☐ 면접관에 관해 무엇을 알고 있는가?

☐ 면접관이 나에 관해 무엇을 알기 원하는가?

☐ 당신이 이 역할에 적합한 이유는 무엇인가?(내집단으로서)

☐ 당신만이 이 역할이나 조직에 기여할 수 있는 점은 무엇인가?(외집단으로서)

☐ 면접관은 당신에 관해 어떤 가정을 하고 있는가?

• 당신의 경험에 관한 이야기

☐ 동료 또는 팀과 갈등을 겪었던 시기가 있는가?

☐ 리더십 역량을 발휘했던 때가 있는가?

☐ 의뢰인의 기대치를 재설정해야 했던 경험이 있는가?

☐ 빠르게 결정해야 했던 때는 언제였는가?

☐ 해결한 문제가 있는가?

☐ 어려움을 어떻게 극복했는가?

구직 면접 이야기 구조

• 문제 또는 갈등: 해결한 문제나 갈등은 무엇인가? 어떤 점이 위태롭거나, 복잡하거나, 어려웠는가? 아무 조처도 하지 않았다면 어떤 일이 일어났을까?

• 성과: 어떤 조처를 했는가?

• 결과: 조처에 관한 결과는 무엇인가?

• 핵심 메시지: 어떤 점을 배웠는가?

스토리텔링 필수 체크리스트

- **청중의 페르소나 정의하기**
  - ☐ 이 사람들이 당신의 청중이 된 이유는 무엇인가?
  - ☐ 이들의 공통점은 무엇인가?
  - ☐ 청중의 평균 연령은 얼마인가?
  - ☐ 청중의 교육 수준은 어느 정도인가?
  - ☐ 청중은 어떤 유형의 역할이나 전문 지식을 보유하고 있는가?
  - ☐ 청중의 거주지는 어디인가?
  - ☐ 청중은 어떤 취미를 가지고 있는가?
  - ☐ 청중의 하루는 어떤 모습인가?

- **스토리텔링의 방향**
  - ☐ 청중이 무엇을 알고, 생각하고, 행동하고, 다르게 느끼길 바라는가?
  - ☐ 청중과 함께 어떤 아이디어나 질문을 탐색할 것인가?
  - ☐ 청중에게 불편함, 열망 또는 기쁨을 느끼게 하고 싶은가?
  - ☐ 목표한 청중이 아닌 사람은 이 이야기에 실망을 느껴도 괜찮은가?

- **이야기를 전달하는 목표가 무엇인가?**
  - ☐ 즐거움을 주기 위해.
  - ☐ 정보를 제공하거나 교육하기 위해.
  - ☐ 기존 관념에 도전하거나 사고를 확장하기 위해.
  - ☐ 영향을 미치거나, 영감을 주거나, 동기 부여하기 위해.

- **이야기 아이디어 선택하기**
  - ☐ 청중이 알고, 생각하고, 행동하고, 다르게 느끼기를 원하는 아이디어

는 무엇인가?

- [ ] 해당 아이디어가 불편함(보지 않을 수 없는 것을 봄)이나 즐거움/열망 (되고 싶거나, 하고 싶거나, 갖고 싶은 것)을 만드는가?
- [ ] 해당 아이디어는 청중이 그룹의 일원이라고 느끼거나 다르다고 느끼는 데 도움이 되는가?
- [ ] 두 아이디어를 결합하거나 한 아이디어를 미래와 비교할 수 있는가?
- [ ] 다른 관점에서 이야기하면 아이디어가 변하는가?
- [ ] 이 아이디어 중에 어떤 이야기를 하고 싶은가?

- **네 부분으로 이루어진 스토리텔링 모델**
- [ ] 맥락은 무엇인가? 무슨 일이 일어나고 있는가? 청중이 왜 관심을 가져야 하는가?
- [ ] 어떤 갈등이 있는가? 어떤 일이 일어나는 순간은 언제인가? 이야기의 동력은 무엇인가?
- [ ] 어떤 대응을 했는가? 취한 조치의 결과는 무엇인가?
- [ ] 핵심 메시지는 무엇인가? 전반적인 주제와 배울 점은 무엇인가?

- **공감되는 캐릭터 만들기**
- [ ] 주요 캐릭터의 이름은 무엇인가?
- [ ] 캐릭터의 나이나 신체적 묘사에 대해 청중이 알아야 할 중요한 사항은 무엇인가?
- [ ] 청중이 알아야 할 캐릭터의 성격은 무엇인가?
- [ ] 캐릭터가 이야기에 등장하는 이유는 무엇인가?
- [ ] 캐릭터가 직면한 어려움은 무엇인가? 자신과의 갈등인가? 아니면 상황, 행동 또는 욕망으로 인한 다른 사람과의 갈등인가?
- [ ] 이야기 전반에서 갈등은 어떻게 해결되는가?

- [ ] 이야기 전반에 걸쳐 캐릭터는 어떤 감정을 느끼는가? 갈등을 통해 그들의 감정은 어떻게 변하는가?
- [ ] 이야기가 진행되면서 캐릭터는 어떻게 진화하는가? 마지막에는 어떻게 변화하는가?

• 디테일과 감각
- [ ] 이야기가 발생하는 시간과 장소는 무엇인가?
- [ ] 디테일을 청중이 이미 알고 있는 내용에 어떻게 연결할 수 있는가?
- [ ] 통합할 수 있는 은유나 비교가 있는가?
- [ ] 초콜릿 칩 아이스크림 먹기 등 최소 세 가지 이상의 구체적인 내용을 포함시켰는가?
- [ ] 최소 두 가지 이상의 감각을 사용하는가? 일어나는 일을 보고, 듣고, 느끼고, 맛보고, 냄새 맡을 수 있게 돕는가?
- [ ] 캐릭터가 느끼는 감정을 보여주는가?

• 이야기에 가장 적합한 흐름은 무엇인가?
- [ ] **선형적 이야기**: 시작, 중간, 끝으로 이루어진다.
- [ ] **플래시백**: 이야기를 잠시 멈추고 맥락을 제공하기 위해 과거 시점으로 돌아간다. 기본적으로는 선형적 구성이다.
- [ ] **순환형 이야기**: 같은 위치(주로 '갈등')에서 시작하고 끝난다.
- [ ] **끝에서 시작하는 이야기**: 끝에서 시작해 맥락과 갈등에 따라 진행한다.
- [ ] **병렬식 이야기**: 인물, 줄거리 또는 주제를 공통으로 하는 여러 이야기를 전개한다.
- [ ] **시점 변화**: 다양한 인물의 관점에서 전한다.
- [ ] **비교, 대조, 상상**: 비전 또는 전략에 관한 세션을 제시한다.

□ 이야기를 전달하기에 가장 적합한 관점은 무엇인가?

□ 이야기를 어떻게 시작할 것인가?

- 질문으로 시작한다.

- 이야기의 주제에 관한 진술로 시작한다.

- 갈등 속으로 뛰어든다.

- 예상 밖의 이야기를 활용한다.

- 호기심에 호소한다.

• 뇌의 다섯 가지 기본 설정 활용하기

□ 긴장감 조성 및 해소: 예상 밖의 문구, 디테일, 사건 또는 순서를 포함하여 게으른 뇌와 가정을 최소화한다.

□ 감각: 최소 두 가지 감각을 활용한다.

□ 디테일: 최소 세 가지 이상의 구체적인 내용을 포함한다.

□ 감정: 캐릭터가 경험하는 감정을 보여준다.

□ 파일 라이브러리: 디테일과 사람들이 이미 알고 있는 사건을 연결한다.

□ 공감할 수 있는 캐릭터: 캐릭터의 행동에 동의하지 않더라도 그들의 행동을 이해할 수 있는가? 캐릭터는 어떤 변화를 겪는가?

□ 즐거움·고통: 이야기가 의도적으로 그룹을 불편하게 하거나 그들에게 영감을 주는가?

□ 내집단·외집단: 이야기가 청중을 그룹이나 아이디어의 일부라고 느끼거나, 의도적으로 일부가 아니라고 느끼게 하는가?

□ 간결한 문구는 청중의 인상에 남는다.

• 모든 요소 적재적소에 배치하기

□ 이 내용이 이야기를 진행시키는가?

- [ ] 이 내용이 감각을 자극하는가?
- [ ] 이 내용을 잘라내면 무엇을 잃게 되는가?
- [ ] 이 내용이 혼란을 초래하는가?
- [ ] 설명이 필요한 부분이 있는가?
- [ ] 추가하거나 제거해야 할 내용이 있는가?
- [ ] 일반적인 문구를 구체적인 디테일의 문구로 대체할 수 있는가?
- [ ] 이야기에서 에너지가 높은 곳은 어디인가?
- [ ] 이야기에서 에너지가 떨어지는 곳은 어디인가?
- [ ] 이야기 순서를 바꾸면 에너지에 영향을 미치는가?

• 이야기 전달 준비하기

- [ ] 시작 문장은 무엇인가?
- [ ] 전환 문장은 무엇인가?
- [ ] 마무리 문장은 무엇인가?
- [ ] 시작 문장에 어떤 제스처를 사용할 수 있는가?
- [ ] 감정을 불러일으키기 위해 어떤 제스처를 사용할 수 있는가?
- [ ] 억양과 어조를 높일 것인가, 낮출 것인가?
- [ ] 아이디어를 전달하기 위해 요점 주변 어디에서 멈출 것인가?
- [ ] 또 이야기 어느 부분에서 멈출 것인가?
- [ ] 어디에서 에너지를 높일 것인가?
- [ ] 어디에서 에너지를 낮출 것인가?
- [ ] 스토리텔러의 마음가짐을 준비했는가?
    - 청중을 위한 아이디어를 구축하는 데 집중한다.
    - 무언가를 자랑하고 싶은 아이의 설레는 마음을 가진다.
    - 스스로 '대화를 하자.'고 생각한다.

데이터 스토리텔링 체크리스트

- **데이터 기반 이야기 전달하기**

☐ 사고방식의 전환, 탐색을 위한 열린 마음, 더 깊이 있는 이해로의 연결을 만든다.

☐ 새로운 청중 또는 이해관계자에게 역사, 현재 상태, 미래 목표를 설정한다.

☐ 의사 결정의 결과 또는 이정표를 활용한다.

☐ 데이터(트렌드, 아웃라이어, 예상 밖의 결과, 추가 탐색)에 관한 통찰력 제공한다.

☐ 규모를 보여준다.

- **해결하려는 문제가 무엇인가?**

☐ 데이터를 수집하기 전에 문제를 정의하는 게 이상적이다. 데이터를 통해 해결하고, 탐색하거나 결정하려는 문제가 무엇인가? 이를 질문으로 구성하자.

- **어떤 결정이 필요한가?**

☐ 한 번의 결정: 무슨 일이 일어나고 있는가?

☐ 트렌드를 모니터링하고 아웃라이어 식별하기: 왜 이런 일이 발생하는가?

☐ 미래를 계획하고, 예측하거나 정보를 제공하는 전략: 앞으로 어떤 일이 일어날 수 있는가? 다음에 무엇을 고려해야 하는가?

- **청중 정의하기**

☐ 문제 설정에 대한 청중의 이해도는 어느 정도인가?

☐ 데이터를 통해 청중이 알고, 생각하고, 느끼고, 행동하기를 바라는 한 가지는 무엇인가?

☐ 잠재적인 장애물은 무엇인가?

- **데이터에 관한 권장 사항**

☐ 데이터를 분석하면서 무엇을 알게 됐나?

☐ 데이터는 어떤 통찰력을 제공하는가?

☐ 데이터에 관해 알아야 할 중요한 점은 무엇인가?

☐ 데이터에서 놀랍거나 예상치 못한 내용은 무엇인가?

☐ 권장 사항은 무엇인가?

☐ 의사 결정이나 토론에 참고가 되는 정보를 제공하는가?

☐ 문제 설정과 다른 경우 토론이나 결정에 구체적인 질문을 정의하자.

- **데이터 최소화하기**

☐ 문제 설정과 권장 사항을 알리기 위해 공유할 수 있는 가장 작은 데이터 조각은 무엇인가?

☐ 해당 데이터 안에 포함해야 할 질문
- 어떤 문제에 직면해 있는가?
- 어떤 불만 사항을 경험했는가?
- 어떤 조처를 하거나 하지 않으면 어떤 일이 발생하는가?

- **데이터에 관한 이야기 찾기**

☐ 데이터에 관한 이야기: 가장 작은 데이터 조각(인물, 팀, 조직 등)에 관한 이야기를 전달한다.

☐ 병렬식 이야기: 청중이 알고, 생각하고, 행동하거나 다르게 느끼기를 원하는 핵심 메시지와 부합하는 아이디어는 무엇인가? 전체 주제와

청중에게 원하는 성과를 연결할 수 있는 이야기는 무엇인가?

- **데이터 이야기 구축하기**
- ☐ 맥락: 해결하고자 하는 문제는 무엇인가?
- ☐ 갈등: 데이터에서 무엇을 발견했는가? 예상치 못한 것이나 놀라운 점은 무엇인가?
- ☐ 성과: 데이터가 어떤 영향을 미치는가? 데이터가 문제 설정에 어떤 정보를 제공하는가?
- ☐ 핵심 메시지: 권장 사항은 무엇인가? 아무 조처도 하지 않으면 어떻게 되는가?

- **데이터 시각화**
- ☐ 한 페이지(슬라이드)에 한 가지 생각을 담는다.
- ☐ 차트나 그래프에 의존해 이야기를 전달하지 않는다. 거기에서 아이디어를 끌어내야 한다. 비교적 간단한 인포그래픽을 활용한다.
- ☐ 표제를 사용해 이야기와 통찰력을 보여준다. 추가 내용이 있다면 참고할 수 있도록 부록에 첨부하자.